珠峰生态文旅融合发展

研究报告

（2023）

ANNUAL REPORT ON THE CULTURAL TOURISM
INTEGRATION DEVELOPMENT OF
MOUNT QOMOLANGMA (2023)

主　编 ／　陈明祥　扎西顿珠

执行主编 ／　袁德刚　朱冬锋

社会科学文献出版社
SOCIAL SCIENCES ACADEMIC PRESS (CHINA)

《珠峰生态文旅融合发展研究报告（2023）》
编 委 会

序　言

　　广袤的青藏高原，巍巍的珠穆朗玛！千百年来，在这片辽阔的大地上，辛勤劳作的西藏各族同胞，团结奋进，编织了一个又一个美好的故事。而珠穆朗玛女神峰，披着洁白的衣裳，眼中饱含慈爱，俯瞰着脚下这片亘古的大地，用她的生命之水，滋养着一代又一代生活在这片土地上的人民，世代繁衍生生不息。无论几度春秋，经历无数风雪，她依旧傲然而立，擎起世界之巅的旗帜！珠穆朗玛峰，是神秘的，神奇的大自然，以不可思议的力量，塑造了这世界第一高峰，多少热血志士，曾前赴后继，奋力攀登，希冀一探究竟；珠穆朗玛峰，是浪漫的，头顶湛蓝的天空，脚下流淌着四季，她站在最高处，放眼沃野千里的中华大地。

　　于珠峰而言，百年尚嫌短暂，弹指一挥间。中华民族，穿过百年沧桑，如今又一次势不可当地腾飞而起。百姓安居乐业，各行各业蓬勃发展。定日县，似珠穆朗玛女神撒在脚下的一颗明珠，借着时代的东风，正一步一个脚印创造着一个接一个的发展佳绩。

　　自然赋予了定日县得天独厚的地理资源，有全球独一无二的极高山生态系统和原始的山地森林生态系统。这既是一份荣耀，也是一份责任。说是荣耀，这是因为珠峰赋予了定日县一个世界知名的 IP，各地的登山和旅游爱好者接踵而来；说是责任，青藏高原最大的价值在生态、最大的责任在生态、最大的潜力在生态，保护好这里的一山一水一草一木是每个定日人肩上担负的沉甸甸的责任。

　　定日县始终以习近平新时代中国特色社会主义思想为指导，紧抓西藏建设重要的中华民族特色文化保护地、世界文化旅游目的地、南亚开放大通道的重大历史机遇，以满足人民群众对美好生活的追求为出发点和落脚点，立足独特的生态资源和特色民族文化资源，坚守生态优先原则，按照高质量发展的要求，紧扣高端生态旅游、精品山地户外运动和深度民族文化体验三大主题，以提质增效为主线，以融合发展为主旨，以质量变革、效率变革、动力变革为核心，聚焦补短板、育业态、优供给、提品质、强产业五大要点，强化创新驱动与科技支撑，着力深化旅游业供给侧结构性改革，力争把定日县打造成为以珠峰为 IP 的"三地两区"，即国际知名的生态旅游地、特种旅游地、民族文化旅游地，以及国家级的生态旅游示范区、全域旅游示范区。

文旅发展方面，在全国各地援藏力量支持下，特别是在上海松江援藏工作小组的协助下，定日县持续聚焦文旅产业高质量发展，坚持珠峰景区高水平建设。围绕"文旅先导、三产融合、乡村振兴、智慧赋能"工作主线，不断强化旅游公共基础设施和服务接待设施。如今越来越多的酒店和民宿在绿水青山中星罗棋布，宴飨中外各地游客。定日县乡亲们捧起了生态"金饭碗"，吃上了文旅"珠峰宴"。2023 年 5 月 19 日，恰逢"中国旅游日"，定日机场建成后首架载着 100 名上海游客的"上海—日喀则"援藏旅游包机平稳降落在日喀则定日机场，从此珠峰旅游必将掀开新篇章！

机遇与挑战并存。在努力高速发展的同时，我们也面临着一些新的课题，其中最为突出的就是如何更好地实现生态与旅游的融合发展。另外，诸如"大资源、小旅游"现象等，也促使我们在前进的同时不断思考，从顶层设计出发，为定日县生态文旅融合发展谋划可持续发展路径。

为此，我们组织了十几所高校的学者和专家们共同研究珠峰生态与文旅，为珠峰文旅发展建言献策，并编撰出版了《珠峰生态文旅融合发展研究报告（2023）》，从资源、市场、品牌、治理等多角度对珠峰生态文旅融合发展进行研究，并提出了具有针对性的对策建议，以期推进珠峰生态和文旅深度融合，为激发更大产业价值提供智力支撑和决策参考。希望通过这本研究报告，能够提升珠峰文化旅游的社会影响力和市场关注度，让更多的人了解珠峰、了解定日。同时，我们也希望和欢迎全国各地更多的企业走进定日，彼此互惠互利，为定日县的发展助力，为当地的百姓谋求更多的福祉。

"俱怀逸兴壮思飞，欲上青天揽明月。"我们心怀壮志，慷慨激昂。"雄关漫道真如铁，而今迈步从头越"，无论前方多少艰难险阻，我们始终坚定不移。青藏高原给予了我们博大的胸怀，珠峰为我们注入了勇于攀登的性格。我们愿与各方朋友携手共进，拿起新时代新机遇的彩色画笔，为珠峰旅游绘出多姿多彩的未来！

陈明祥

定日县县委书记

2023 年 8 月

目　录

总报告

文旅融合篇

市场分析篇

资源开发篇

治理研究篇

总 报 告

2020～2023年珠峰文化旅游发展形势

陈明祥　扎西顿珠*

摘　要： 作为世界之巅的珠穆朗玛峰，对于全世界来说，具有很大的旅游吸引力。珠峰登山运动的快速发展，对珠穆朗玛峰的生态系统造成了一定影响。作为"地球第三极"，青藏高原最大的价值在生态、最大的责任在生态、最大的潜力在生态。作为珠穆朗玛旅游吸引力重要依托的定日县，紧抓西藏建设重要的中华民族特色文化保护地、世界文化旅游目的地、南亚开放大通道的重大历史机遇，以满足人民群众对美好生活的追求为出发点和落脚点，立足独特的生态资源和特色民族文化资源，坚守生态优先原则，按照高质量发展的要求，打造环珠峰生态文化旅游圈，积极探索出一条珠峰生态与文旅融合发展之路。

关键词： 珠峰生态　文旅融合　定日县

---

* 陈明祥，日喀则市定日县委书记；扎西顿珠，日喀则市定日县委副书记、政府党组书记、县长。

一　珠峰与珠峰保护区的概况

（一）珠穆朗玛峰简介

珠穆朗玛峰（简称"珠峰"）位于我国西藏自治区与尼泊尔交界处的喜马拉雅山脉中段，是世界最高峰，山体呈巨型金字塔状，在山脊和峭壁之间分布着 548 条大陆型冰川，总面积达 1457.07 平方公里。2020 年 12 月 8 日，国家主席习近平同尼泊尔总统班达里互致信函，共同宣布珠穆朗玛峰最新高程——8848.86 米。

（二）珠峰保护区简介

1988 年 11 月，为更好地保护珠峰，经西藏自治区人民政府批准，珠峰自然保护区正式设立。1994 年被国务院批准为国家级自然保护区，成为世界海拔最高、落差最大、跨越四个县的珠穆朗玛峰国家级自然保护区，同样邻国尼泊尔也设立了国家公园。保护区总面积达 3.38 万平方公里，覆盖定日、吉隆、聂拉木、定结 4 个县。保护区被划分为核心保护区、缓冲区和开发区三部分，平均海拔 4200 米；保护区内生物资源极其丰富，拥有高等植物 2348 种、动物种类 270 多种，其中国家重点保护植物 10 种、动物 33 种，如雪豹、藏野驴等，并且雪豹被确定为保护区标志性动物。同时，保护区内自然资源和人文资源丰富，有珠峰、洛子峰、章子峰、卓奥友峰等著名山峰，珠峰大本营以及陈塘沟、嘎玛沟、绒辖沟、樟木沟、吉隆沟等，在这些地区还散布许多寺庙。保护区的旅游资源单体总数为 137 个。从资源类型方面统计，拥有地文景观 22 个，水域景观 22 个，生物景观 21 个，天象与气候景观 5 个，建筑与设施 34 个，历史遗迹 16 个，旅游购品 15 个，人文活动 2 个，具体如表 1 所示。就旅游资源单体拥有量而言，建筑与设施类旅游资源>地文景观、水域景观类旅游资源>生物景观类旅游资源>历史遗迹类旅游资源>旅游购品类旅游资源>天象与气候景观类旅游资源>人文活动类旅游资源。

表1 珠穆朗玛峰国家级自然保护区旅游资源数量统计

旅游资源类型	旅游资源单体数量(个)	占比(%)
地文景观	22	16.06
水域景观	22	16.06
生物景观	21	15.33
天象与气候景观	5	3.65
建筑与设施	34	24.82
历史遗迹	16	11.68
旅游购品	15	10.95
人文活动	2	1.46
总计	137	100.00

资料来源：王丽丽、张天星：《西藏珠穆朗玛峰国家级自然保护区旅游资源调查与评价》，《林业调查规划》2022年第6期。

总之，珠穆朗玛峰国家级自然保护区，集中体现了喜马拉雅山脉中段地区的自然地理风貌和传统人文状态，兼具生境复杂性、生物多样性和文化原生态性。保护区气候、植被、土壤的垂直带性明显，是喜马拉雅地区特有物种的基因库和避难所。保护区内还拥有全球独一无二的极高山生态系统、原始的山地森林生态系统，以及半干旱荒漠灌丛、草原生态系统，也是全球丰富独特的天然物种基因库。

2018年，珠峰保护区功能分区重新调整并获国务院批准。调整后，属试验区的绒布寺一带可以进入从事科学试验、教学实习、参观考察、旅游等活动。2019年1月16日，日喀则市定日县珠峰管理局发布公告，禁止任何单位和个人进入珠穆朗玛峰国家级自然保护区绒布寺以上核心区域旅游，这意味着珠峰生态保护再度升级。不过游客可以在核心区与缓冲区界线之外进行观光摄影，一睹以珠穆朗玛峰为代表的极高山景观。

二　珠峰的生态保护概况

（一）珠峰登山与生态

1.登山活动

早在清朝，康熙皇帝就曾派人进入西藏踏勘地形，绘制山水图纸，并首次标注了珠穆朗玛峰的位置，载于清《皇舆全览图》中，这是世界最高峰最早的文献记载。

登山运动起源于18世纪后期的欧洲，最初是由瑞士青年科学家德索修尔为了研究高山植物而发起的，后来逐渐演变为一项新的体育运动；特别是20世纪50年代起，喜马拉雅山脉就受到众多登山运动者的青睐，出现了"喜马拉雅的黄金时代"，珠峰成为世界登山家和科学家所向往的地方。直到1953年，新西兰人埃德蒙·希拉里、尼泊尔人丹增·诺盖才创下首次问鼎的纪录。从那时起的70年间，珠峰迎来了一批又一批攀登者的造访。1960年5月25日，这是载入中国登山史册的一天，当日凌晨4时20分，中国登山队队员王富州、贡布、屈银华三人从北坡登上珠穆朗玛峰顶，五星红旗首次在世界之巅亮相。

此后，在现代科技和勇敢的夏尔巴人的帮助下，攀登珠峰变得越来越容易，从过去象征着勇敢者的冒险游戏迅速向大众靠拢。我国著名登山家、中国登山队队长王勇峰曾说："攀登珠峰60年前拼的是精神，60年后拼的是装备，现在有很多商业攀登团队可以提供很好的保障，大大提高了攀登珠峰的成功率。"

然而，随着登山活动的不断增加，珠穆朗玛峰也面临着严重的环境污染问题。部分登山者环保意识不强，攀登过程中将所带物品包装袋随处抛弃，特别是攀登到海拔7000米左右时，为减轻负重，会把氧气瓶及登山绳等随意丢弃；下撤时，由于体力透支，没有把这些笨重的废弃品带下山。登山者遗留下各类废弃物，如帐篷、睡袋、氧气瓶、塑料袋，还有烧油取暖等燃烧排放物，如煤油、汽油，这破坏了珠穆朗玛峰的自然美景，同时对珠穆朗玛峰的生态系统造成了严重的危害，可能影响到当地的动植物、水源、土壤等。

2. 珠峰生态环保具体措施

（1）陆续开展对遗留垃圾的清理工作

①20世纪90年代的开始阶段

1996年以来，西藏自治区展开了对珠峰的垃圾清理工作。节假日期间，当地藏族群众、西藏登山协会和珠峰自然保护区管理局的工作人员会自发组织到分布在各处的登山团队营地周围以及当地群众生活区捡垃圾、清扫营区。

②"地球第三极珠峰大行动"阶段

2004年6月5日，由西藏自治区体育局、奥维斯世纪体育文化传播公司联合主办，国家环保总局宣教司等部门联合支持的"地球第三极珠峰大行动"正式启动。志愿者们围绕青藏铁路沿线以及珠峰周边地区，清理废弃物，开展环境教育宣传活动，面向珠峰及其周边地区登山游客发放中、英、藏三语环境保护手册及环保清洁袋，有效保护了珠峰地区的生态环境。随后珠峰保护区管理局在珠峰大本营专门设立了两个大垃圾箱，及时将登山者、旅游者的废弃物放在垃圾箱里，而后送到指定的地点进行处理。2006年，自治区专门成立了"中国珠峰环保登山队"，每年定期沿珠峰登山旅游线路进行垃圾清理。总之，"地球第三极珠峰大行动"以促进珠穆朗玛峰地区的可持续发展为主题，从环保、教育、科技和艺术领域全面开展生态环境保护系列活动。

③春季珠峰登山垃圾清理专项行动阶段

2018年开展了春季珠峰登山垃圾清理专项行动。成立由高山向导、高山协作和当地农牧民群众等组成的珠峰高山环保大队，对珠峰大本营（海拔5200米）至前进营地（海拔6500米）区域的登山垃圾进行集中清理；建立登山垃圾管理台账。在珠峰大本营及以上区域共进行了三次大规模登山垃圾清理行动，清理各类登山垃圾8.4吨。2020年更是利用新冠疫情期间的时间窗口，对珠穆朗玛峰、卓奥友峰和希夏邦马峰的登山垃圾开展集中清理工作。

（2）成立珠峰环境教育工作站

成立珠峰环境教育工作站，利用广播站、宣传海报、宣传册等多种方式，进行环保教育，宣传环境保护知识，鼓励到达珠峰的登山爱好者将环保登山理念落实到行动中，推广实行"带上去多少东西、拿下来多少东西"的登山理念，倡导将攀登过程中产生的垃圾全部带出营地，由专人将垃圾进行统一处理。同时，要求攀登珠峰的游客必须对自己携带的物品进行登记，不能将个人物品遗留在珠峰上；带队旅行社必须在规定时间内回珠峰清扫遗留下来的垃圾等。

（3）控制珠峰登山人员数量

攀登珠峰接待服务每年只限春季，根据近年来实际接待人数和珠峰承载量，有计划地对珠峰进行开发和保护，登山人数控制在 300 人左右（包括登山队员、登山向导、登山协作、登山后勤等），尽量减少对珠峰生态环境的影响。

（4）建立常态化的垃圾收集和回收机制

生活垃圾将统一分类称重，建立每日台账，交给珠峰所在的定日县环保部门处理；统一收集人类排泄物，使用干粉式除臭剂进行降解，部分排泄物运往附近村庄供村民用作农家肥；对于从高海拔回收的空氧气瓶、煤气罐、废旧路绳和帐篷等登山垃圾，登山管理部门等将在海拔 6500 米的前进营地称重，并按回收重量给予负责清运的向导、协作人员现金奖励；空氧气瓶等可重复使用，废旧路绳、帐篷将被运回拉萨。

（5）颁布《珠穆朗玛峰登山垃圾管理暂行办法》

2019 年为了加强对珠穆朗玛峰登山活动过程中的垃圾管理，保障和促进珠峰登山活动科学、安全、有序发展，颁布了《珠穆朗玛峰登山垃圾管理暂行办法》，从根本上做好珠峰登山垃圾管理工作。

（二）珠峰保护区整体生态建设措施

1.创新机制，实现生态保护与增收富民的有机统一

为切实保护好生态，做到发展与保护并重，贯彻落实好"绿水青山就

是金山银山、冰天雪地也是金山银山"的理念。2020年珠峰保护区成立了一支专业管护队。这支队伍依托珠峰保护区设立20个管护站，每站配备10名左右的专业管护队员，吸收保护区内定日、定结、聂拉木、吉隆4个县建档立卡贫困户加入，以政府购买服务的形式，每年投入资金800万元，用于管护站运行和队员工资发放，队员每年人均增收3万元，实现了生态保护与增收富民的有机统一。目前，保护区内有85名野生动物保护员，设有1000个生态岗位，由当地农牧民在业余时间承担巡护、垃圾清扫等工作；旅游垃圾需实行日清理、日登记。

为此，定日县围绕建设国家生态安全屏障，加大生态功能区保护建设力度，探索扶贫开发与生态保护共赢的"生态+贫困人口"扶贫机制。通过生态岗位脱贫，让贫困户就近实现就业增收。

2. 加大资金投入，做好珠峰大本营沿线生态保护力度

2020年珠峰保护区投入260万元建设空气监测站，建成后对核心区实施全天候空气质量监测，对水、土壤的监测体系也将陆续建成。同年，珠峰大本营引入了生活污水、餐厨垃圾处理设备，可做到营地污水零排放、水资源循环使用。2019～2021年，配套3000多万元作为珠峰生态环境保护经费，为珠峰保护区生态保护提供了有力的保障。

目前，珠峰大本营沿线配置30台垃圾转运处置机械、16辆垃圾转运处置车（其中，垃圾转运车3辆、吸污水车3辆、一体化污水处理车1辆、勾臂车9辆）、81个垃圾箱、16个厕所，购置61辆纯电动环保车，用于保障游客的日常换乘转运，全面提升珠峰大本营沿线垃圾处理水平。同时，定日县垃圾无害化处理站、污水处理厂建设有序推进，坚决守护珠峰生态环境安全。

3. 做好管理制度建设，探索珠峰生态长效管理机制

一是编制《西藏珠穆朗玛峰国家级自然保护区总体规划（2021—2030）》，制定《日喀则市关于珠峰大本营垃圾问题专项整治的工作方案》《珠穆朗玛峰国家级自然保护区行政审批制度》，出台《珠穆朗玛峰国家级自然保护区管理办法》《珠峰大本营沿线垃圾收集、转运管理和处理制度》《珠穆朗玛峰国家级自然保护区垃圾（污水）管理制度》《珠穆朗玛峰国家

级自然保护区登山管理制度》等各类规章制度和管理办法，明确了珠峰保护区垃圾整治的总体要求、主要任务和保障措施，从制度层面初步建立了一套长效管理机制，确保了各项工作有章可循、有据可依。

二是依据珠峰区域人类活动情况，按海拔划分责任片区，明确海拔5180米以上由自治区登山协会负责抓实生态环境保护工作；5180米以下根据属地管理原则和行业职责，划定大本营及沿线生态保护工作由定日县及市级相关部门负责。结合国家"绿盾2018"自然保护区专项检查整治行动，将珠峰大本营帐篷营地从核心区后撤至省道S515珠峰大本营绒布营地（绒布寺附近）试验区，基本实现了核心保护区范围内无人类活动。同步完成了核心区卡点设置、测量碑和大本营标志牌的迁移安装工作，有效维持了珠峰保护区的生态原貌。

总之，严守生态保护红线，全力保护好珠峰国家级自然保护区，进一步筑牢国家生态安全屏障。

三　珠峰文旅总体发展概况

（一）发展珠峰文旅的外部大环境

1.政策环境：文旅产业发展正当时

2020～2022年，国家各部门出台一系列政策，助力文旅产业复苏，如表2所示。

表2　2020～2022年我国文旅产业发展的相关政策一览

时间	政策	发文机构	政策要点
2020年11月	《文化和旅游部关于推动数字文化产业高质量发展的意见》	文旅部	强化文化对旅游的内容支撑、创意提升和价值挖掘作用，提升旅游的文化内涵，以数字化推动文化和旅游融合发展，实现更广范围、更深层次、更高水平融合

续表

时间	政策	发文机构	政策要点
2021 年 6 月	《"十四五"文化和旅游发展规划》	文旅部	到 2025 年,全国各类文化设施数量(公共图书馆、文化馆站、美术馆、博物馆、艺术演出场所)达到 7.7 万个,文化设施年服务人数达到 48 亿人次
2021 年 8 月	《关于进一步推动文化文物单位文化创意产品开发的若干措施》	文旅部	坚持文旅融合发展,以文塑旅、以旅彰文,促进文化创意产品消费
2021 年 12 月	《国务院关于印发"十四五"旅游业发展规划的通知》	国务院	着力推动文化和旅游深度融合,着力完善现代旅游业体系,加快旅游强国建设,努力实现旅游业更高质量、更高效率、更加公平、更可持续、更为安全的发展
2022 年 2 月	《关于促进服务业领域困难行业恢复发展的若干政策》	国家发展改革委等	聚焦旅行社旅游服务质量保证金扶持;对旅游企业阶段性实施事业保险与工伤保险费政策;多重点文化和旅游市场主体加大信贷投入,适当提高贷款额度;鼓励银行业金融机构增加旅游业有效信贷供给
2022 年 5 月	《关于推进实施国家文化数字化战略的意见》	中共中央办公厅、国务院办公厅	加大对文化旅游行业的金融支持力度,提供差异金融服务、完善文化和旅游企业的信贷供给体系,进一步拓展文化和旅游企业的融资渠道、改善对文化和旅游从业人员的就业和征信服务
2022 年 7 月	《虚拟现实与行业应用融合发展行动计划(2022—2026 年)》	工信部等	在工业生产、文化旅游、融合媒体、教育培训、体育健康、商贸创意、智慧城市等虚拟现实重点应用领域实现突破
2022 年 11 月	《文化和旅游部关于推动在线旅游市场高质量发展的意见(征求意见稿)》	文旅部	从指导思想、基本原则、主要目标、突出监管重点、完善监管手段、加强扶持引导等层面提出发展指引,发挥在线旅游平台的整合优势,促进各类企业共享发展红利

同样，为了加强生态与文化旅游建设，从国家到地方层面也相继出台了系列规划和政策，为珠峰生态和文旅融合发展提供了强有力的政策支持，具体如表3所示。

表3 珠峰生态与文旅相关的规划和政策一览

层级	文件名称
国家层面	《全国生态旅游发展规划(2016—2025年)》
省级层面	《西藏自治区"十四五"时期特色文化产业发展规划》
市级层面	《日喀则历史文化名城保护规划(2012—2020年)》
	《西藏日喀则市全域旅游规划(2018—2025)》
	《西藏日喀则五县环珠峰全域旅游发展总体规划》
	《日喀则市珠峰特色旅游业发展规划》
	《珠峰文化旅游创意产业园区招商引资优惠政策若干意见》
	《日喀则市旅游优惠政策实施方案》
县级层面	《定日县全域旅游发展规划(2021—2030年)》
	《日喀则市定日县县城总体规划(2015—2030年)》
	《定日县"十四五"国民经济与社会发展规划(思路)》
	《西藏自治区定日旅游发展总体规划(2012—2030)》

2. 市场环境：西藏旅游市场日趋火热

改革开放以来，西藏旅游业从无到有、从小到大，逐步成为支柱产业和先导产业。2019年是西藏旅游业发展的第40个年头，旅游业对全区经济社会发展的贡献率达到33%。即使受疫情影响，从整体来看，2020年西藏旅游市场规模同比恢复了近98%。拉萨、日喀则、林芝等成为最受欢迎的目的地。以2022年为例，西藏全年接待国内外游客3002.77万人次，同比下降27.7%。其中，接待入境游客0.86万人次，同比下降6.5%；接待国内游客3001.91万人次，同比下降27.7%。旅游总收入407.07亿元，同比下降7.9%。其中，旅游外汇收入408万美元，同比下降25.1%；国内旅游收入406.79亿元，同比下降7.9%。

同样，作为拥有丰富旅游资源的日喀则市，其经济发展积厚成势、综合实力显著提升。旅游业已成为日喀则市国民经济的重要支柱产业。随着对珠

图1　2015~2022年西藏旅游接待人数和旅游收入情况

峰、扎什伦布寺、喜马拉雅"五条沟"等特色精品旅游资源的深度挖掘，2021年全市接待国内外游客720.72万人次、实现旅游收入47.08亿元，分别是2012年的4倍和2.68倍。

由此可见，西藏旅游市场具有较强的韧性，疫情对其影响也较小，西藏旅游特别是生态旅游更具有令人难以抵挡的魅力。

3. 经济环境：西藏旅游业高质量发展

文化和旅游发展是西藏迈向高质量发展的重要引擎，也是满足人民群众对美好生活向往的重要抓手。西藏坚持"以文塑旅、以旅彰文"，坚持"特色、高端、精品"原则，着力推动旅游业高质量发展。数据显示，西藏拥有A级景区127处，各类旅游企业2747家；具备旅游接待能力的乡村旅游点超过300个、特色旅游小镇26个、家庭旅馆达到2377家，旅游业固定资产超过200亿元。未来随着深入推动基础设施建设，滇藏铁路、中尼铁路、新藏铁路等一系列大交通布局的完善，进出西藏的交通环境将得到有效改善，助力西藏旅游业高质量发展。

4. 社会环境：珠峰文化已深入人心

珠穆朗玛峰作为全世界最高峰，处在中国和尼泊尔的交界处，中尼两国的历史文化遗产，如艺术、建筑等，都可以融入珠穆朗玛峰的文化旅游，为来自世界各地的游客提供了更多的文化洗礼。可以说珠峰文化早已深入人心，在每个人心目中都有一份解读。严庆更是指出"珠峰文化"是一个展示民族文化的窗口，"珠峰文化"活动是寻求民族地区发展路径与范式的创新性尝试，其理论意义和实践价值远远超乎了一个地区的范畴，其价值功效将逐步体现在西藏和谐社会构建和跨越式发展的进程中。①

（二）珠峰文旅市场概况

珠峰大本营所在的定日县是珠峰文旅的主要目的地，从表4可以看到，2019年珠峰大本营景区接待游客量达到11.7万人次，虽然受疫情影响，但是2020年和2021年游客数量并未减少，仍保持增长态势，2022年有所回落，接待数量略高于2019年。而2023年1~5月，景区北大门共接待游客117010人次，同比增长335%；门票收入1474.8万元，同比增长286%；定日县旅游接待人数为20.4万人次，同比增长322%；全县旅游总收入达9773万元，同比增长286%。由此可见，珠峰文旅的市场认可度呈现提升态势。

表4　2019~2022年珠峰大本营和定日县游客接待数量和收入

年份	珠峰大本营进山人数（人次）	珠峰大本营门票收入（万元）	定日县旅游总人数（万人次）	定日县旅游总收入（万元）
2019	116793	2207	22	12086
2020	131724	2115	24	13146
2021	156152	2643	27.96	15310
2022	119773	2059	22	12114

由表5可以看到，全国各省区市对珠峰旅游的市场认可度差异较大，当前主要的目标市场集中在四川、广东、湖南和浙江等，占比33.1%。而作为全国主要客源市场的北京市和上海市，表现却不尽如人意，特别是上海，游客数量仅为500人次左右。

---

① 严庆：《"珠峰文化"在西藏和谐社会构建中的价值探问》，《西藏大学学报》2005年第4期，第33~38页。

表5 2022年定日县接待全国各省区市游客数量一览

单位：人次，%

序号	地区	人数	占比
1	四川	8951	11.02
2	广东	7404	9.12
3	湖南	5445	6.70
4	浙江	5083	6.26
5	河南	4956	6.10
6	湖北	4502	5.54
7	江苏	4204	5.18
8	山东	3654	4.50
9	安徽	3498	4.31
10	陕西	3475	4.28
11	江西	2844	3.50
12	云南	2484	3.06
13	河北	2437	3.00
14	福建	2416	2.97
15	广西	2339	2.88
16	山西	2157	2.66
17	重庆	2026	2.49
18	黑龙江	1908	2.35
19	辽宁	1878	2.31
20	贵州	1795	2.21
21	甘肃	1417	1.74
22	吉林	1026	1.26
23	北京	1022	1.26
24	内蒙古	1009	1.24
25	新疆	749	0.92
26	天津	565	0.70
27	上海	523	0.64
28	宁夏	393	0.48
29	西藏	382	0.47
30	海南	340	0.42
31	青海	329	0.41

（三）珠峰文旅产品概况

1.珠峰文化旅游节

"珠峰文化旅游节"原名"珠峰文化节"，是日喀则地委、行署于2001年开始举办的综合性节庆活动。2006年更名为"珠峰文化旅游节"，着力打造"珠峰"这一旅游品牌。到2023年，已经成功举办了18届。珠峰文化旅游节已成为日喀则旅游的一个亮点，其活动内容丰富，既有旅游推广、物资交流、招商引资，又有传统与现代相结合的大型文艺表演，是一个文化的盛会，也是旅游、物资交流的盛会。由此形成了"珠峰文化"品牌，提升了日喀则整体旅游形象，展示了日喀则地区经济社会发展取得的新成就，提高了日喀则的知名度，有力促进了全地区各项事业的协调发展。

2.环珠峰生态文化旅游圈

定日县充分发挥既有珠峰景区的极化效应，按照大景区的发展模式，紧扣区域发展的主题与定位，按照"重利用、轻建设，少开发、多活动"的开发思路和"退线保护，沿路游憩，依托存量"的开发模式，以区域传统利用的公路、村寨、乡镇等为基点，强化旅游要素的聚集，构建点群合力，实现"以退为进"；突出生态优势，结合国家公园的开发，强化气候检测、环境监测、物种检测等项目建设，以实现对生态旅游资源的品质化开发，积极培育发展"环珠峰生态文化旅游圈"。通过景镇一体（扎西宗乡、曲当乡）、景村一体（巴松村、曲宗村等）、景路一体（珠峰公路等）、景田一体等融合发展，进一步拓展珠峰旅游空间，实现环珠峰区域一体化发展。

（1）珠穆朗玛国家公园

珠穆朗玛国家公园是世界上海拔最高的国家公园，于2012年10月26日正式挂牌，位于西藏自治区西南与尼泊尔交界处，覆盖西藏自治区日喀则定日、吉隆等6县，总面积达7.8万平方公里。其特点是海拔最高、拥有原始风光。珠穆朗玛国家公园包括嘎玛沟、吉隆沟两条生态谷地，珠穆朗玛峰、希夏邦马峰、卓奥友峰等5座海拔8000米以上的高峰和10余座海拔7000米以上的山峰，以及绒布冰川等众多冰川和拉孜

（县）民俗文化旅游园区、拉孜锡钦温泉景区、樟木雪步岗森林生态旅游景区等。

（2）珠峰小镇

在确立了"文旅先导、三产融合、乡村振兴、智慧赋能"工作主线的基础上，在日喀则市委、市政府的大力支持下，结合定日县"1234 总体发展思路"，2021 年正式启动建设"珠峰小镇"，着力打造"环珠峰生态文化旅游圈"核心地标。

扎西宗"珠峰小镇"项目位于"环珠峰生态文化旅游圈"的核心位置，距珠穆朗玛峰约 49 公里，是通往珠峰、洛子峰和"世界十大景观"之一的珠峰东坡—嘎玛沟等旅游景区的必经之路，每年都有众多的旅游观光、登山探险和科学考察人员经过，地理位置得天独厚，资源优势极为突出。珠峰小镇积极承接珠峰景区换乘中心后撤工作与部署，打造景观上"小而美"、功能上"聚而合"、产业上"特而强"、体制上"灵而活"的特色旅游小镇，以增强城镇对珠峰景区管理、建设的支撑作用，让社区群众更多地分享景区建设发展带来的成果，共建和谐美丽新家园。

"珠峰小镇"的配套设施主要包括登山者之家、平措康桑珠峰酒店、珠峰广场、房车营地、卫生院、制氧站、生活垃圾分类收集及中转处理中心等，以坚持生态优先发展为原则，全面提升文旅配套设施品质和服务保障能力。2021 年首届"世界之巅·攀登者论坛"在珠峰小镇成功举办；2022 年世界海拔最高的冬奥文化广场和冬残奥会珠峰小镇文化广场在扎西宗正式揭牌启用，冰墩墩、雪容融在珠峰脚下向世人亮相。

（3）珠峰大本营

珠峰大本营是指为了保护珠峰核心区环境而设立的保护地带，位于海拔 5200 米，与珠峰峰顶的直线距离约 19 公里。我国境内有两个，西坡大本营在西藏自治区日喀则定日县扎西宗乡，东坡大本营在定日县曲当乡的嘎玛沟地带。从 2019 年起，珠峰大本营后撤至绒布寺一带。新的珠峰大本营区域仍可清晰看到山体和顶峰，不会影响游客观赏珠峰。

珠峰大本营积极贯彻落实生态文明建设要求，以"做活存量，减量开发"为重点，立足绒布寺区域既有的发展基础和设施，突出空间管控、动线优化、软开发和必备设施设备，实现以最佳的存量创造最好的综合效益。

（4）珠峰极高山自然公园

珠峰极高山自然公园依托珠峰区域独特的生物多样性、地貌多样性等综合优势，以珠峰景区—藏普村—龙江村—曲龙达贡村—岗嘎镇的公路为纽带，挖掘生态保护价值、自然景观展示价值、地质地貌变迁价值、民族变化原真价值，重点发展生态观光、户外特种旅游、科普研学等产品。

3.珠峰文化旅游创意产业园区

日喀则珠峰文化旅游创意产业园区自设立以来，坚持"以珠峰精神为纲、以藏地文化为魂、以旅游产业为体"，坚持"一园一主业、一园一特色"的原则，坚持"一心、一网、四园、五点"布局，以珠峰探险文化旅游为核心主题，结合后藏文化、边贸口岸异域风情、生态农业等不同主题，集文化旅游、商业贸易、综合服务、珠峰体验、养生度假、田园休闲等功能于一体，逐步朝着绿色园区、生态园区、智慧园区发展，致力于打造日喀则文化旅游新高地、城市旅游新名片。

作为大型综合性文化旅游创意产业园区，该园区工程的一个重要方面就是挖掘、展示西藏文化。这种文化的展示，不仅仅是作为旅游的景点和物品来进行展览，其涉及宗教文化、服饰文化、饮食文化、民俗文化、旅游文化、地域文化等。珠峰文化旅游创意产业园将从日喀则的西南部延伸至东北部，分为26个功能区。随着园区的建设与开放，每一个区的优势农畜新产品、特色食品、民族手工艺品都能得到培育及开发，既开拓了市场，实现了资金、人员、物资的流动，盘活全局，又给沿线经济发展水平相对落后的县区带来了巨大的经济和社会效益。

同时，为了更好地发展珠峰文旅，未来日喀则市计划打造珠峰生态植物园、定日县计划打造珠穆朗玛博物馆和珠峰植物园等相关珠峰文旅产品，多方位满足游客的需求。

四　定日县发展珠峰文旅的 SWOT 分析

（一）发展的优势

1.旅游资源丰富

一是拥有珠峰的绝对 IP。定日县既是举世闻名的珠穆朗玛峰的"老家"和珠峰旅游的核心地，也是日喀则市"一心两核三带五板块"旅游发展布局中珠穆朗玛旅游吸引核和世界之巅、地质奇观旅游带的核心组成部分，是西藏最为重要的旅游支撑。

二是拥有国家级非物质文化遗产"洛谐"。定日"洛谐"是早在 14 世纪中期的元朝洛定日万户府时期就有的一种艺术表现形式，俗称"农村圈舞"。经过各阶层特别是定日农牧民群众在劳动中逐步加以演化，形成了具有定日特色的"谐"舞，称为"洛谐"。

三是旅游资源类型多样化。定日县旅游资源较丰富、体系较完整且层次较鲜明，具有很高的观赏价值、科考价值、生态价值，有利于未来旅游资源的多层次开发，具体如表6所示。

表6　定日县旅游资源评价等级一览

资源等级	资源名称	备注
五级资源	珠穆朗玛峰、嘎玛沟、绒辖沟、绒布寺	
四级资源	卓奥友峰、洛子峰、马卡鲁峰、协格尔古城、定日"洛谐"、协格尔曲德寺、森嘎寺、孜布日神山、岗嘎村、林萨村、曲瓦寺、绒布冰川、次仁玛峰	
三级资源	鲁鲁温泉、仓达温泉、云东温泉、尼辖温泉、朗果寺、果热村、多吉村、白坝村、梅木村、巴松村、喜洒村、曲宗村、优帕村、加措拉山口、朋曲河、加乌拉山口、古烽火台遗址、珠穆朗玛关帝庙、清军坟遗址、唐僧象形石、释迦牟尼祈福台、雪豹、藏野驴、五色湖、高山杜鹃林、查仓寺、中科院珠穆朗玛大气与环境综合观测研究站、江泽民题字纪念碑、邵海云烈士墓、岗绒古道、米拉日巴大师修行洞、中尼60号界碑、吉雄村	优良级旅游资源

续表

资源等级	资源名称	备注
二级资源	藏餐、梅木湿地、岗嘎湿地、查孜湿地、尼辖沙丘、曲曲洛、珠峰旗云、黑颈鹤、绒辖瀑布、冬虫夏草、雪莲、拉轨岗日山、秃鹫、赤麻鸭、绿头鸭、学扎瀑布、红豆杉、棕尾虹雉、熊猴、长尾叶猴、黑金刚土豆、黑枸杞、岩羊、藏雪鸡、转经筒、天路一百零八弯、珠峰林卡公园、珠峰民族风情街、仁果村、岗巴羊、尼辖藏鸡、绒辖虫草酒	普通级旅游资源
一级资源	沙棘林、喜马拉雅塔尔羊、绒辖犏牛、经幡、玛尼堆、果热村珠峰第一观景台、绒辖花椒、青稞、糌粑、酥油茶	

资料来源：《定日县全域旅游发展规划（2021—2030年）》。

　　四是文化多样化。（1）藏族文化。珠峰地区是藏族人聚居地，在这里可以体验地道的藏族文化，包括传统服饰、佛教信仰、唐卡绘画等。在珠峰周边，还有多个藏族村寨，可以体验当地的传统生活方式和民俗文化。藏族文化的主要特点：①宗教信仰。藏族人信仰藏传佛教，认为一切生命都有灵性，普度众生是他们最重要的信仰。因此，在藏族文化中，佛教文化和宗教节日、祭祀活动等占据重要地位。②服饰文化。藏族服饰结构复杂、独具特色，以藏袍、长靴、帽子等为代表。这些服饰不仅仅是装饰品，也承载着藏族人民对生命、自然、道德等方面的态度和思考。③艺术文化。藏族艺术涵盖了绘画、雕塑、音乐、舞蹈等多个领域，其中又以唐卡绘画和藏戏文化最为著名。这些艺术形式表现出藏族民俗文化的魅力，也为藏族文化的传承做出了突出贡献。④风俗文化。藏族风俗在婚丧嫁娶、节日庆典、社交礼仪等方面有独特的传统和规定。其中，藏族婚礼上的唱腔和舞蹈非常有名，是表达情感和传递文化的重要方式之一。（2）登山文化。作为世界最高峰，珠峰吸引着来自全球的登山者，形成了独特的登山文化，体现了登山者对自然的敬畏、团队合作和个人奋斗的精神。珠峰登山文化的主要特点：①挑战和奋斗精神。珠峰登山被视为登山界的最高挑战之一，登顶珠峰是众多登山者的梦想。登山者需要具有强大的意志力、毅力和决心，以应对高海拔、恶劣天气和极端条件等各种挑战。②团队合作与互助精神。珠峰登山往往需要团队合作和互助。登山者通常以小组形式组队登山，相互支持、协作和照顾。团队之间建立了紧密的合作关系，共同努力攀登珠峰。③尊重和敬畏自然。登山者对自然界的敬畏和尊重是珠峰登山文化的重要价值观。他们意识到珠峰所处的高海拔和极端环境，尊重自然力量，注重环境保护。④文化交流与多样性。登珠峰吸引了来自世界各地的登山者，形成了一个多元文化的交流平台。不同国家、不同文化背景的登山者会聚在一起，分享经验、知识和文化，促进了跨文化的理解与友谊。⑤成就和个人挑战。登顶珠峰被视为登山者的巨大成就，也是个人挑战和突破自我的体现。登山者通常会面临身体和心理的极限，攀登珠峰需要其克服困难，实现自我突破。

2. 生态区位特殊

定日县地处喜马拉雅山脉中段北麓，东、西、北三面合抱珠穆朗玛峰，整个县在珠峰国家公园和珠穆朗玛峰国家级自然保护区范围内，具有特殊的生态区位。统计数据显示，全县有高等植物 92 科 253 属 543 种，野生脊椎动物 29 目 65 科 173 属 27 种。

3. 地理区位独特

定日县位于祖国西南边疆，地处西藏自治区日喀则市西部，东邻定结、萨迦两县，西接聂拉木县，北连昂仁县，东北靠拉孜县，南与尼泊尔王国接壤，是西藏的边境大县，同时也是南下尼泊尔和北上阿里的必经之地。

4. 交通区位便利

定日县距日喀则市 244 千米，318 国道和 219 国道贯穿全县，建成的定日机场更是提升了其交通的可达性。未来随着 G219 和 G318 贯通定日、中尼铁路、日喀则至定日县高速的建设，全县的现代化综合交通网体系建设将实现根本性突破，极大地方便游客的珠峰出行。

特别是，2023 年 5 月 19 日，恰逢"中国旅游日"。定日机场建成后的首架满载着 100 名上海游客的"上海—日喀则"援藏旅游包机平稳降落在日喀则定日机场，开启了定日珠峰旅游的新篇章。

（二）发展的劣势

1. 自然环境恶劣

定日县地处素有"世界屋脊"之称的青藏高原，全县平均海拔达到5000米，属于典型的高原地区，缺氧情况普遍存在。同时，全县属高原温带半干旱气候，昼夜温差大，气候干燥，紫外线强，年均气温仅为2.8～3.9℃，冬季更是时常狂风凛冽、飞沙漫天、寒风刺骨。这种相对恶劣的天气，使得珠峰旅游有明显的淡旺季。

2. 基础设施薄弱

定日县产业结构单一，农牧业"一枝独大"，其他产业发展不充分，经济总量较小，综合实力和竞争力不强，财力基础薄弱，导致区域自身无法有效提供旅游产业发展所需的基础设施，包括道路、给排水、供电、旅游厕所、生态停车场、观景台、露营地等，同时旅游"吃、住、行、游、购、娱"六大要素配套差，产业链短，也严重制约了区域旅游产业发展。另外，受珠峰自然保护区生态红线划定等的影响，项目建设涉及的林地征占用、环评等手续办理面临较大困难，也进一步制约了区域旅游基础设施建设进度。

当前，定日县共有7家星级酒店和23家家庭旅馆。其中，星级酒店主要为二星级和三星级，不仅数量少，而且星级相对较低，缺乏精品民宿、精品酒店、主题酒店等消费者热衷的非标酒店供给（见表7）；23家家庭旅馆多为农户自主经营，不仅设施较为简易，而且服务水平参差不齐，与旅游民宿存在一定的差距。

表7　定日县主要星级酒店一览

序号	酒店名称	所在位置	星级
1	珠峰宾馆	协格尔镇白坝村	三星级
2	世界屋脊大酒店	协格尔镇白坝村	三星级
3	白坝大酒店	协格尔镇白坝村	二星级

序号	酒店名称	所在位置	星级
4	哈呼宾馆	岗嘎镇岗嘎村	二星级
5	雪豹旅馆	岗嘎镇岗嘎村	二星级
6	岗嘎宾馆	岗嘎镇岗嘎村	二星级
7	潘多宾馆	协格尔镇白坝村	一星级

（三）存在的机会

1. 政府高度重视珠峰文旅的战略发展

《西藏自治区"十四五"时期旅游综合发展规划》指出，要打造以珠穆朗玛国家公园为代表的"地球第三极"旅游核心特色品牌。《西藏日喀则市全域旅游规划》更是指出珠穆朗玛旅游要依托定日县，以珠峰大本营为主体空间，以登山服务、观光组织、旅游咨询和餐饮住宿为核心功能，打造珠峰休闲旅游与登山运动服务中心区。

定日县以习近平新时代中国特色社会主义思想为指导，紧抓西藏建设重要的中华民族特色文化保护地、世界文化旅游目的地、南亚开放大通道的重大历史机遇，以满足人民群众对美好生活的追求为出发点和落脚点，立足独特的生态资源和特色民族文化资源，坚守生态优先原则，按照高质量发展的要求，紧扣高端生态旅游、精品山地户外运动和深度民族文化体验三大主题，以提质增效为主线，以融合发展为主旨，以质量变革、效率变革、动力变革为核心，聚焦补短板、育业态、优供给、提品质、强产业五大要点，强化创新驱动与科技支撑，着力深化旅游业供给侧结构性改革，力争把定日县打造成为以珠峰为IP的"三地两区"，即国际知名的生态旅游地、特种旅游地、民族文化旅游地，以及国家级的生态旅游示范区、全域旅游示范区。

2. 上海援藏团队的助力定日文旅市场高质量发展

上海松江援藏小组持续推动定日文旅产业高质量发展，助力珠峰景区高水平建设。围绕"文旅先导、三产融合、乡村振兴、智慧赋能"工作主线，让定日县乡亲们捧起了生态"金饭碗"，吃上了文旅"珠峰宴"。一方面，注重市场推广，加快打造以珠峰为核心的文化和旅游资源品牌（见表8）；另一方面，加快设计丰富的具有地方特色、文化特点、民族特征的主题文创产品和品牌标识系统，如珠峰印象LOGO（见图2）。总之，整合包括定日县在内的对口五县的旅游景区、民宿酒店、特色商品等优质资源，发展全域旅游，着力打造"环珠峰生态文化旅游圈"。

表8　2021~2023年珠峰旅游市场推广活动一览

时间	活动名称	活动地点
2021年10月	"世界之巅·攀登者论坛"	珠峰小镇
2022年12月	"启航雪山之下·圆梦世界之巅"市场推介会	成都
2023年6月	"云上的格桑花"2023年定日县珠穆朗玛峰文化旅游推介会	深圳

图2　定日县珠峰文旅专属LOGO

（四）面临的威胁

1.生态环境脆弱

作为青藏高原最具代表性的生态"地标"，定日县生态环境极其脆弱。

全县高度重视生态环境保护，并经过长期不懈的生态治理、建设与修复，生态系统退化趋势得到初步缓解，但由于特殊地理环境制约，区域生态环境整体退化趋势尚未根本遏制，草地退化、土地沙化和荒漠化、水土流失、冰雪消融等问题依然十分突出，要实现"整体恢复、全面好转、生态健康、功能稳定"的生态保护修复目标依然任重道远。

2. 旅游安全隐患

一方面，青藏高原这种高海拔环境容易引起游客的高原反应。高原反应是人到达一定海拔高度后，由于机体对低压低氧环境的适应能力不足而引起的，是高原地区的常见病。常见症状有头痛、头晕、气短、胸闷、失眠、呕吐、口唇发紫、食欲不振、全身乏力等，严重者可发生肺水肿、脑水肿等病变，甚至导致死亡。基于对高原反应的担心，很多游客望而生畏，这在一定程度上阻碍了游客前往珠峰旅游的步伐。另一方面，高海拔地区特殊的地理条件，加之相对落后的基础设施条件和公共服务能力，西藏旅游业应对安全风险的能力不强。旅游安全是制约珠峰旅游产业快速发展的主要因素之一。

五　定日县珠峰文旅发展中存在的主要问题

（一）旅游资源利用不高，旅游产品供给不足

一是存在"大资源、小旅游"现象。定日县存在严重的"大资源、小旅游"现象，旅游产业无论是功能定位、发展规模还是发展层次，都与旅游资源的丰度与禀赋不相适应，旅游产业对区域社会经济发展的贡献率较低；对优势旅游资源的挖掘有限，仅仅停留在粗浅层面，文化内涵不深，旅游产品开发层次低，珠峰旅游消费呈现停留时间短、消费水平低、体验浅的特点。

二是旅游资源开发缺乏深度。定日县缺乏具有号召力、影响力的生态旅游区、特色旅游小镇等旅游精品和名品，缺乏参与性强、体验性足、娱乐性

好、综合功能强的旅游新业态，缺乏规模化、品牌化、产业化的旅游产业聚集区。目前旅游产业发展基本就是围绕传统旅游资源进行开发，处于"卖资源"的初级阶段。最为核心的珠峰旅游基本为简单的"拍照游"。总之，受自然、经济、社会环境等的制约，定日县的旅游资源优势尚未转化为产品优势、经济优势，旅游产业总体尚处于起步阶段，亟须加快推进旅游产品打造，完善基础设施和公共服务体系，优化市场开发和营销渠道，创新生产要素供给方式。

（二）文化和旅游融合深度不够，产业结构不合理

融合发展是新时期旅游产业发展的主题词。但定日县旅游产业仍处于起步阶段，与区域美丽乡村建设、新型城镇化建设、农业发展、生态建设、文化产业、交通建设等的融合程度较低，对其他产业的带动效应尚未显现，旅游产业体系尚未成形，旅游产业规模不大，产业链条不长，产业结构不合理。另外，定日县文化底蕴挖掘还不够深，未能形成品牌效应，缺乏全方位、多角度的宣传，缺乏以文化创意为主题的市场交流活动，市场吸引力还有待进一步提升。

（三）旅游从业人员专业技能不高，旅游人才相对匮乏

一是全县旅游人才队伍的建设亟待加快。旅游行政管理部门的专业人员较少，在旅游招商、开发、推介等方面明显存在人员不足现象，旅游管理服务工作明显滞后于旅游发展所需；旅游从业人员整体职业素质不高，专业服务技能不高，在一定程度上影响了旅游接待水平。

二是现阶段定日县旅游人才的引进、培养尚未形成体系和规模，尤其缺乏懂规划、懂管理、懂运营、懂市场的高层次专业旅游人才，导致全县旅游项目的投资开发、整体策划、包装提升等工作难以高效推进。

（四）文旅产业规划统筹难度大，体制机制破解艰难

一是定日县既要执行自然保护区规划、国家公园规划、主体功能区规划

及其他保护地相关规划，也要贯彻落实各级国民经济和社会发展规划、土地利用总体规划、城乡建设规划、旅游发展规划及相关专项规划，规划间衔接不充分。各类规划的功能区划边界和内涵不尽相同，保护目标、管控措施等因规划性质、行业管理等而各有侧重，在实际执行中头绪繁多、统筹难度大。

二是定日县处于珠穆朗玛峰国家级自然保护区和珠穆朗玛峰国家公园范围内，导致全县生态保护多头管理、政出多门的问题依然严重，各种保护地类型重复设置，涉及自然资源、农牧、林草、环保、水利、旅游、文化等多个部门，政策法规和标准体系庞杂交叉，在管理上相互制约、相互影响。要消除行政壁垒，改变"九龙治水"局面，解决现行管理体制不顺、权责不清等突出问题。

（五）文旅产业开发主体缺位明显，投资严重不足

受区域经济社会发展水平、旅游产业发展现状等综合因素的制约，目前定日县的旅游开发主要为基础设施投入，现有的市场主体多为小、散、弱的地方企业或是个人，规模相对较小、实力相对较弱、投资能力不足，缺乏具有竞争力的龙头旅游企业进行旅游资源的系统开发和运营，导致区域旅游的创新力不足、竞争力较弱，服务水平参差不齐，远不能满足市场发展要求，尤其是区域高端旅游市场。

六　定日县发展珠峰文旅主要实施举措

作为"地球第三极"，习近平总书记明确指出，"青藏高原最大的价值在生态，最大的责任在生态，最大的潜力在生态"。定日县紧紧围绕把珠峰景区打造成"最生态、最人文、最智慧、最和谐、最美丽"的"世界一流自然保护区、世界一流生态景区"的目标，坚持问题导向，把文化作为旅游的灵魂、把生态作为旅游的生命线，以景区标准化建设为契机，推动珠峰景区生态文旅融合发展

（一）生态保护举措

1.大力实施五大保护工程

定日县坚持以习近平生态文明思想统揽工作大局，强化各项举措并提出了"五大保护工程"（见表9），确保生态环境保护工作扎实开展，形成生态文明建设和生态环境保护工作合力，在抓好控源治本上下功夫，持续打好蓝天碧水净土保卫战。

表9　定日县"五大保护工程"

工程	实施效果
"山更青"工程	创建国家级生态示范县，国家级或自治区级生态乡镇占比达到60%以上，国家级或自治区级生态村占比达到50%以上
"水更绿"工程	饮用水源地水质优良比例达100%，县城、乡镇污水处理率分别达到100%和65%以上，具有旅游功能的特色小镇、旅游村污水处理率达到70%以上
"天更蓝"工程	全县全年空气质量优良天数明显提升
"土更净"工程	土壤环境安全保证率达到100%
"雪更白"工程	雪山垃圾得到全面清理

2. 构建多元共治的环境治理体系

定日县牢固树立绿色发展理念，始终坚持把生态保护放在第一位，以保护优先、自然恢复为主，全力推进生态文明建设和环境保护工作，构建了多元共治的环境治理体系，包括环境法规与政策体系、生态文明宣传体系、生态预警系统、一体化监管体系和长效生态补偿制度，具体如表10所示，全方位、多层面地保障珠峰生态环境。

表10　定日县环境治理体系内容

体系内容	具体内容
环境法规与政策体系	完善生态环境制度体系与执法机制、探索建立生态文明创新机制、加强户外徒步旅游资源保护、制定生态保护红线配套政策、推进自然资源资产确权登记

续表

体系内容	具体内容
生态文明宣传体系	完善生态文明教育体系、丰富生态文明宣传形式、深入推进公众参与
生态预警系统	建立气象灾害预警系统、建立地质灾害预警机制、建立抗旱防洪预警系统、建立水质自动监测点、加强农业灾害预警、加强森林防护和有害生物防控
一体化监管体系	建立覆盖城乡的环境监测网络、建设环保大数据中心
长效生态补偿制度	争取国家和自治区的支持政策、实施项目带动补偿模式

（二）发展文旅举措

1. 注重规划先行，全力打造环珠峰文化旅游圈

做好珠峰文旅规划是保护珠峰生态环境、打造生态中国品牌的战略需要，是巩固区域脱贫攻坚成果、助推乡村振兴的客观需要，是顺应旅游发展新要求、实现定日县旅游高质量发展的现实需要。为更好地推动日喀则文化旅游基础设施建设、提升服务质量，全力打造环珠峰文化旅游圈，上海第九批援藏干部在整合了前八批援藏干部工作成果的基础上，集中力量制定了对口支援日喀则市五县（亚东、江孜、拉孜、定日、萨迦）的环珠峰文旅规划《西藏日喀则五县环珠峰全域旅游发展总规划》，以更好地推动珠峰文旅产业发展。

2. 强化制度建设，全面提升行业管理治理能力

一是强化制度建设和提升管理能力。以珠峰景区标准化建设为契机，完善景区管理制度，使景区日常管理更加规范化、制度化、系统化、全面化。综合整治珠峰景区及周边旅游经营场所的旅游环境卫生、旅游厕所卫生，重点清理乱设摊点和经营脏乱差，维护世界旅游目的地的良好形象。注重旅游市场监管日常检查，定期不定期开展联合执法检查、抽查，狠抓旅游安全隐患排查，严格把关评星评级及考核过程，切实提升服务能力，进一步优化旅游环境。举办旅游经营企业座谈会等，开展旅游诚信经营、文明旅游宣讲

等。强化旅游热线的咨询投诉功能，细化旅游投诉纠纷调解程序，规范行政处罚运行工作，高效处理游客投诉。

二是提升服务和接待能力。实行 24 小时售票，开设氧气租赁业务，提供优质服务。在旅游服务中心医疗急救、咨询服务等窗口张贴相应的标识标牌，进一步规范星级宾馆、星级旅游服务，提供"有氧住宿"和"有偿供氧"服务，在珠峰小镇引进平措康桑珠峰大本营富氧酒店，并鼓励有条件的星级宾馆、农牧民家庭旅馆改造升级，提升接待能力和水平。

3.加快基础设施建设，提升服务和接待能力

一是在细节方面做文章，在 G318 国道沿线设立交通标识和旅游标识标牌，为游客出行、观景提供更加人性化、细节化的指引，加强风景区整体规范化、标准化建设，加快各类生态旅游厕所建设，满足游客需求。二是做好珠峰北大门旅游综合服务中心、定日县公共服务设施（岗嘎旅游集散中心）、珠峰景区旅游基础设施等建设工作。三是加大招商引资力度，开展自驾营地和酒店项目的招商引资等，从根本上提升旅游接待能力。

4.注重整体旅游形象的宣传推广，提升品牌影响力

以政府主导，整合区内外媒体资源，多维度策划，突出"神奇珠峰，文化定日"主题，借助定日县旅游宣传片《定日·见珠峰·见自己·见天地》，集中力量打造独特品牌。继续主办好洛谐文化旅游节、珠穆朗玛骑行大会、徒步大会等活动，举办首届"珠峰礼物"定日文创产品设计大赛，配合日喀则市旅游发展局做好珠峰婚礼活动，加强线上旅游品牌打造和营销工作。

5.强化文旅元素的开发建设，丰富文旅产品内容

一方面，借助日喀则珠峰文化旅游创意产业园区的发展，支持打造一批珠峰旅游文创众创空间。另一方面，实施文旅产品开发项目，包含"珠峰礼物"品牌特色产品开发、"乐游珠峰"手机 App 的研发推广，丰富珠峰文旅产品。

七 定日县发展珠峰文旅的未来发展建议

（一）注重顶层设计，创新发展战略

进一步发挥好政府在发展方向、规划布局、政策支持、营造环境、创造条件等方面的引导作用，在旅游投资、市场开拓、产品促销、经营服务等与旅游企业经营行为密切相关的领域，重视发挥市场机制对资源配置的决定性作用。按照"政府出资源，统一规划；企业出资金，集中创建；专业集团出管理，规范运营；社区经营文化，夯实基础"的思路，把政府引导和市场主导结合起来，培育壮大珠峰旅游产业，实现珠峰文旅高质量发展。

要有创新发展战略思想，破解体制机制难题，聚焦核心资源和城镇存量空间的比较优势，突出打造一批形态上"小而美"、功能上"聚而合"、产业上"特而精"，在有限的空间里充分融合产业功能、旅游功能、文化功能、社区功能、生态功能，实现生产、生态、生活共生的旅游主导型特色小镇，有效破解制约定日县发展的瓶颈，进一步推进城镇化率的提升，实现生产空间的集约高效利用和生产要素的优化配置。

（二）注重规划先行，生态优先战略

立足定日县特殊的生态区位，站在全国生态文明建设的战略高度，以最大限度发挥定日县的综合生态竞争优势为重点，识别各种优势、劣势和未来发展转变的因素，对定日县珠峰文旅所占地位、所起作用、所载功能，做出准确的判断。并以大生态环境为基础，紧抓生态文明建设机遇，打造国家生态旅游示范区，实现高定位。要有较强的生态意识，遵守自然保护区、风景名胜区、饮用水水源保护区等的法律法规要求，严守生态红线、基本农田红线，始终把保护生态环境作为旅游产业发展的生命线。大力倡导和推广绿色旅游、文明旅游，建立完善的绿色旅游产品标准、服务标准和管理标准。以生态美支撑区域珠峰文旅产业的高质量发展，切实做好经济效益、社会效益和生态效益的同步提升。

（三）注重游客需求，市场主导战略

关注珠峰文旅游客的需求，坚持实施市场主导战略，以消费结构升级为引领、以供给侧结构性改革为重点，积极推进"旅游+""+旅游"发展，创新旅游产品，拓展全域旅游发展空间，延伸产业链条，提升旅游发展能级，扩大消费领域，着力构建旅游全域化、产业全联动、服务全配套、社会全参与、管理全覆盖、成果全民共享的旅游发展新格局，真正推动定日县珠峰文旅产业发展上规模、上档次、上水平。

（四）注重产品开发，深化融合战略

按照"宜融则融，能容尽融"的发展思路，以"发掘文化原动力、提升文化联动力、激活文化内生力、拓展文化扩张力"为重点，积极探索"活态化"融合模式，即通过文化演艺、影视旅游等激活文化资源；"功能化"融合模式，即通过将文化融入旅游要素，催生富有珠峰特色的文化主题餐饮、文化主题住宿、文化主题娱乐等新业态，延伸文化主题产业链；"生活化"融合模式，即使文化生活化、旅游体验化等，助力定日县珠峰文旅融合的新提升、新发展。

（五）注重市场推广，品牌提升战略

立足定日县独特的珠峰优势资源，着力实施"核心品牌驱动"发展战略，借助核心资源的生产力与认知平台，构建集中度大、关联性强、集约化水平高的旅游产业聚集区，形成产业支撑力、市场辐射力、文化影响力、资本凝聚力和品牌吸引力，形成"以点促面"的发展新格局，实现以大聚集打造大景区、吸引大市场、催化大产业、培育大品牌。借助传统媒体和新媒体等，提升游客对珠峰文旅市场的认知度，打响"珠峰印象"旅游品牌和"见珠峰、见自己、见天地"的珠峰文旅宣传口号，提升定日珠峰文旅市场的知名度。

（六）注重安全保障，服务优化战略

安全是青藏高原旅游中的重中之重，借助现代科技手段和各类预警系统，做好各类旅游安全保障。特别是，随着定日县交通可进入性的提升，借助"有氧住宿""有氧租赁"等服务项目，在很大程度上解决了游客的高反问题，极大地提升了珠峰旅游的参与度。同时，加大人才培养和引进力度，完善旅游景区基础设施，不断提高旅游综合服务能力，让游客有更佳的珠峰旅游体验。

参考文献

王婷婷：《60 年　与珠峰"对话"》，《科技日报》2013 年 5 月 30 日。

左灿：《论人类攀登珠穆朗玛峰的现状与保护对策》，《四川体育科学》2014 年第 3 期。

平措卓玛、徐秀美、林清清：《国内外登山旅游研究综述》，《旅游论坛》2017 年第 6 期。

王丽丽、张天星：《西藏珠穆朗玛峰国家级自然保护区旅游资源调查与评价》，《林业调查规划》2022 年第 6 期。

文旅融合篇

2020～2022年定日珠峰旅游发展历程与对策分析

袁德刚　朱冬锋*

摘　要： 受新冠疫情的影响，2020～2022年定日县经济增长速度放缓，旅游市场整体表现平稳。面对国内文旅融合发展态势以及内外部环境变化，未来定日县珠峰旅游市场将呈现以下发展趋势：一是进入新阶段，旅游消费增长将对当地接待能力提出更高要求；二是随着旅游市场和产品结构趋于多元化，消费者对旅游体验要求更高，定日县珠峰旅游服务质量急需提升；三是定日县应与其他地区加强合作，对珠峰旅游线路进行升级，增加更多体验性强的旅游产品，迎合市场需求。

关键词： 定日县　珠峰旅游　旅游市场

---

* 袁德刚，上海市第十批援藏干部人才联络组定日联络小组组长、定日县委常务副书记、常务副县长；朱冬锋，上海市第十批援藏干部人才联络组定日联络小组副组长、定日县委常委、副县长。

受国际经济发展不确定性影响，2020～2022年经济复苏面临重重困难。2019年，定日县进山人数为11万人次，门票收入为2207万元，旅游总人数为22万人次，旅游总收入为12086万元。受疫情影响，2020～2022年定日县进山人数、门票收入和旅游总人数、旅游总收入为：2020年，定日县进山人数为13万人次，门票收入为2115万元，旅游总人数为24万人次，旅游总收入为13146万元；2021年，定日县进山人数为15万人次，门票收入为2643万元，旅游总人数为27万人次，旅游总收入为15310万元；2022年，定日县进山人数为11万人次，门票收入为2059万元，旅游总人数为22万人次，旅游总收入为12114万元，如图1、图2所示。总体而言，定日县经济保持稳定发展态势，旅游发展受疫情影响有所减缓，但总体态势良好。

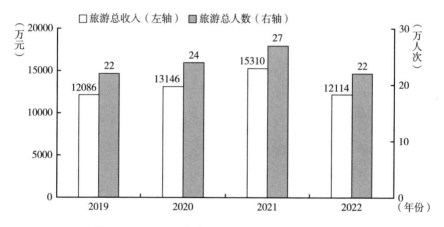

图1　2019～2022年定日县旅游总人数与旅游总收入

一　西藏旅游概况

（一）西藏旅游人数

2019年国内旅游市场发展良好。2011～2019年，国内旅游市场规模递增，2019年达到60.06亿人次。受新冠疫情影响，国内旅游市场出现波动，

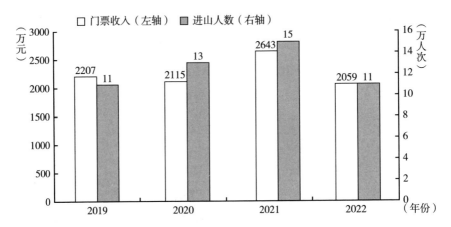

图 2　2019~2022 年定日县进山人数与门票收入

2020~2022 年国内旅游人数呈现先减后增的变化趋势，西藏也是如此。2020
年，西藏接待国内外游客 3505.01 万人次，比上年下降 12.6%；2021 年接
待国内外游客 4150 万人次；2022 年接待国内外游客 3002.76 万人次。

（二）西藏旅游收入

新冠疫情前，国内旅游总收入逐年攀升，2019 年达到 6.63 万亿元。新
冠疫情期间，旅游业发展受到重挫，2020 年西藏旅游总收入 366.42 亿元，
下降 34.5%；2021 年西藏旅游总收入 441 亿元；2022 年西藏旅游总收入
407.07 亿元。显然受新冠疫情影响，旅游收入呈现下降态势。2021~2022
年国内游客假期旅游消费比例较高，远途旅游消费受到抑制，也是西藏旅游
收入下滑的原因之一。

二　日喀则市旅游概况

（一）日喀则市旅游人数与旅游收入

日喀则市充分利用资源优势，大力发展珠峰特色旅游业，加快建设旅游

设施，积极发展全域旅游，初步形成了"一峰两寺三城三线五沟"的旅游发展格局，成功入选全国第二批全域旅游示范区创建单位，旅游接待能力逐步提升。"十三五"期间，日喀则市每年接待国内外游客和旅游收入的增速均保持30%左右。2019年，日喀则市全年接待国内外游客899.37万人次，实现旅游总收入67.36亿元。旅游业作为日喀则市国民经济中的战略性支柱产业，其地位得到巩固。

日喀则旅游受到疫情影响，2020年日喀则全市接待国内外游客602.32万人次，旅游收入超过44.17亿元；2021年，接待国内外游客720.72万人次，实现旅游收入47.08亿元；2022年，接待国内外游客443.52万人次，实现旅游收入27.27亿元。

（二）日喀则市旅游消费群体特征

日喀则市的旅游发展以生态旅游、文化旅游和自驾游为主，国内客源主要来自广东、北京、上海、四川、云南和海南等。日喀则的旅游消费群体普遍喜欢探索文化、历史和自然风光，通常对历史、文化和宗教有浓厚的兴趣，希望深入了解当地的风土人情和生活习俗。此外，日喀则的旅游消费群体还包括喜欢户外运动和探险的游客。日喀则地处高原，拥有壮丽的自然风光和丰富的自然资源，如珠穆朗玛峰、卡若拉冰川、桑珠孜河谷等，这些都是吸引探险爱好者前来的重要因素。

三 定日县珠峰旅游发展概况

（一）定日县旅游经济概况

定日县位于祖国的西南边陲，地处喜马拉雅山脉中段北麓珠峰脚下，东临定结、萨迦两县，西接聂拉木县，北连昂仁县，东北靠拉孜县，南与尼泊尔王国接壤。县域平均海拔4500米，县城驻地海拔4325米，距日喀则243公里，是去珠峰的必经之路和前往珠峰的登山爱好者和游客

最近的落脚点。因此，定日县有着独特的旅游资源，珠穆朗玛峰西坡位
于定日县扎西宗乡，东坡在定日县曲当乡，在当地设有珠峰大本营，同
时世界上海拔最高的寺庙绒布寺也坐落于此。定日县面积13860平方公
里，辖13个乡（镇）180个行政村381个自然村，有43座寺庙、僧尼
448名，全县总人口61785人（截至2021年6月），是西藏人口最多的边
境大县。

定日县围绕旅游六要素开展旅游产业链建设，2016年珠峰景区游客量
迅猛增长，2017~2019年旅游人数保持在11万~13万人次，旅游总收入也
相对稳定（见表1）。

表1　2015~2019年定日县珠峰景区及全县主要旅游经济指标一览

年份	珠峰景区				定日县			
	游客量（万人次）	增长率（%）	门票收入（万元）	增长率（%）	游客量（万人次）	增长率（%）	旅游总收入（万元）	增长率（%）
2015	3.94	—	1211	—	6.28	—	3450.98	—
2016	11.85	200.76	3157	160.69	20.09	219.90	12000.78	247.75
2017	11.41	-3.71	3009.28	-4.68	19.41	-3.38	10808.01	-9.94
2018	12.42	8.85	2597.27	-13.69	21.11	8.76	10943.13	1.25
2019	11.68	-5.96	2206	-15.06	22.28	5.54	12086.24	10.45

（二）定日县景区景点建设概况

定日县拥有得天独厚的旅游资源优势，成功创建了珠峰国家4A级景
区，建成仓达温泉、鲁鲁温泉、林卡公园等。同时，定日县以绒辖沟云端小
镇、珠穆朗玛高原植物博览园、岗嘎湿地、岗嘎爱国主义文化公园、白坝村
自驾车营地等为代表的景区景点建设也在不断推进中。

（三）定日县珠峰旅游要素发展概况

定日县共有7家星级酒店和23家家庭旅馆。其中，星级酒店主要为二
星级和三星级，不仅数量少且星级相对较低，缺乏精品民宿、精品酒店、主

题酒店等旅游市场热衷的非标酒店供给；23 家家庭旅馆主要由当地的农民自主经营，不仅设施较为简易，且服务水平参差不齐，与旅游民宿相比存在一定的差距。另外，定日县的餐饮店主要类型为川菜馆和藏餐厅，集中分布在协格尔镇（白坝村最多）、岗嘎镇、扎西宗乡等游客必经乡镇，其他乡镇数量较少；主要举办的节庆活动包括珠穆朗玛洛谐文化旅游节、珠穆朗玛旅游徒步大会、首届珠峰绿色守护者志愿行动等。

表 2　定日县主要星级酒店一览

序号	酒店名称	所在位置	星级
1	珠峰宾馆	协格尔镇白坝村	三星级
2	世界屋脊大酒店	协格尔镇白坝村	三星级
3	白坝大酒店	协格尔镇白坝村	二星级
4	哈呼宾馆	岗嘎镇岗嘎村	二星级
5	雪豹旅馆	岗嘎镇岗嘎村	二星级
6	岗嘎宾馆	岗嘎镇岗嘎村	二星级
7	潘多宾馆	协格尔镇白坝村	一星级

表 3　定日县星级家庭旅馆一览

序号	家庭旅馆名称	所在位置	等级
1	安多旅馆	岗嘎镇岗嘎村	银星
2	拉萨饭店	岗嘎镇岗嘎村	银星
3	班巴旅馆	扎西宗乡扎西宗村	银星
4	星光福利旅馆	岗嘎镇岗嘎村	银星
5	珠峰牛头旅馆	扎西宗乡巴松村	银星
6	珠峰如家酒店	协格尔镇	银星
7	珠峰吉祥宾馆	协格尔镇白坝村	铜星
8	帕珠嘎热香酥旅馆	协格尔镇白坝村	铜星
9	喜马拉雅旅馆	岗嘎镇岗嘎村	铜星
10	圣地美玉郎桑旅馆	扎西宗乡巴松村	铜星
11	暖乐家庭旅馆	扎西宗乡巴松村	铜星
12	桑吉旅馆	扎西宗乡巴松村	铜星

续表

序号	家庭旅馆名称	所在位置	等级
13	绒辖旅馆	岗嘎镇岗嘎村	铜星
14	满斋旅馆	协格尔镇	铜星
15	雪域阳光旅馆	扎西宗乡扎西宗村	铜星
16	高原农民家庭旅馆	扎西宗乡巴松村	铜星
17	故乡雪域家庭旅馆	扎西宗乡巴松村	铜星
18	乔穆朗玛巴松家庭旅馆	扎西宗乡巴松村	铜星
19	巴松康桑旅馆	扎西宗乡巴松村	铜星
20	定日珠峰旅馆	扎西宗乡扎西宗村	铜星
21	定日祥云饭店	协格尔镇	铜星
22	巴松扎西旅馆	扎西宗乡巴松村	铜星
23	巴松贡嘎农民旅馆	扎西宗乡巴松村	铜星

（四）定日县珠峰旅游宣传营销概况

近年来，定日县充分利用政府网站、公共微信平台及时发布"冬游西藏"免票活动消息，进一步加大宣传力度；打造"神奇珠峰，魅力洛谐"品牌，通过与央视等主流媒体合作提高珠峰旅游的吸引力；制定了2019定日县"增客"攻坚活动方案，并严格按照该方案加大旅游宣传力度；制作了以珠峰为核心的旅游宣传短片；通过在"日喀则旅游""日喀则广播电视台""定日发布"等官方微信平台定期发布旅游信息，大大提高了珠峰旅游的吸引力；编撰出版了《魅力后藏——定日篇》、《珠穆朗玛国家公园旅游导游词》、四大景区宣传册等，同时配合完成了《西藏诱惑》《西藏发现》《藏地密码》等的拍摄和录制，不断提高珠峰旅游的吸引力。

疫情期间，日喀则市发放日喀则旅游惠民券和日喀则消费券促进旅游消费，定日县积极响应消费券活动，同时充分利用政府网站及微信平台进行活动信息转发。同时，定日县积极开展"冬游西藏"免票活动、"珠峰礼物"品牌特色产品开发、"乐游珠峰"手机App的研发推广等工作。2020年，定日县开展景域驴妈妈线上文旅直播活动，向全国各地人民推介定日县丰富的旅游景观和悠久的传统历史文化，同时在线销售珠峰景区门票。2021年，定日县为"珠峰礼物"门店营运开展前期市场调研及寻求商业合作伙伴工作。2022年，定日县开展系列文旅活动，推进珠峰景区生态文明建设，投放电动环保车运载游客，减少碳排放量。2023年，定日县配合市文旅局成功举办"珠峰婚礼"西藏段活动，有效提升了珠峰景区的知名度。

（五）定日县珠峰旅游基础设施建设概况

定日县大力推进珠峰旅游相关基础设施建设。2020年，定日县积极推动公共服务设施建设项目（岗嘎旅游集散中心）、珠峰景区旅游基础设施建设项目等，并完成珠峰景区北大门旅游厕所验收。2021年，定日县在G318公路沿线、景区入口和环保站设立旅游标识标牌十余块，为游客出行、观景提供更加人性化、细节化的指引，加强珠峰景区整体规范化、标准化建设。在援藏资金的支持下修建了曲宗旅客集散中心，完成了318国道沿线加措拉山、珠峰大本营景区游客服务中心等十余处旅游标识标牌的设置；修建了曲宗公路，进一步改善了珠峰景区的道路条件；同时，完成了曲当乡游客服务中心、旅游厕所等建设项目。2022年，定日县完成了加措乡珠峰观景台、梅木湿地观佛台、珠峰东坡嘎玛沟景区大门、珠峰东坡嘎玛沟景区旅游驿站和观景台、林卡公园及湿地公园、切村游客服务中心等建设项目；完成招商引资项目3个，分别是白坝自驾营地项目、扎西宗老游客中心酒店项目，以及珠峰景区北大门和环保站奶茶店、文创产品研发和销售项目，进一步助力珠峰旅游发展。

四　定日县珠峰旅游发展特征分析

定日县珠峰旅游产业总体处于起步阶段，亟须加强旅游产品打造，完善基础设施和公共服务体系，创新生产要素供给方式。目前定日县珠峰旅游发展中存在的问题如下。

（一）旅游资源利用不高，旅游产品供给不足

定日县拥有多样化、高品质的旅游资源，有以珠峰为核心的典型 IP，但目前全县除了以观光为主导的珠峰景区这一国家 AAAA 级景区外，缺乏具有影响力的生态旅游区、特色旅游小镇等旅游精品。存在严重的大资源、小旅游现象，旅游产业功能定位、发展层次，与旅游资源禀赋不相适应，旅游产业对区域社会经济发展的贡献率较低；对优势旅游资源的挖掘有限，仅仅停留在粗浅层面，文化内涵不深，旅游产品开发层次低，旅游消费停留时间短、消费低、体验浅。缺乏参与性强、体验性足、娱乐性好、综合功能强的旅游新业态，缺失规模化、品牌化、产业化的旅游产业聚集区，且观光产品开发层次低，缺乏完整、成熟的系统配套。目前的旅游产业发展基本就是围绕传统旅游资源进行开发利用，最为核心的珠峰旅游基本为简单的"拍照游"。

（二）开发主体缺位明显，投资严重不足

受区域经济社会发展水平等制约，目前定日县的旅游开发主要集中在保障基础设施投入，现有市场主体多为小、散、弱的本地企业或个人，规模相对较小、实力相对较弱、投资能力不足，缺乏有竞争力的龙头旅游企业进行旅游资源系统开发和运营，导致区域旅游创新力不足、服务水平参差不齐，远不能满足国内外旅游市场的发展需求。

（三）产业发展不平衡，旅游要素发育不全

定日县产业结构单一，农牧业"一枝独大"，其他产业发展不充分，经济总量较小，综合实力和竞争力不强，财力基础薄弱，导致区域自身无法有效提供旅游产业发展所需的道路、给排水、供电、旅游厕所、生态停车场、观景台、露营地等基础设施，严重制约了旅游产业发展。同时，受珠峰自然保护区生态红线划定等的影响，项目建设涉及的林地征占用、环评等手续办理面临较大困难，进一步制约了基础设施建设进度。

同时，作为旅游发展后发地区，定日县的知名度和美誉度比起国内知名旅游目的地还有较大的差距。目前全县的旅游发展主要体现在珠峰景区所在的扎西宗乡，其他乡镇的旅游发展还处于前期谋划阶段。另外，旅游"吃、住、行、游、购、娱"六大要素配套差，产业链短。外部交通单一，景区各项服务设施建设滞后，存在档次低、设施差、服务不规范等问题，很难留住游客进行多层次消费。全县旅游产业的发展亟待培育出更多具有市场号召力的产品；景区影响力小，相关配套尚缺；旅游产业与其他产业的融合发展不够，没有真正发挥旅游产业的综合优势。

（四）融合发展程度低，旅游发展不充分

"融合"是新时期旅游产业发展的主题词，但定日县旅游产业与区域美丽乡村建设、新型城镇化建设、农业发展、生态建设、文化产业、交通建设等的融合程度较低，对其他产业的带动效应尚未显现，导致旅游产业体系尚未成形，旅游产业的规模不大，产业链条不长，产业结构不合理。

"文化+旅游"融合过程中，节庆活动主要依托于本地区传统的民族节庆活动，季节性强，且与周边区域存在较大的同质性；节庆活动类型不多、内容不足、互动不足、联动不强、时间有限，尚未形成节会经济；文化旅游以传统的静态观光为主，缺乏体验场景空间的构建和体验内容的组织；历史文化、民族文化等与现代科技、时尚文化的融合不足，文创缺乏，活力不足；缺乏可以满足现代旅游消费需求的创意性文化节庆活动。

"生态+旅游"融合过程中，高品质的山地旅游资源、生态旅游资源大多没有得到充分认识；生态保护压力大，开发模式和产品单一。

"农业+旅游"融合过程中，受自然环境和市场发育程度的影响，农旅融合尚未起步且难度较大。农特产品方面，一是类型单一，主要为传统的农牧业，融合的路径不畅、效果不佳，难以形成区域品牌；二是产量小，既缺乏统一的种植、采摘、包装等标准，也没有后续的销售作保障，导致品质优势被稀释，品牌与形象难树立；三是缺乏自身内在价值的挖掘和与外部资源的整合，以简单的初级产品销售为主，附加值不高；四是缺乏与文化创意、

现代科技等的融合，产业链较短。

"乡村+旅游"融合过程中，旅游村缺乏视觉景观亮点，同质性高，"看头"不足；参与体验内容少，"玩头"不多；文化挖掘不够，"说头"较少；产品单一，留客难度大；旅游公共服务设施不完善，游览的便捷性有待提高；家庭旅馆缺乏统一的标准与规范。

"城镇+旅游"融合过程中，城镇缺乏独立的个性与主题，同质性强，视觉性、文化性、标识性不足，形象模糊；城镇的旅游功能不完善，缺乏文化体验空间、生态休闲空间等；城镇的旅游要素配套和公共服务配套不足，软实力不够，缺乏生态城镇、文明城市、安全城市、卫生城市等无形资产的支撑；城镇的"中心地"作用没有得到有效发挥，缺乏与周边资源的互动与统筹。

"体育+旅游"融合过程中，产品较单一，缺乏针对新型大众旅游消费需求的徒步、自驾、露营、马拉松等户外运动旅游产品，以及滑翔伞、直升机等新颖、时尚的体育旅游产品；单一活动时间性强，持续性弱，尚未形成全年系列活动良性互动的发展格局；最具优势的登山旅游的行政审批流程不顺畅。

"交通+旅游"融合过程中，缺乏公路驿站、观景台、游客休息点等服务设施；尚未打造美丽公路、旅游公路和绿道体系。

（五）旅游专业人才匮乏，从业人员服务技能缺乏

现阶段定日县旅游人才的引进、培养尚未形成体系和规模，尤其缺乏懂规划、懂管理、懂运营、懂市场的高层次专业旅游人才，导致全县旅游项目的投资开发、整体策划、包装提升等工作难以高效推进；全县旅游行政管理部门专业人员少，旅游管理服务工作明显滞后于旅游发展，全县旅游人才队伍亟待建立。同时，旅游从业人员的服务理念和服务技能较为缺乏，在一定程度上影响了整体旅游接待水平。另外，社区居民参与旅游开发的意识有待进一步增强。

五　定日县珠峰旅游发展策略建议

（一）聚焦旅游发展方向

定日县珠峰旅游发展应聚焦国际化、高端化、品质化、特色化、生态化和智慧化。要充分挖掘和发挥珠峰的 IP 价值，并立足全县的资源特色、环境基础、区位条件等优势，主动服务和融入国家发展战略，加强与南亚国家的交流与合作，加快旅游基础设施和配套服务设施的建设，打造边境跨境旅游精品线路；要进一步加快旅游服务标准与国际的接轨，着力扩大国际入境旅游规模，提升旅游产业的国际化水平。

定日县珠峰旅游高端化，要充分发挥全县由震撼绝伦的地质地貌、浩瀚绝妙的雪山景观、丰富多彩的民族风情、深厚悠久的历史文化、奇特惊艳的生态环境组合而成的特殊性与稀缺性，引导旅游企业重点培育和研发高端生态、深度体验、定制服务等旅游产品，着力构建特种化高端旅游产品体系，满足"定制化"市场、"新生代"市场、"户外"市场、"生态"市场等主流消费群体的需求。

定日县珠峰旅游品质化，要以生态环境为基础，以藏文化为核心，按照优质旅游的要求，着力开发精品化、精众化、精致化的旅游产品，构建品质旅游产品体系，以更好地满足旅游消费需求；要着力打造一批旅游吸引力强、产业综合实力强、市场竞争力强、辐射带动力强和产业贡献能力强的旅游项目，使之成为核心区和增长级，辐射带动区域旅游经济发展。

定日县珠峰旅游特色化，要突出全县在景观、生态、文化、地貌等方面的鲜明特色与突出优势，高水平重点建设一批富有个性、特色、格调的精品景区、旅游小镇和旅游村，开发一批具有较强市场影响力的生态旅游产品，培育打造一批具有较高市场知名度的户外运动旅游品牌和民族文化旅游品牌，以进一步增强区域旅游的市场吸引力和核心竞争力。

定日县珠峰旅游生态化，要符合低碳经济、生态经济的发展要求，突出

"轻奢""野奢"品质，切实加强对山、水、林、谷的保护，加快新能源、绿色能源的推广和使用，打造一批生态旅游示范区、绿色经济示范区、循环经济示范区、绿色景区，建设一批景观化、体验化的绿色酒店、服务设施等，建设资源节约型、环境友好型社会，以进一步提升区域全域旅游的环境品质。

定日县珠峰旅游智慧化，要积极推进"旅游+科技"融合发展，加快县域智慧旅游数据中心、基础网络、交易服务营销平台体系、应用终端等的建设，推动以旅游目的地信息系统、数字化旅游城镇、智能化景区和旅游饭店为重点的智慧旅游城镇、智慧旅游景区、智慧导览、智慧旅游饭店、智慧旅游乡村建设，建立健全覆盖全区域的旅游信息服务体系，全面提升旅游信息化和智能化水平。

（二）构建定日珠峰全域旅游产品体系

在旅游产品开发过程中，坚持生态优先原则，立足定日县特殊的生态区位，站在全国生态文明建设的战略高度，以最大限度发挥定日县综合生态竞争优势为重点，识别各种优势、劣势和未来发展转变的因素，对定日县旅游所占地位、所起作用、所载功能，做出准确的判断。并以大生态环境为基础，紧抓生态文明建设机遇，打造国家生态旅游示范区。

以市场需求为导向，以核心资源为基础，形成以观光旅游为基础，以自驾旅游、户外运动、文化体验和生态旅游为龙头，以城镇休闲、乡村旅游为支撑，以研学旅游等为重要补充的复合型产品体系，进一步充实和延展现有旅游产品的层次与体系。尤其要加大户外运动旅游、自驾旅游、民族文化体验、生态旅游、研学旅游和城镇旅游六大产品的培育力度，使其成为中远期发展的新动力，培育全县旅游新的吸引点，构建定日县全域旅游产品体系。

（三）实施定日珠峰旅游与产业多方位融合发展

以消费升级为引领、以供给侧结构性改革为重点，积极推进"旅游+""+旅游"融合发展，拓宽全域旅游发展空间，延伸产业链条，提升旅游发展能级，着力构建旅游全域化、产业全联动、服务全配套、社会全参与、管理全覆盖、成果全民共享的旅游发展新格局，真正推动定日县旅游产业发展上规模、上档次、上水平。

"生态+旅游"融合方面，提高定日县生态资源的利用效率，发挥生态旅游对当地居民增收的地缘优势，打造生态经济，提高社区内生发展动力。

"体育+旅游"融合方面，把户外运动旅游打造为定日县全域旅游发展的核心吸引物，把定日县打造为极高山特种旅游示范地。

"文化+旅游"融合方面，把定日县丰富的民族文化资源转化为文化软实力，提升全县文化旅游的品质；把协格尔古城打造为国家级历史文化名镇。

"乡村+旅游"融合方面，依托定日县的民族文化、乡土文化、传统村落、传统民居等资源，大力开发家庭旅馆、特色民宿、林卡公园、自驾车营地等乡村休闲产品，把乡村旅游打造为巩固全县脱贫攻坚成果的核心支撑。

"交通+旅游"融合方面，拓展定日县旅游发展新空间，缓解全县旅游用地制约，丰富旅游产品供给，构建带动全县全域旅游发展的绿道网，实现"快进慢游"。

"农业+旅游"融合方面，将定日县具有竞争力的农特产品转化为旅游者所需的绿色与特色农产品，加快建设抗高反、抗紫外线的高端农产品种植基地。

（四）构建定日珠峰旅游目的地品牌营销体系

立足定日县独特的珠峰优势资源，着力实施"核心资源驱动"发展战略，借助核心资源的生产力与认知平台，构建集中度大、关联性强、集约化水平高的旅游产业聚集区，形成产业支撑力、市场辐射力、文化影响力、资本凝聚力和品牌吸引力，形成"以点促面"的发展新格局，实现以大聚集打造大景区、吸引大市场、催化大产业、培育大品牌。制定系统性、整合性的营销行动计划，加大定日县旅游整体营销力度；巩固、优化现有的客源市场，拓展新的客源市场，培育定日县高中档次均衡且有较高品牌忠诚度的客源群体；进一步完善全民参与的营销体制机制。

定日县全域旅游发展的营销策略，就是要把目标客源市场作为一个营销客体，使制定的全局性营销目标和营销措施有机统一。因此，实施"品牌引领+氛围渗透+节事引爆+媒体覆盖+精准推广"的立体营销策略，有利于增强珠峰旅游的吸引力。

（五）完善珠峰旅游发展保障体系

一是提升定日珠峰旅游服务管理水平。按照星级酒店、主题餐厅、家庭旅馆、农家乐、特色民族餐厅等制定相应的地方标准，并进行不定期抽查，评定旅游服务质量与信誉等级；加强厨师技艺、服务质量、食品卫生、消防安全、餐饮特色、游客满意度、服装服饰、主题装饰等方面的管理。二是提升旅游人才保障水平。实施"人才强旅、科教兴旅"战略，着力培养一批高层次的复合型领军人才；开展旅游企业中高级管理人员培训，做好导游人员分级管理和分类培训；调动各类培训机构、旅游协会和旅游企业等的积极性，形成多渠道、多层面的旅游人才培训体系；加强对乡村旅游从业人员的服务技能培训；建立健全旅游人才激励机制，吸引各类旅游专业人才。

参考文献

定日县人民政府网站，http：//www.drx.gov.cn/。
日喀则市旅游发展局网站，http：//lfj.rikaze.gov.cn/。
国家统计局网站，http：//www.stats.gov.cn/。
联合国世界旅游组织网站，www.unwto.org。

文创视角下珠峰旅游产业融合与开发

仲建兰　张晓妹*

摘　要： 珠峰文旅资源丰富，是国内旅游的重要目的地，其文旅产业发展受到了越来越多的关注。本文以文化产业和旅游业融合发展为切入点，分析文创视角下珠峰文旅产业发展现状，针对文旅产业存在的文旅资源开发不充分、区域文旅产业融合低等问题提出对策建议。

关键词： 文创产业　文旅融合　珠峰旅游产业

党的二十大报告在"推进文化自信自强，铸就社会主义文化新辉煌"中，明确提出"坚持以文塑旅、以旅彰文，推进文化和旅游深度融合发展"，繁荣发展文化事业和文化产业。这既是对新时代我国旅游业发展路径、发展经验的高度总结，也为新时代旅游业高质量发展提供了重要遵循、指明了发展方向。珠峰旅游资源得天独厚，自然和人文景观异彩纷呈。日喀则市政府积极将日喀则打造为旅游文化腹心区、特色文化传承区，把旅游业作为重点发展的七大产业之一，纳入总体布局，统筹协调发展，大力实施珠峰特色旅游业发展战略。因此，本文以文化产业和旅游业融合发展为切入点，分析文创视角下珠峰文旅产业发展现状及其存在的问题，以期能够丰富该领域的研究成果并为珠峰文旅产业融合发展政策的制定提供依据。

一　日喀则市文创旅游产业发展现状

日喀则市文化产业和旅游业、手工业等逐步融合发展，文化创意产品和

---

* 仲建兰，博士，福建农林大学副教授，研究方向为旅游管理；张晓妹，南京市浦口区文化旅游发展集团。

服务日趋丰富。目前日喀则已有包括旅游文化演艺、新型旅游文化节庆、旅游创意体验园区、文化创意旅游商品、文化创意旅游传媒、文化创意旅游营销等文创旅游产业类型。

（一）旅游文化演艺

日喀则市创作了《江孜印迹》《吉祥日喀则》等反映时代精神、主题鲜明、特色浓郁的剧目 3 个，《妙音踏舞》《琴缘》《夏尔巴的歌声飞向蓝天》等优秀歌舞类、曲艺类作品 2450 余部，《建设者》《各族人民感党恩》等歌曲作品千余部，这些作品在国家、自治区举办的各种文艺赛事中获得各类奖项 112 个。[①]

（二）新型旅游文化节庆

传统的旅游节庆常以地方传统节庆为基础，新型旅游文化节庆则是"创造节庆"。珠峰文化旅游节原名珠峰文化节，节会活动既有旅游推广、物资交流、招商引资，又有传统与现代相结合的大型文艺表演。从第九届珠峰旅游节开始，逐步推广"政府牵头、企业参与、市场运作"的办节模式，吸引更多社会力量参与。比如，第十三届珠峰文化旅游节为期 7 天，包含萨迦八思巴文化旅游节、"珠峰美丽村姑杯"旅游形象大使评选、"天籁传奇·珠峰之声"日喀则旅游宣传歌曲演唱会等活动；第十六届珠峰文化旅游节期间举办了生态单车环城行活动、第三届"珠峰天使"旅游形象大使评选大赛、珠峰创业创新大赛系列活动、首届珠峰美食节、"格桑花开"民族服饰趋势发布会、"珠峰杯" 2018 年吉隆半程马拉松大赛、首届西藏诗歌节、"网红达人带你走进珠峰故里日喀则、网上玩转珠峰文化旅游节"等活动；第十七届珠峰文化旅游节期间日喀则主会场以"讴歌新时代·幸福日喀则"为主题，为期 7 天，围绕日喀则市历史文化和旅游资

---

① 《以文铸魂奏响时代最强音——党的十八大以来日喀则市文化发展成就综述》，http：// www.tibet.cn/cn/culture/wx/202302/t20230207_ 7355249. html，2023 年 2 月 7 日。

源，策划了一系列富有观赏性、参与性、艺术性的文化旅游特色活动，包括第四届"珠峰天使"旅游形象大使评选大赛决赛、"发现之旅"百家旅行社走进日喀则、"坚定文化自信、传承历史文脉"系列展览活动、18县区非物质文化遗产南亚特色产品暨青海省祁连县特色产品展销、第二届珠峰美食节、吉林省生态食品展、吉林专场文艺演出等24项活动。此外，还有亚东国际边贸旅游文化节、江孜达玛节、定日洛谐文化节、拉孜堆谐文化节等分会场活动。①

（三）旅游创意体验园区

旅游创意体验园区是指特定的集聚空间（如历史街区、现代产业园），基于文化创意打造旅游吸引物，兼具旅游、娱乐、休闲或研发功能的文化创意旅游产业集群或产业生态群落。日喀则市目前有珠峰文化旅游创意产业园、日喀则帮佳孔历史文化街区、"江洛康萨"园区等。目前，日喀则珠峰文化旅游创意产业园区的文化展示园（核心区）初具规模。珠峰大剧院、日喀则博物馆、非物质文化遗产展示展销中心、游客服务中心、全民健身活动中心、象湖假日酒店、藏药主题养生酒店等重点项目已基本建设完成。其中，日喀则珠峰大剧院是目前全球海拔最高的大剧院，是一家集音乐剧、戏剧、歌剧、舞剧、话剧、音乐会、大型文艺演出、会议、讲座、现场活动录制、直播、会展于一体的现代化程度较高的专业剧场。②

（四）文化创意旅游商品

文化创意旅游商品是指以当地的文化、历史、传统为主题，融合了创意设计、工艺制作等元素，打造出具有独特性、文化特色和收藏价值的旅游纪念品和特色产品。日喀则市日益重视文化创意旅游商品在旅游业发展中的作用，举办了旅游商品创意大赛，如日喀则桑珠孜区"桑珠孜有礼"文创旅

---

① 《珠峰文化旅游节》，https：//baike.so.com/doc/1406264-1486583.html。
② 《日喀则珠峰文创园累计完成投资29.37亿元》，https：//www.sohu.com/a/548914695_120578424，2022年5月20日。

游商品大赛、日喀则市珠峰创业大赛（文创产品主题）等。日喀则市出版了《藏戏之源、艺术天堂》DVD 套集和《萨嘎甲谐》《定日洛谐》《强竿踏许》等成果套集，制作了《非遗宝库》VR 全景画册。

日喀则市民族手工业产品种类多样，主要包括藏香、藏毯、唐卡、民族服饰、金银铜器加工等。目前，全市共有文化企业 100 余家、民族手工业合作社 5000 多家。例如，藏香生产企业 14 家，其中 2 家为重点企业，分别是西藏德勒棉崇藏香有限公司和萨迦昆氏文化发展有限公司，前者拥有非物质文化遗产传承人员。藏毯（卡垫）生产企业主要有 8 家，其中，重点企业 3 家（康帕地毯厂、西藏岗坚地毯厂、江孜县地毯厂），拥有传承人员 2 家（江孜县地毯厂、白朗县旺丹卡垫厂），监测企业 4 家（康帕地毯厂、西藏岗坚地毯厂、江孜县地毯厂、白朗县旺丹卡垫厂）。列入统计的唐卡生产企业共 2 家，两家企业都为监测企业，都拥有传承人员，其中，1 家为重点企业（日喀则藏露民族手工业传承发展有限公司）。民族服饰生产企业共 28 家，其中，重点企业 1 家（白朗县恰珠编织坊），监测企业 4 家（纳尔三八综合加工厂、白朗县恰珠编织坊、白朗现代藏式服装厂、白朗县嘎东镇卓玛传统民族服饰纺织厂）。金银铜器及其他企业共 22 家。其中，2 家重点企业（扎西吉彩金银铜器加工厂、南木林孜东金铜制佛古艺中心）；9 家监测企业，有 4 家企业拥有传承人员（扎西吉彩金银铜器加工厂、珠堆铜铁工艺综合加工厂、南木林孜东金铜制佛古艺中心、谢通门县乃康皮具有限公司）。[1]

（五）文化创意旅游传媒

文化创意旅游传媒包括电子报刊、手机报刊等数字出版，数字电影、网络广电、数字电视、手机电视、移动电视、楼宇电视等数字视听以及融媒体等现代传媒新业态。目前，日喀则市融媒体中心设有办公室、政工人事部、

---

[1] 日喀则市人民政府：《日喀则市珠峰特色手工业发展规划（2017—2025）》，http：//www.rikaze.gov.cn/news-detail.thtml？cid＝29418，2018 年 7 月。

总编室、新闻采编部、新媒体部、汉语节目部、藏语节目部、汉文编辑部、藏文编辑部、广播部、技术网络部、广告营销部 12 个二级机构。[①]

（六）文化创意旅游营销

文化创意旅游营销包括微信公众号、微博、抖音、小红书等创意新媒体旅游营销。除传统媒体平台外，日喀则市融媒体中心还拥有珠峰云 App、微信公众号、新浪微博、学习强国、抖音、快手、今日头条等新媒体账号。日喀则市策划了《珠峰交响曲》系列旅游微电影，配合完成了《西藏诱惑》《西藏发现》《藏地密码》等的拍摄和录制宣传。同时，日喀则市借助援藏省（市）力量，在自媒体平台刊播日喀则旅游宣传片、三条精品线路自驾游路书等。2023 年 4 月 10~26 日，日喀则市开展了"文旅+乡村英才"数字新媒体营销数字人才公益培训，通过开展短视频、直播等数字新媒体技能惠普培训，提升从事数字文旅、乡村直播带货等人员对新媒体运用的认知、实操的数字素养和技能水平，着力打造日喀则文旅、乡村"网红"。[②]

二 文创背景下珠峰旅游产业融合发展存在的问题

（一）文旅资源开发不充分

珠峰拥有多种文旅资源，也形成了一定的文旅品牌，但其对珠峰文化的独特魅力展现不够，具体表现在：对优势旅游资源的挖掘有限，仅仅停留在粗浅层面，旅游消费停留时间短、水平低、体验浅；缺乏参与性强、体验性足、娱乐性好、综合功能强的旅游新业态；缺失规模化、品牌化、产业化的旅游产业聚集区，且观光产品开发层次低，缺乏完整、成熟的系统配套。

---

① 《官宣！今天我们在一起了——日喀则市融媒体中心正式挂牌》，https：//wxb. xzdw. gov. cn/gzzc/dsdt/202205/t20220528_ 248830. html，2022 年 5 月 25 日。
② 《培养数字新媒体营销人　赋能文旅+乡村振兴路》，公众号"日喀则旅游"，2023 年 5 月 9 日。

（二）文创产品缺乏深度与质量

为了推动文创旅游产业发展，日喀则市推出了许多具有地方特色的文创产品和活动，如举办传统节日庆典、艺术展览、手工作坊等，但仍然存在以下问题。

一是缺乏独特性和真实性。一些文创产品只停留在浅层，缺乏独特性和创新性，无法与其他市场上的类似产品区分开来。这可能是因为对珠穆朗玛峰地区的历史文化内涵的深入挖掘缺乏，产品和体验缺乏独特性，无法真正展现珠穆朗玛峰地区的文化精神。

二是缺乏专业性和创意性。一些文创产品和体验可能缺乏专业知识和创意，过于简单。在设计和制作过程中，缺乏对艺术和设计原理的运用，缺乏对材料和工艺的挖掘和创新。这使得产品缺乏艺术性和审美价值，无法给游客带来深刻的感受。

三是缺乏故事性和情感共鸣。一些文创产品缺乏故事性，无法引发游客的情感共鸣。在文化创意产品的设计和营销过程中，缺乏对情感的融入，使得产品缺乏吸引力。

四是忽视用户体验。一些文创产品可能忽视用户体验，无法提供令人满意的使用感受。这可能涉及产品的功能设计、人机交互界面、舒适性等方面，导致用户对产品的评价不高。

五是缺乏品牌价值。缺乏品牌建设和推广也是文创产品缺乏深度的体现之一。如果产品缺乏明确的品牌定位和品牌故事，很难与消费者建立起情感连接，产品的市场竞争力也会受到影响。

（三）文创元素和旅游资源缺乏整体规划和协调

当前日喀则文旅资源的开发以各地区自主开发为主，没有形成区域联动开发机制，存在各地区文旅资源开发不均衡、区域之间文旅产业竞争加剧的问题。

一是规划不完善。缺乏对珠峰旅游产业发展的整体规划，各个部门和机构在推进文创和旅游业发展时缺乏统一的指导方向和战略目标。这导致各方的努力往往是孤立的，缺乏协同效应，难以实现资源的有效整合和优化配置。

二是部门间协调不足。珠峰旅游产业涉及多个部门和机构，包括文化、旅游、城市规划、交通等的监管。然而，这些部门之间缺乏有效的沟通和协调机制，导致在规划、开发、管理和服务等方面存在冲突，影响到整体发展的协调性和一致性。

三是产业链各环节脱节。在珠峰旅游产业发展过程中，涉及多个环节和参与方，包括景区开发、旅游运营、文化创意产品设计等。然而，这些环节之间缺乏紧密的衔接和协同合作，导致产业链存在脱节现象，难以形成完整的供应链和价值链。

（四）文化冲突和尊重问题

珠穆朗玛峰地区是一个宗教和文化多样性的地区，需要考虑不同文化之间的融合问题。

一是宗教和信仰差异。珠穆朗玛峰地区是佛教和喇嘛教的重要圣地，不同的宗教信仰可能带来行为方式、礼仪习惯和观念的差异，如在神圣场所的行为规范和仪式方面。

二是生活方式和价值观差异。游客来自不同的国家和地区，具有不同的生活方式、价值观和行为习惯，可能与当地文化存在差异，如在衣着、言行举止和社交规范等方面。

三是文化剥夺和商业化冲突。旅游业发展可能导致文化过度商业化，削弱了珠穆朗玛峰地区文化的独特性，引起当地社区的不满。

（五）社区参与和公平受益不足

珠穆朗玛峰地区的社区应该是旅游产业发展的重要参与者和受益者，然而，仍然存在缺乏社区参与和受益机会、经济收益不均等问题。

一是社区参与度不足。珠峰旅游业发展往往需要依赖当地社区的支持，但有时决策过程缺乏透明度，社区居民可能因此产生不满情绪。

二是收益不均。有限的收入来源可能只集中在少数商业经营者或外来投资者手中，大部分社区居民无法分享到旅游业发展带来的经济效益。

三是文化商业化。文创产业的兴起可能使得当地发展过度商业化。当地的传统文化可能受到冲击，这可能导致当地文化失去独特性，同时也削弱了社区居民的文化认同感。

四是就业机会有限。旅游业发展可以创造一定数量的就业岗位，但当地社区居民受限于技能不足，难以抓住增收的机会。

（六）文化保护和知识产权问题

在珠穆朗玛峰文旅融合发展中，需要关注文化保护和知识产权问题。珠穆朗玛峰地区拥有丰富的文化遗产，而文创产业发展可能引发文化盗用、侵权和知识产权保护不足等问题。

一是文化盗用和侵权。文创产业发展可能导致珠峰地区的文化符号、传统艺术和知识被盗用和侵权。在商业利益驱使下，可能存在未经授权使用、复制和传播当地文化作品和知识的情况。这会导致文化创作者和社区居民的权益受损，同时也削弱了当地文化的独特性。

二是文化认知偏颇。当地的传统艺术和文化可能被过度商业化，忽略了文化的真实内涵。这可能导致游客对当地文化的失真理解。

三是文化剽窃和非法传播。文创产业发展也可能导致珠峰地区的文化作品和知识被剽窃和非法传播。未经授权地复制、展示和传播当地文化作品和知识，可能导致原创作者的权益受损。

四是知识产权保护不力。文创产业发展中保护知识产权对于文化创作者和知识持有者而言至关重要。然而，在珠峰旅游产业融合发展中，可能存在对知识产权保护不力的情况。缺乏有效的法律保护和执行机制，使得文化创作者和知识产权持有者维权难。

（七）教育与人才培养缺乏

珠穆朗玛峰地区的文创产业发展需要有相应的人才和专业知识支撑。然而，缺乏相关的教育和培训机会可能制约文创产业发展。[①]

一是教育资源不足。珠峰地区面临教育资源匮乏问题，包括教育机构、师资和教学设施等不足。这可能导致当地居民缺乏良好的教育机会，限制了其技能的提升。

二是缺乏专业人才培养。文创产业发展需要各类专业人才的支持，如文化创意设计师、旅游规划师、营销人员等。然而，珠峰地区可能缺乏相关专业人才的培养渠道和机制，导致人才供给不足问题。

三是教育与产业脱节。珠峰地区教育机构的培养方向与旅游产业的实际需求可能存在脱节。教育机构的培养方式可能无法及时适应旅游产业的发展形势，使得毕业生在就业市场上面临不适应的情况。

四是实践机会有限。珠峰地区缺乏充足的实践机会和实习基地，使得学生在实践能力和实际操作方面欠缺，难以适应实际工作需求。

三 珠峰文创产业和旅游产业融合发展的建议

（一）加强珠峰文化旅游资源的顶层规划设计

通过加强珠峰文化旅游资源的顶层规划设计，可以实现资源的合理利用和保护，提升旅游体验，促进当地经济可持续发展，同时推动文化和自然遗产的传承与保护。

一是制定综合规划。制定综合规划，将珠峰文化旅游资源的开发、保护、利用等进行统筹考虑。规划应涵盖地理环境、文化遗产、旅游设施、交通网络、社区发展等，确保资源的合理布局和协调利用。

二是倡导可持续发展理念。以可持续发展理念，保护珠峰的生态环境和文化遗产。制定环境保护和文化保护相关政策措施，限制开发规模，确保资

---

① 旦增卓嘎:《"一带一路"倡议下西藏文旅融合发展的路径选择》,《新西部》2022 年第 7 期。

源的可持续利用，并促进当地社区的可持续发展。

三是加强文化保护。加强对珠峰地区的文化保护，包括历史文物、传统文化等。保护珠峰地区的文化特色，鼓励当地社区参与文化传承活动，提高文化价值。

四是加快旅游设施建设。改善旅游基础设施，提升游客接待能力和旅游体验，包括交通网络的完善、住宿和餐饮设施的优化、旅游服务质量的提升等方面，确保游客能够便捷、舒适地游览珠峰地区。

五是强化区域内合作与协调。加强各利益相关方之间的合作与协调，包括政府部门、旅游企业、当地社区等。建立多方参与的协作机制，共同制定和实施规划方案，确保各方利益得到维护，推动珠峰文化旅游的可持续发展。

六是加强监管与评估。建立有效的监管机制，对规划实施进展进行监督和评估。及时发现并解决问题，调整政策措施，确保规划的有效执行。

（二）打造文创品牌和文化 IP

以珠峰地区的文化和故事为基础，打造具有品牌影响力的文创产品和文化 IP（知识产权），使珠峰地区的独特文化价值与旅游业相结合，提升珠峰旅游的吸引力，同时推动当地文创产业发展。例如，基于珠峰的登山历史和传说，开发主题衍生品、文化艺术品和数字媒体内容等，增强珠峰地区文化的吸引力。

一是挖掘珠峰地区的文化资源。挖掘珠峰地区的独特文化资源，包括历史、传说、民俗、艺术等。了解当地的文化背景、特色和价值观，寻找与珠峰地区紧密相关的文化元素。

二是故事化包装。将珠峰地区的文化资源转化为有故事性、能引发情感共鸣的内容，打造吸引人的故事情节和角色形象。通过讲述珠峰地区的历史传奇、登山英雄、神秘传说等，吸引游客。

三是品牌定位与形象塑造。明确文创品牌的定位和目标受众，确定独特的品牌形象和风格。在品牌形象塑造上，可以运用设计元素、视觉识别系统、品牌故事等，使品牌与珠峰地区的文化形象紧密相连。

四是多元化产品开发。基于珠峰地区的文化 IP，开发多元化的文创产品，包括衍生品、艺术品、手工制品、数字媒体内容等。这些产品可以涵盖文化创意设计、纪念品、服装配饰、图书出版、影视作品等，满足不同消费者的需求。

五是品牌推广与市场营销。通过市场营销活动，提升文创品牌的知名度和影响力。可以利用线上线下的推广渠道，[①] 包括社交媒体、电商平台、展览展示、主题活动等，[②] 提升品牌的曝光度，吸引更多的目标消费者。

六是版权保护和合作授权。加强珠峰文创品牌和文化 IP 的版权保护，防止盗版和侵权行为。与相关的版权机构、文化机构和知识产权专业人士合作，维护相关方的合法权益。同时，可以考虑与其他企业或机构进行合作授权，将珠峰文化 IP 应用于更广泛的领域。

七是持续创新和更新。在文创品牌和文化 IP 的打造过程中，要注重创新。密切关注市场需求和消费者反馈，不断开发新的产品和服务，保持品牌的活力。

（三）实现文创元素和旅游资源的整体规划和协调

实现文创元素和旅游资源的整体协调，提高资源的有效利用和综合价值，推动文化产业与旅游业良性发展。

一是建立综合规划机制。建立跨部门、跨领域的规划机制，确保综合考虑文创元素和旅游资源。相关政府部门、旅游机构、文化机构、社区等应该开展合作，制定整体规划，明确发展目标、重点领域和政策措施。

二是统一管理和监管。建立统一的监管机制，确保各类文创元素和旅游资源的开发和运营符合规划要求和相关标准。加大监管力度，防止出现无序

---

① 祁海富：《基于产业融合视角下西藏文化旅游产业的发展研究》，西藏大学硕士学位论文，2021。

② 王珊珊、张冰乐、周蓉：《西藏文化产业与旅游产业耦合发展的实证分析》，《西藏研究》2020 年第 3 期。

开发和低质量产品。

三是加强信息共享和合作。建立信息共享平台，促进各方的合作与交流。政府、企业、文化机构和社区应该共享相关信息，了解彼此的需求，寻求合作机会，实现资源共享。

四是强化项目评估和审批机制。对文创元素和旅游资源的项目进行严格评估和审批，确保项目的可行性。项目评估应包括经济、社会、环境等维度，以确保项目整体的协调性。

五是制定政策和激励措施。制定支持文创元素和旅游资源发展的政策，鼓励各方积极参与。政府可以制定财政支持、减免税收等政策，激励企业和机构投入文创和旅游领域。

（四）促进文化之间的尊重

营造和谐、包容的文化环境，促进不同文化之间的和谐共处，促进珠峰文旅产业全面发展。

一是提倡跨文化的理解和包容。促进不同文化之间的融合，鼓励人们欣赏和接纳不同的文化。开展跨文化交流和教育活动，增强文化意识和文化敏感性。

二是促进对话和沟通。建立开放的对话平台，让不同文化的代表能够坦诚地表达观点。通过对话和沟通，增进相互了解，消除误解和偏见，化解潜在的文化冲突风险。

三是尊重文化多样性。重视和尊重文化的多样性。鼓励人们学习和体验其他文化，加强文化多样性的教育和培训，提升人们的文化包容性和跨文化交流能力。

四是促进文化交融。鼓励不同文化的融合，创造具有包容性的文化环境。通过共同参与文化活动、合作项目和创意产业等，促进文化的交融，创造共享的文化空间。

（五）促进文创产业与当地社区的合作

与当地社区和居民合作，将文化和传统知识融入文创产品和项目。这不仅可以促进保护当地的文化遗产，也能够增加当地居民的收益，促进文创产业与社区的共同发展。以下具体阐述促进文创产业与当地社区合作的几个方面。

一是意识和参与。提高当地社区对文创产业的参与度。开展宣传和教育活动，向社区介绍文创产业的价值，鼓励社区居民参与文创项目和活动。

二是社区合作伙伴。与当地社区建立合作伙伴关系，形成互利共赢的合作模式。例如，与社区组织、非营利机构或当地企业合作，共同开展文创项目、活动和培训，利用社区资源和网络，推广和销售文创产品。

三是文化传承与创新。与当地社区合作，将当地的传统文化元素融入文创产品和项目。鼓励当地手工艺人、艺术家和文化传承者参与文创产业，保护和传承当地的传统技艺和文化遗产，并进行创新，使其与现代文创产业融合发展。

四是社区参与和反馈。征求社区居民的意见和建议，让他们参与促进文创产业发展的决策过程。组织社区会议、座谈会或问卷调查等，收集社区居民的反馈，根据反馈调整文创项目和活动。

五是经济共享与就业机会。促进文创产业发展红利与社区共享。提供就业和培训机会，使当地居民能够参与文创产业的发展，获得经济收益。同时，鼓励文创企业在社区设立工作室、展示中心或小型孵化器，提供创业支持和场地资源。

六是社会责任与可持续发展。文创产业与社区合作应注重社会责任和可持续发展。关注社区在环境保护、文化保护和社会福利等方面的需求，开展相关项目和活动，为社区的可持续发展做出贡献。

（六）引入文创教育和培训项目

在珠峰地区开展文创教育和培训，培养具备创新能力的人才，提升珠峰地区的文创人才储备水平，[①] 主要包括：开设相关课程和培训项目，包括文

---

① 祁海富：《基于产业融合视角下西藏文化旅游产业的发展研究》，西藏大学硕士学位论文，2021。

化创意设计、数字媒体技术、品牌营销等，为珠峰地区提供专业的文创人才支持。引入文创教育和培训项目的关键如下。

一是开设相关课程和培训项目。开发符合珠峰地区需求的文创教育课程，涵盖设计、创意思维、品牌策划、营销推广等方面的知识和技能。结合当地的文化特色和旅游产业，培养学生对文创产业的兴趣，并提升其创新创意能力。可以与大学、职业学院等合作培养具备创新能力的人才。[1]

二是产学研结合。建立文创教育与产业实践相结合的机制。与当地的文创企业和相关机构建立合作关系，提供实习机会、项目合作和导师指导等支持。通过实践，增强学生的实际操作能力。

三是开展文创培训活动。定期举办文创培训活动，包括研讨会、工作坊、讲座和培训班等。邀请业内专家和从业者分享经验和知识，提供专业指导和技能培训。[2] 这些培训活动可以面向企业员工、创业者和社区居民，提高其文创素养和能力。

四是鼓励创新创业。在文创教育和培训项目中鼓励创新创业实践。提供创业导师和创业支持服务，帮助有创意的学生和创业者将创意转化为可行的文创项目。同时，为创新创业提供融资支持、政策支持，以及市场推广等方面的帮助。

五是跨学科合作。推动跨学科合作，培养具备综合素质的文创人才。使艺术、设计、科技、管理等学科相互融合，鼓励学生跨界学习，培养复合型人才，以适应文创产业发展的复杂性和创新性。

（七）加强对外合作与交流

通过加强对外合作与交流，珠峰文创产业和旅游产业可以相互借力，共同实现创新发展。

---

[1] 王珊珊、张冰乐、周蓉：《西藏文化产业与旅游产业耦合发展的实证分析》，《西藏研究》2020 年第 3 期。

[2] 余正军、孙晋关、罗小青：《西藏发展全域旅游面临的困境及对策》，《西藏民族大学学报》（哲学社会科学版）2020 年第 3 期。

一是举办交流活动。定期举办文创产业和旅游产业的交流活动，如论坛、研讨会、展览和文化节等。这些活动可以提供交流、学习和展示的平台，促进产业间的互动与合作，激发创新创意。

二是跨界合作项目。鼓励文创产业和旅游产业跨界合作，共同开展创新项目。例如，文创企业与旅游景区合作开展文化主题活动、展览或演出；旅游企业与文创设计师合作开发特色纪念品或衍生产品等。通过这样的合作，可以创造独特的体验和产品，提升整体的吸引力。

三是建立合作网络。建立珠峰文创产业和旅游产业的合作网络，促进各方的合作与互动，包括建立合作伙伴关系、共享资源与信息、开展项目合作等。通过构建互利共赢的合作网络，实现资源共享和优势互补，推动产业协同发展。

四是促进国际交流与合作。积极参与国际文创产业和旅游产业的交流与合作。与国外的相关机构、企业、专家建立合作关系，开展项目合作、经验分享和人才培训等。借鉴国际先进的经验和技术，开阔视野，提升珠峰地区在国际舞台上的影响力。

五是政策支持与资金扶持。提供政策支持和资金扶持，鼓励文创产业和旅游产业的合作与创新。[①] 制定相关政策，采取财政补贴、税收优惠、创新基金等形式，吸引更多的合作伙伴参与珠峰文创产业和旅游产业的发展。

（八）发挥政府主导作用

作为产业发展的指导者和推动者，政府应当加大对文化创意产业和旅游产业发展的支持力度。

一是通过税收优惠、资金支持等，有效推动两大产业良性健康发展。首先，税收优惠政策应当立足于鼓励企业创新，对于在文化创意旅游产业管理和技术创新方面获得突出成果的企业或个人，应当给予大幅的税收优惠，有

---

① 王珊珊、张冰乐、周蓉：《西藏文化产业与旅游产业耦合发展的实证分析》，《西藏研究》2020年第3期。

效激励企业或个人加大产品研发投入，在必要情况下，可以为研发活动开"绿灯"。其次，政府要加大资金支持力度，提升资金利用实效，有效引导旅游产业和文化创意产业融合发展并创造更多的效益。例如，建立专项基金，专门用于产业园区的基础设施建设；建立专项发展基金，给予在创新、运营管理方面效果突出的企业一定的奖励等。与此同时，政府要尽快构建完善的融资担保机制，为国内企业的发展提供资金保障，不断提升企业的市场竞争力。融资优惠政策应当主要面向在产业融合发展方面业绩突出的企业和投资者。另外，政府还要构建多样的产业交流平台，为各种产品和活动的推广创造便利的条件，有效推动产业实现深度融合发展。

二是规范市场环境。文化创意产业和旅游产业融合发展，必须加大对知识产权、专利权、品牌商标的保护力度。与其他产业不同，文化创意产业具有较强的独创性，其产品是创意者心血的结晶，具有明显的知识产权特征，应当受到法律的保护。唯有如此，才能为产业融合发展提供坚实的保障。政府要尽快完善针对产业融合发展的地方性立法，为推动融合效果的提升创造公平公正的市场环境。加强对产业融合领域知识产权的保护，对于侵犯企业和个人知识产权、创意权、专利权的行为，给予严厉的惩治。另外，还要制定统一的知识产权申报、交易等流程标准，为促进产业融合发展提供有效的法律保护。①

三是引导文化创意旅游消费。加强宣传推广，利用各种宣传工具开展宣传活动，赋予珠峰文创产品潮流、时尚、文化、健康等内涵，引导消费者产生强烈的认同感，并积极改变消费者的消费习惯。

四是加强数字化和科技创新应用。首先，利用大数据分析和人工智能技术，对珠峰旅游产业进行智能化管理。通过收集、整理和分析游客数据，了解其需求和偏好，优化旅游服务和产品设计。同时，利用智能化系统和传感器技术，实现对景区流量、环境等方面的监测，提升管理效率和游客体验。

---

① 李佳诺：《旅游和文化创意产业融合发展路径研究——以广州市为例》，《黑龙江生态工程职业学院学报》2021年第6期。

其次，利用数字化技术和远程协作工具，对珠峰地区的文化遗产进行数字化保护。通过数字化技术，记录、保存珠峰地区的传统文化。同时，利用互联网和社交媒体平台，将珠峰的文化资源推广至全球，提升文化的影响力。最后，建立科技创新孵化中心或创业加速器，支持文创和旅游相关的科技创新项目。为创业者提供资源、资金和市场推广支持，推动科技创新与文创产业的深度融合。

参考文献

姜玉峰：《文创产业在特色小镇建设中的创新模式研究——以艺创小镇为例》，《新美术》2017 年第 1 期。

王乃琦、刚强：《新媒体时代文创产品叙事模型研究——以故宫文创产品为例》，《出版广角》2020 年第 18 期。

赵当如、陈为：《我国西部文化创意产业发展影响因素研究——基于空间面板计量模型的实证分析》，《经济研究导刊》2018 年第 9 期。

曾涛、刘红升：《中国文化创意产业区域发展水平测度》，《统计与决策》2021 年第 1 期。

张捷、郭洪豹：《文化产业创新视角下非遗文化创意产业人才的培养路径》，《山西财经大学学报》2022 年第 S2 期。

王亦敏、姜虹伶：《文化创意产业视角下的传统手工艺设计研究》，《包装工程》2017 年第 18 期。

汪海波：《产业融合视角下的安徽文化创意产业发展新战略》，《福建论坛》（人文社会科学版）2017 年第 8 期。

曹如中、仓依林、郭华：《文化创意产业跨界融合的理论认知与价值功能研究》，《丝绸》2019 年第 10 期。

于秋阳、冯学钢：《文化创意助推新时代乡村旅游转型升级之路》，《旅游学刊》2018 年第 7 期。

Christopherson S.，"Beyond the Self-expressive Creative Worker: An Industry Perspective on Entertainment Media," *Theory，Culture and Society*，2008（25）．

基于网络文本分析的珠峰大本营旅游目的地形象感知研究

刘呈艳　陈月*

摘　要： 随着互联网的发展，越来越多的游客通过网络平台分享旅游信息，同时通过网络平台了解旅游目的地的相关信息。鉴于此，本文以马蜂窝、猫途鹰、携程旅行网、微博、抖音、快手的游客游记文本和评论作为研究样本，基于旅游目的地形象中的认知形象、情感形象和整体形象，运用网络文本分析法和ROST软件分析法对珠峰大本营的形象感知进行研究，研究发现：第一，珠峰大本营的旅游资源对游客有着核心吸引力，其中自然资源有着最大的吸引力，其次为社会资源，人文资源的吸引力最小。第二，游客对珠峰大本营的情感中，积极情绪占比最大，且远超中性情绪和消极情绪占比之和；消极情绪主要表现在旅游环境中的"气候天气""整体环境"和设施服务中的"住宿""购物"。第三，从社会网络和语义网络可以看出，自然资源中的"星空"和"珠穆朗玛峰"两个要素对其他要素有着重要影响。

关键词： 珠峰大本营　网络文本分析　认知形象　情感形象　整体形象

一　引言

互联网的迅速发展，让越来越多的人更倾向于选择互联网和各种数字平

---

* 刘呈艳，西藏大学副教授，硕士生导师，研究方向为旅游消费行为、乡村旅游；陈月，西藏大学在读研究生，研究方向为旅游管理。

台获取信息、分享经验和交流互动。网络空间的自由性和虚拟性特点，使得网络文本更容易被人们所感知和获取，也更容易展现出人们的真实想法和情感。据中国互联网络信息中心（CNNIC）发布的第51次《中国互联网络发展状况统计报告》，截至2022年12月，我国网民规模达10.67亿，互联网普及率达75.6%。[1] 随着互联网交互平台的发展，越来越多的游客通过网络游记、旅游攻略等发布旅游目的地信息。与旅游目的地官方发布的信息相比，互联网的游客生成内容（Tourist-Generated Content，TGC）是更为可信的第三方宣传，在一定程度上建构了旅游目的地的意象。同时，这些文本数据数量大、成本低、获取便捷，与问卷调查和访谈等介入式调查方法相比，更能体现游客对目的地认知和情感的真实情况。因此，基于互联网的线上旅游信息研究正在成为旅游目的地意象研究的重要手段之一。

旅游目的地形象研究是现代旅游研究的热点之一，亦是旅游目的地进行市场定位、市场细分及竞争分析的重要工具。[2] 早期的研究中，形象（Image）被定义为人们主观价值和知识的凝结，是个体与外界环境沟通的工具，对人的行为决策有重大影响。[3] 这一概念被引入旅游研究后，通常指人们对非居住地所持的印象。[4] 随着研究的深入，有学者指出形象并非由单一特性组成，而是由个体与外界各种讯息交互作用下形成的整体知觉。[5] 其后，学者们的主要研究点转向对旅游目的地形象构成的解构，Fakeye 等

---

① 中国互联网络信息中心（CNNIC）：《第51次〈中国互联网络发展状况统计报告〉》，2023年3月2日。

② 蔡礼彬、罗威：《基于扎根理论与文本分析的海洋旅游目的地意象研究——以夏威夷为例》，《世界地理研究》2019年第4期，第201~210页。

③ Boulding K. E., *The Image*, Ann Arbor：University of Michigan Press，1956：10-11.

④ Hunt J. D., "Image as a Factor in Tourism Development," *Journal of Travel Research*, 1975, 13 (3)：1-7.

⑤ Dichter E., "What's in an Image," *Journal of Consumer Marketing*, 1985, 2 (1)：75-81; Asseal H., *Consumer Behavior and Marketing Action*, Boston：Kent Publishing, 1987, 转引自 Fakeye P. C., Crompton J. R. B., "Image Difference Between Prospective, First-time, and Repeat Visitors to the Lower Riogrand Valley," *Journal of Travel Research*, 1991, 30 (2)：10-1.

把旅游形象的形成分为原始形象、诱发形象、复合形象三个过程。[①]
Echtner 等从"整体—个别""功能—心理""普通—独特"三大维度建构旅
游目的地形象，强调旅游地形象是个体、整体及特殊属性感知的集合。[②]
Gartner 将旅游目的地形象划分为认知形象和情感形象，指出这两种意象具
备层次性和相关性，从不同维度作用于目的地意象。[③] 而后逐渐发展出被多
数学者认同的"认知—情感"模型。廖卫华将形象定义为旅游主体对旅游
客体的认知，是旅游目的地的特征、要素在游客心中的反映和印象总和。[④]
白凯通过对国内外相关研究文献的梳理，提出形象受个人主观经验、社
会文化背景及外界讯息的影响，是个体心目中对某一事物所拥有的信念、
意见与态度，由个体对知觉、认知及情感的评价而产生；而旅游目的地
形象则被定义为：现实或潜在的旅游者对某旅游目的地所持有的主观印
象，此印象是旅游主体的社会知觉加工旅游目的地相关讯息后的结果，
随着旅游主体的价值观、旅游经验以及外界讯息刺激等因素的变化而变
化。[⑤] 随着"互联网+旅游"的深度融合，OTA 平台快速发展，大量真实
且具有参考价值的评论和游记不断出现。网络已然成为游客对旅游目的
地信息获取的主要渠道，网络评价、游记也已成为游客对旅游目的地感
知的重要来源。

珠穆朗玛峰是世界著名的旅游景点之一，是西藏旅游业的重要组成
部分。珠峰大本营是前往珠穆朗玛峰的必经之地，研究游客对珠峰大本
营的感知形象具有重要意义。游客对珠峰大本营的感知形象不仅影响着

① Fakeye P. C., Crompton J. L., "Image Differences between Prospective, First-Time, and Repeat Visitors to the Lower Rio GrandeValley," *Journal of Travel Research*, 1991, 30 (2): 10-16.
② Echtner C. M., Ritchie J. R. B., "The Measurement of Destination Image: An Emp Irical Assessment," *Journal of Travel Research*, 1993, 31 (4): 3-13.
③ Gartner W. C., "Image Formation Process," *Journal of Travel & Tourism Marketing*, 1994, 2 (2-3): 191-216.
④ 廖卫华：《旅游地形象构成与测量方法》，《江苏商论》2005 年第 1 期，第 140~142 页。
⑤ 白凯：《旅游目的地意象定位研究述评——基于心理学视角的分析》，《旅游科学》2009 年第 2 期，第 9~15 页。

他们的旅游体验和评价，也影响着其他人对珠峰的认知和评价。因此，了解游客对珠峰大本营的感知形象，可以更好地满足游客的需求，提高旅游服务质量，增强游客的满意度和忠诚度。同时，研究游客对珠峰的感知形象还可以更好地了解珠峰旅游市场的需求变化，为旅游业发展提供科学依据和指导。通过了解游客对珠峰大本营的感知形象，可以更好地制定旅游产品和营销策略，提高珠峰地区的吸引力。因此，研究游客对珠峰大本营的感知形象对于西藏旅游业的发展和珠峰地区的可持续发展都具有重要的意义。基于此，本文以珠峰大本营作为案例点，以马蜂窝、猫途鹰、携程、微博、抖音、快手等旅游门户网站和社交平台爬取的游记和评论为基础，采用网络文本分析法试图探究游客感知的珠峰大本营旅游目的地形象。换言之，本研究要回答以下两个具体问题：一是"是什么"的问题，即游客关于对珠峰大本营旅游形象感知及在此基础之上形成的情感形象到底如何？二是"如何做"的问题，即关于游客对珠峰大本营的负面情感意象应该如何解决？

二　研究设计

（一）研究对象

珠穆朗玛峰（藏语意为大地之母，亦有女神之意），位于中国西藏自治区与尼泊尔交界处的喜马拉雅山脉中段，是世界海拔最高的山峰。山体呈巨型金字塔状，在山脊和峭壁之间分布着 548 条大陆型冰川，总面积达 1457.07 平方公里。珠峰大本营是指因观看珠峰核心区环境而设立的生活地带，在中国境内分为西坡大本营和东坡大本营：西坡大本营位于西藏自治区日喀则市定日县扎西宗乡辖内，东坡大本营位于定日县曲当乡嘎玛沟地带，海拔为 5200 米，与珠峰峰顶的直线距离约 19 公里。珠峰大本营并没有永久性建筑，而是从每年 4 月 1 日至 10 月底的以帐篷搭建为主的临时生活区域。它是登山探险者前往珠峰的必经之地，是珠峰登山历程中重要的营地之一，也是观赏拍摄珠峰的最好位置之一。它不仅为探险者提供休息、补给、调整装备等服务，同时也让游客感受到珠峰登山的魅力和挑战。

（二）数据采集

网络游记是游客基于自身旅游活动的切身体验，结合自身文化水平、表达能力等，反映旅游过程中的所观所思而形成的直观文本。网络游记具有丰富性、时效性、真实性等特点，其中含有大量游客的相关信息，如消费情况、旅游时间等，这使其成为研究游客对旅游目的地感知的有效资料。因此，本研究以珠峰大本营为案例对象，以热门旅游平台和社交平台上获取的旅游者分享网络文本内容为样本。旅游平台选取马蜂窝旅游网、猫途鹰、携程旅行网三个网站，社交平台选取微博、抖音、快手。由于微博、抖音和快手社交平台信息量巨大，在进行数据采集时，主要根据三个平台推荐数据进行采集。本研究分别在马蜂窝旅游网、猫途鹰、携程旅行网、微博、抖音、快手的搜索栏输入"珠峰大本营"，利用采集器对所需的网络文本进行抓取。考虑到样本的有效性和影响力，样本的采集时间为 2019 年 1 月到 2023 年 6 月。本文对 6 个平台中的文本进行了筛选，剔除了部分无效数据，收集到 1157 条网络文本数据，共计135374 个字。

（三）数据预处理

首先，将网络文本保存为 ROST-CM6 软件可识别的文本文档（.txt格式 ANSI 编码），输入软件分词，得到分词后的文档。其次，将"珠穆朗玛峰""日照金山""318 川藏线""绒布寺""纪念碑"等纳入自定义词表，将"然后""到底""刚刚""就要"等与旅游形象无关的词纳入过滤词表，并将本文中意思相近并与旅游形象相关词语转换成同一词语，如把"星星""银河"等替换成"星空"、"开车"替换成"自驾"、"区间车""大巴车""大巴"替换成"环保车"、"大通铺"替换成"通铺"、"旱厕""卫生间"替换成"厕所"等，最终得到高频词及其频数。

三　珠峰大本营旅游目的地形象感知

（一）珠峰大本营旅游目的地认知形象分析

1.游记文本高频词提取

将收集到的网络游记借助 ROST-CM6 软件进行分词和词频分析，在网络游记中出现频率越高的词语越有可能反映游客对旅游目的地的感知。在分词之前，需对文本进行处理，具体步骤如下。

第一，建立归并词表。为保证研究结果的准确性，对较为随意和口语化的游记用语进行整理后建立归并词表。如把"星星""银河"等替换成"星空"、"开车"替换成"自驾"、"区间车""大巴车""大巴"替换成"环保车"、"大通铺"替换成"通铺"、"旱厕""卫生间"替换成"厕所"等。

第二，建立分词过滤词表。网络游记中介词、代词、冠词、语气助词等的出现频率高，却对构建旅游目的地感知形象意义不大，并且会影响分词、词频统计的准确性，故需要建立过滤词表剔除其影响。

第三，建立分词自定义词表。根据研究对象珠峰大本营自身的特点，建立包括"珠穆朗玛峰""帐篷""星空""日照金山"等 348 个自定义词，以提高研究的准确度和针对性。

本部分的分析是借助 ROST-CM6 软件进行数据处理，对收集到的网络文本数据进行处理，得到了频数最高的 100 个词（见表 1）。另外，还通过 ROST 中功能分析的社会网络和语义网络分析生成了语义网络图。

2.游记文本高频词分析

游记中高频词的出现频率可以反映游客对旅游目的地的感知情况，这些感知频率高、共识程度强的词，可以体现游客感知下的旅游目的地意象，词频越高越能代表该旅游目的地的属性或特色。①

从词性角度分析，在收集整理后的网络文本中排名前100的词语中，词语属性包括名词、动词、形容词，其中名词62个、动词26个、形容词12个。名词主要围绕自然景观（"珠穆朗玛峰""星空""日照金山"等）、民俗文化（"绒布寺""纪念碑""玛尼堆"）、社会资源（"观景台""国道""公园"等）、住宿环境（"帐篷""住宿""通铺"等）、餐饮（"火锅"）、当地环境（"天气""大风"）展开，形容词主要是旅游者对珠峰大本营和景观的评价（"震撼""激动""严重""漂亮"等），动词主要是旅游者在珠峰的旅游活动（"攀登""打卡""拍照"等）。

表1 珠峰大本营样本高频词汇表（部分）

排序	高频词	词性	频数	排序	高频词	词性	频数
1	海拔	名词	344	19	环保车	名词	95
2	珠穆朗玛峰	名词	305	20	住宿	名词	95
3	旅行	名词	283	21	朋友	名词	87
4	自驾	动词	217	22	雪山	名词	81
5	帐篷	名词	210	23	纪念碑	名词	79
6	星空	名词	197	24	天气	名词	76
7	日照金山	名词	185	25	定日县	名词	72
8	日喀则	名词	158	26	条件	名词	71
9	到达	动词	144	27	时间	名词	69
10	拉萨	名词	138	28	高原	名词	66
11	晚上	名词	134	29	挑战	动词	58
12	大风	名词	133	30	尼泊尔	名词	57
13	高反	名词	132	31	阿里	名词	57
14	绒布寺	名词	120	32	路上	动词	57
15	打卡	动词	117	33	8000千米以上	形容词	57
16	门票	名词	107	34	风景	名词	56
17	攀登	动词	106	35	早上	形容词	55
18	景区	名词	102	36	世界第一高峰	名词	55

---

① 梁佳、吕兴洋、曲颖：《形象趋同与个性趋异：资源同质目的地品牌差异化定位研究》，《人文地理》2016年第5期，第113~118页。

续表

排序	高频词	词性	频数	排序	高频词	词性	频数
37	一定要	形容词	54	44	值得	形容词	49
38	环境	名词	54	45	登顶	动词	48
39	拍照	动词	51	46	感受	动词	48
40	准备	动词	50	47	一路	动词	47
41	徒步	动词	50	48	上去	动词	46
42	运气	名词	49	49	公园	名词	45
43	通铺	名词	49	50	国家	名词	45

3. 珠峰大本营感知形象属性分析

由表 2 可知，珠峰大本营旅游资源以自然资源为主、人文资源和社会资源为辅。"珠穆朗玛峰""8000 千米以上""世界第一高峰""世界之巅"等词语充分体现了珠峰大本营旅游资源的独特性和唯一性。通过统计发现，在高频词汇中名词占比最大，可归纳为以下四个主题：旅游资源（自然资源、人文资源、社会资源）、设施服务（交通、住宿、餐饮、购物）、旅游环境（气候天气、整体环境）、体验评价（景观感受、体验）。

表 2　珠峰大本营认知形象体系

认知维度	认知要素	高频词
A 旅游资源 （2301）	A₁自然资源 （1458）	珠穆朗玛峰（305）、星空（197）、日照金山（185）、景区（102）、雪山（81）、高原（66）、8000 千米以上（57）、风景（56）、世界第一高峰（55）、日落（42）、加乌拉山口（42）、山峰（40）、日出（35）、冰川（33）、景色（32）、喜马拉雅山（30）、景点（27）、世界之巅（27）、美景（24）、卡若拉冰川（22）
	A₂人文资源 （222）	绒布寺（120）、纪念碑（79）、玛尼堆（23）
	A₃社会资源 （621）	打卡（117）、攀登（106）、拍照（51）、登顶（48）、公园（45）、国家（45）、观景台（45）、国道（41）、登山（37）、拍摄（34）、邮局（27）、大门（25）

续表

认知维度	认知要素	高频词
B 设施服务 （1103）	B₁交通（362）	自驾（217）、环保车（95）、徒步（50）
	B₂住宿（535）	帐篷（210）、住宿（95）、条件（71）、通铺（49）、脚下（43）、酒店（37）、营地（30）
	B₃餐饮（36）	火锅（36）
	B₄购物（170）	门票（107）、费用（33）、免费（30）
C 旅游环境 （607）	C₁气候天气 （209）	大风（133）、天气（76）
	C₂整体环境 （398）	海拔（344）、环境（54）
D 体验评价 （1006）	D₁景观感受 （247）	运气（49）、遗憾（41）、高度（38）、震撼（37）、幸运（33）、激动（27）、漂亮（22）
	D₂体验（759）	高反（132）、时间（69）、挑战（58）、一定要去（54）、值得（49）、感受（48）、距离（45）、氧气（41）、身体（40）、缺氧（39）、人生（38）、体验（35）、吸氧（33）、排队（28）、严重（26）、梦想（24）

4. 珠峰大本营认知维度分析

游客在表达自己的感受时，会主观地描述自己感兴趣的内容和关注点，这会给游客留下深刻的印象，也会在游客的评价中展示出来。为直观地分析游客对珠峰大本营的感知形象，本文统计了各维度和各要素被提及的次数和被提及率。将认知形象各维度和要素被提及的次数和被提及率按降序排列，统计结果如表3和表4所示。

表3　珠峰大本营认知形象各维度被提及次数和被提及率

单位：次，%

认知维度	被提及次数	被提及率
A 旅游资源	2301	45.86
B 设施服务	1103	21.99
D 体验评价	1006	20.05
C 旅游环境	607	12.10

首先，由表 3 可知"旅游资源"的提及率最大，为 45.86%。这是因为游客在选择旅游目的地时，通常会关注该地区的旅游资源。作为世界上最高的山峰，珠穆朗玛峰拥有独一无二的旅游资源，吸引着众多游客前来探索。珠穆朗玛峰的壮丽景色和迷人的自然风光是吸引游客到达珠峰大本营的最重要的动力，从而成为游客们关注的重点。

其次，"设施服务"和"体验评价"的被提及率分别为 21.99% 和 20.05%，整体相差不大。"设施服务"表明，游客对"吃、住、行、购"的重视程度较高。珠峰大本营的设施服务是游客对交通、住宿、餐饮和购物等方面综合感受的反映。游客在结束旅行后，会对旅行中所使用的交通工具以及出游方式、住宿环境及位置、用餐体验以及旅游费用等方面进行详细总结，并在网络平台上分享给其他人。"体验评价"是游客对在珠峰大本营的旅程的主观感受，带有强烈的主观色彩。它不仅仅是游客在旅游过程中的感受，更是对旅游经营者服务品质的重要判断标准。通过游客的体验评价，可以评估旅游经营者是否提供了良好的服务，使游客在旅程中感受到满意和愉悦。同时，体验评价也是对珠峰大本营旅游资源的评价，通过游客的感受，可以了解到旅游资源是否能真正吸引游客。因此，体验评价不仅关乎旅游经营者的服务水平，也与旅游资源的吸引力密切相关。

最后，珠峰大本营位于高海拔地区，由于高原气候的特殊性质和地理位置的限制，珠穆朗玛峰大本营的环境条件非常恶劣。地区气温极低，冬季气温常常低于零下 30℃，夏季气温也很低，夜晚温度可以达到零下 10℃ 左右，并且该地区还常年受到强风和降雪的影响。除此之外，还有高原反应和缺氧情况的存在。但是"旅游环境"的被提及率是最低的。究其原因，一是旅游者对环境条件要求较低；二是源自旅游者对旅游资源的重视程度对冲了对环境恶劣条件的不舒适感。在旅游过程中，旅游者可能更加专注于探索和体验旅游资源，更重视的是对旅游资源的沉浸式体验，这使得他们即便是在恶劣环境下也能够感受到乐趣。

总而言之，"旅游资源"维度的提及率较高，反映了珠峰的旅游资源处于游客认知的核心地位，"设施服务"和"体验评价"维度在游客心中的关注度相近，"旅游环境"维度的被提及率最低，但也对游客感知形象产生了一定的影响。

表4　珠峰大本营认知形象各要素被提及次数和被提及率

单位：次，%

认知要素	被提及次数	被提及率
A_1自然资源	1458	29.06
D_2体验	759	15.13
A_3社会资源	621	12.38
B_2住宿	535	10.66
C_2整体环境	398	7.93
B_1交通	362	7.22
D_1景观感受	247	4.92
A_2人文资源	222	4.42
C_1气候天气	209	4.17
B_4购物	170	3.39
B_3餐饮	36	0.72

5.珠峰大本营认知要素分析

为了分析游客对认知要素的关注程度，本文根据统计的相关频率值，取中位值7.22%作为分界线。将相关频率值按照从大到小排序，将排好序的频率值按照"首尾成对"依次去掉，剩下的最后一个频率值为该数据的中位值。取被提及率大于7.22%的认知要素作为游客重点关注的要素，得到5个"高感知度要素"。

"旅游资源"中的"自然资源"和"社会资源"为高感知度要素，"自然资源"排第一位，"社会资源"排第三位，并且"自然资源"的被提及率比"社会资源"要高很多。由此可见，游客对珠峰大本营的"自然资源"是最感兴趣的，对游客产生最大吸引力的元素是"珠穆朗玛峰""星空""日照金山""雪山""风景""日落""日出"等"自然资源"。同时，"社会资源"也对游客有着吸引力。

"体验评价"中的"体验"排第二位，网络文本中游客在旅游过程中产生的体验感是游客主要提及的内容，如高原反应、途中消耗的时间和完成本次旅程等同于完成一次挑战等。排第四位的是"设施服务"中"住宿"，表明游客对于居住信息比较关注，包括"帐篷""条件""通铺""脚下""营地""酒店"等词语，结合收集的文本数据可知游客在选择住宿时大多数会选择珠穆朗玛峰山脚下条件艰苦的帐篷营地的大通铺，有些会选择村庄中的酒店。

"旅游环境"中的"整体环境"方面，高原高海拔和恶劣的环境条件也对旅客的感知产生着一定的影响。"交通"和"整体环境"的被提及率相近，到达珠峰大本营的路途较远，从珠穆朗玛国家公园门口到珠峰大本营大概有 96 公里的距离，其间的交通工具和交通方式也是游客比较关注的要素。其后的要素的被提及率都低于 5%，具有一定的关注度。其中的"餐饮"的被提及率最低，一是因为部分游客停留在珠峰大本营的时间较短，一般不足一天；二是游客会自带方便类食品，减少了外出就餐的概率；三是珠峰大本营有特色的餐饮餐品较少，其中只有牦牛火锅较有特色，在游客的评论中有少量被提及。

（二）珠峰大本营旅游目的地情感形象分析

情感形象是游客基于认知形象并结合个人感觉对旅游目的地作出的带有情感倾向的评价，为了分析游客在构建珠峰大本营旅游地形象过程中所表现出来的整体情感倾向特征，本文运用 ROST-CM6 软件中的情感分析功能对游客发表的在线点评进行情感倾向分析。

首先，通过计算每条评论的情感值，将游客的整体情感倾向分为"积极情绪""中性情绪""消极情绪"三类；其次，将"积极情绪"和"消极情绪"进行分段处理，得出一般、中度和高度三种程度；最后，依据不同程度的情绪所占比例得到游客对珠峰大本营感知的情感分布视图（见图 1）。游客对珠峰大本营的积极情绪（81.46%）远高于消极情绪（13.16%），说明大部分游客对珠峰大本营持肯定态度。积极情绪分为一般积极情绪、中度积极情绪和高度积极情绪，并且从图 1 可以看出各部分占比相似。这显示出多数游客在珠峰大本营的旅行中得到了满足。一些游客甚至感到珠峰大本营超出了期望，对提供的产品服务感到非常满意。更有一些游客感觉到珠峰大本营提供的产品服务远超过了其所期望的，因此感到超级满意。

总体而言，绝大多数游客对珠峰大本营的旅行体验持积极评价。此外，还说明游客的感知还有提升的空间。在消极情绪方面，一般消极情绪占比最高，中度消极情绪占比排第二位，高度消极情绪是最末位，说明游客对珠峰的负面情绪基本处于可控范围，只有极少部分游客对于珠峰大本营的旅程产生强烈的不满情绪。

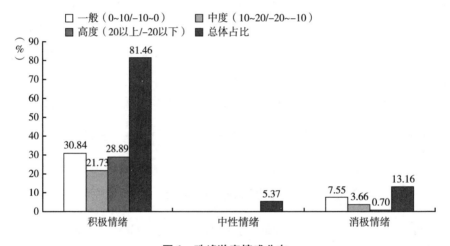

图 1　珠峰游客情感分布

结合网络文本的进一步分析，可以了解到：积极情绪主要源自旅游资源和评价旅游体验两个方面。珠峰大本营拥有得天独厚的自然景观和人文历史底蕴，无论是豪迈壮丽的珠峰，还是世界最高地理标志等，都吸引着大量游客。他们对于珠峰大本营的体验评价也非常正面。例如，"珠峰的日照金山是真的美、蓝天和白云是真的漂亮、绝无仅有的奇观"等都表达了游客对珠峰大本营的积极评价。总的来说，这符合珠峰大本营以旅游资源为核心吸引力的情况，同时也与游客对珠峰大本营旅游保持肯定态度相吻合。

由图 1 可知，中性情绪占比 5.37%，消极情绪占比 13.16%。消极情绪的分段统计中，一般消极情绪占比 7.55%，中度消极情绪占比 3.66%，高度消极情绪占比只有 0.70%。同时结合消极情绪的网络文本分析可知，消极情绪主要表现在"住宿男女混住不方便""高反严重身体受不了""高海拔造成缺氧""天气状况差无法看到珠峰和其他风景"等，反映出珠峰大本营旅游环境和设施服务方面存在问题。"天气状况"的负面情绪源自高原天气变幻莫测，造成游客无法观赏景观，从而感到遗憾。"整体环境"的负面情绪源自高原地区含氧量低、海拔高、气压低、空气干燥、寒冷等，容易引起高原反应，出现头疼、全身疲乏无力、胸闷、恶心等不良症状。消费方面的负面情绪主要源自高昂的"门票"和"车票"，很多游客抱怨门票价格太高，平均每人的费用在 1000 元左右。游客反映"进入国家公园是需要买票的，其中人和油车都需要买票（电车不需要买票），一辆车 320 元（包含一位司机）、一个人 160 元，中间需要换成环保车，车票是 120 元（包含往返），如果需要在珠峰大本营住宿，还需要交付住宿费，一般通铺是 100 元左右，共计 700 元左右，这只是最低的估计"。游客付出了较大的成本，但是因为客观原因造成游客的需求未得到满足，就会产生消极情绪。此外，游客的负面情绪还源自珠峰大本营的住宿条件。目前，珠峰大本营中的住宿设施有帐篷和绒布寺的招待所，游客一般选择帐篷（招待所的条件相比帐篷更差）。帐篷中的大通铺是男女混住的（有大床和单人间，但是价格会更高。在旺季时，房间有限，大多数游客住的还是大通铺），燃料是羊粪和牛粪，会有电热毯，厕所是旱厕等，整体的住宿环境比较简陋。

（三）珠峰大本营旅游目的地整体形象感知分析

基于旅游目的地形象构建"认知—情感"模型，从旅游目的地认知形象、情感形象和整体形象三个维度对旅游目的地形象进行深入探讨，有利于更好地理解珠峰大本营在游客心目中的感知形象。本部分运用 ROST-CM6 软件中的社会网络和语义网络分析功能生成了珠峰大本营的社会网络和语义网络图（见图 2），可以看出点评文本中中心度较高的高频词以及高频词之间的相关度，从而反映出高频词之间的关联。以部分词语为中心词向周围发散，词语之间连接的箭头指向表明了两者间存在的联系。

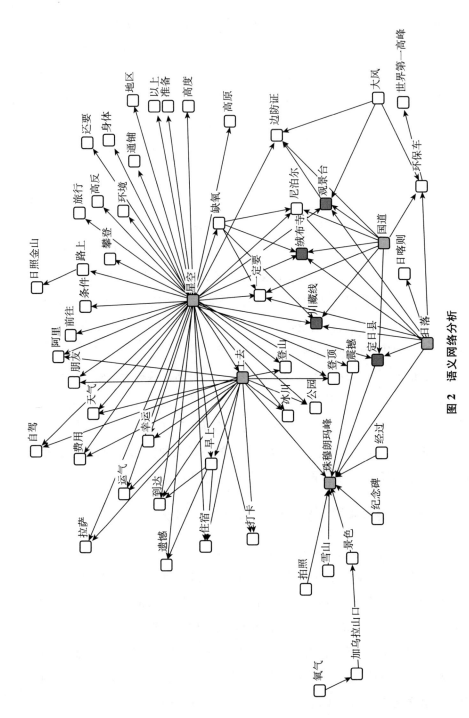

图 2　语义网络分析

处于第一核心的是"星空""上去""珠穆朗玛峰""日落""国道",表明游客是经国道到达珠穆朗玛国家公园再到达珠峰大本营旅游目的地,吸引游客到珠峰大本营旅游的因素主要是"星空""珠穆朗玛峰""日落"。处于第二核心是"定日县""川藏线""绒布寺""观景台",说明这些词语与珠峰大本营的资源存在密切关系,珠峰大本营位于日喀则定日县辖内,珠穆朗玛峰山脚下除了珠峰大本营外还有绒布寺,通过318川藏线可到达珠峰,中途还会经过一些观景台。最外围的词语是对核心词语的补充说明,如"拍照""雪山""景色""纪念碑"等词语是用于描绘珠穆朗玛峰的,对于珠穆朗玛峰以及周围的雪山,游客会拍照记录,珠穆朗玛峰的景色给游客带来了震撼等。以上词语较为详细地表现了珠峰大本营的旅游形象。

四 结论与建议

(一)研究结论

本研究选取珠峰大本营为案例点,在马蜂窝旅游网、猫途鹰、携程旅行网、微博、抖音、快手上收集发表于2019年1月至2023年6月的1157条网络文本数据,共计135374个字。利用ROST-CM6软件对游客评价进行文本处理、认知形象分析、情感分析、整体形象感知分析,主要结论如下。

第一,珠峰大本营的旅游资源对游客有着核心吸引力,其中自然资源有着最大的吸引力,其次是社会资源,人文资源的吸引力最小。

第二,游客对珠峰大本营的情感中,积极情绪占比最大,且远超中性情绪和消极情绪占比之和。消极情绪主要表现在旅游环境中的"气候天气""整体环境"和设施服务中的"住宿""购物"。

第三,从社会网络和语义网络图可知,自然资源中的"星空""珠穆朗玛峰"两个要素对其他要素有着重要影响。

(二)对策与建议

第一,开发珠峰周围旅游线路,进行游客分流,带动其他区域发展。游客前往珠峰大本营的主要目的是观赏珠穆朗玛峰、星空、雪山、日照金山等自然资源，但是因为价格、住宿等因素形成了不良印象。游客也在自主地寻找既能够满足自身需求又能避免购票和住宿等问题的解决办法，从网络游客评价中可以发现，部分游客自发设计了两条旅游线路以替代高额门票。线路一：萨嘎镇线路。在珠峰北大门打卡拍照之后，沿着国道219继续往前50公里，到达定日县萨嘎镇，这里不仅可以看到世界屋脊珠峰，还能看见4座8000千米以上的雪山，分别是世界第四高峰洛子峰、世界第五高峰马卡鲁峰、世界第六高峰卓奥友峰、世界第十四高峰希夏邦马峰，并且当地还有世界上最高的关帝庙。除此之外，还能够满足游客观赏星空、拍摄星空的需求。线路二：东巴村线路。前往东巴村，到达东巴村后，继续往前行驶，就能够发现一处古城遗址，在遗址的后面就能看到珠穆朗玛峰，其旁边是卓奥友峰，离得最近的是希夏邦马峰，并且这个古城遗迹也是一个绝佳的拍摄地点。这两条旅游线路的发展，可以带动沿途村庄的经济发展，并且可以对珠峰大本营过于饱和的游客量进行分流，以便珠峰大本营可以提供更好的服务，带给游客更佳的旅游体验，提高游客的感知形象。

第二，鉴于因"气候天气"游客无法观看珠峰美景而产生的消极情绪，可以考虑建立山上山下天气预报系统，实时更新珠峰大本营的天气情况，由游客决定是否前往珠峰大本营。珠峰地区及其附近高峰的气候复杂多变，即使在一天之内，也往往变幻莫测，当出现下雨或者云雾笼罩等情况时，珠峰会被遮挡住，也由此容易造成游客花费较大成本前往珠峰大本营而需求得不到满足的情况存在，对游客的感知形象造成负面影响。因此，建立可同步更新珠峰大本营天气的系统能够很好地解决上述问题。游客在珠峰门口就能了解到珠峰附近的天气情况，根据自己的需求确定是否需要进入珠穆朗玛国家公园，然后到达珠峰大本营，减少因天气原因而给游客带来的负面情绪。

第三，举办文化创意活动，改变旅游结构单一的局面。为了提升地区的吸引力，可以计划举办一系列文化创意活动。例如，鉴于珠峰拥有世界上独一无二的风景，可以举办珠峰摄影展，以吸引更多摄影爱好者。借此展览活动呈现珠峰地区壮丽的自然景观，包括雄伟壮丽的山峰、广袤的雪域高原和独特的自然生态。参观者不仅能够欣赏到这些宏伟景色，还可以与摄影师们互动交流，并感受到摄影艺术的魅力。此外，摄影展还可以为珠峰地区带来新的发展机遇，并且达到宣传和推广效果，吸引更多游客前来感受珠峰的魅力。

五　研究不足与展望

本文虽然选取了马蜂窝、猫途鹰、携程、微博、抖音、快手的游记文本和评论作为数据来源，但缺乏政务服务网站、国外旅游网站的游记等资料。同时，由于网络游记需要对网络操作较为熟悉，游记的作者多为中青年，老年人较少。且游记局限于笔者个人表达能力，可能存在笔者表达和研究者领会不一致的情况。本文缺少了对数据的全面性修正，造成研究结论可能与实际有所偏差，今后，可通过增加信息获取来源加以弥补，如在收集线上游记的同时，进行访谈，提高信息的准确度；辅以问卷的量化研究，补充纯文本研究的不足，使研究更为全面。

珠峰民族文化旅游体验模型构建

田晓丽 李晨雨 陈雪琼*

摘 要： 民族文化旅游是少数民族地区发展经济的重要方式，民族文化也是吸引游客的重要载体。除此之外，网络文本数据是研究游客对旅游经历以及旅游目的地看法的重要数据。因此，本文基于扎根理论对携程、小红书网站收集到的游记文本进行质性分析，结合旅游仪式理论，得到珠峰民族文化旅游体验模型和情感变化过程图，研究发现：旅游动机、游前情绪属于日常生活情境，感知风险、旅游景观、服务质量、人际互动、心理沉浸属于神圣游程情境，成就感和游后情绪属于更高一阶的日常生活情境，心理沉浸中的正向和负向情感共同构成了强大的情感能量，情感体验是复杂的、动态变化的。

关键词： 民族文化旅游 情感体验 珠峰

一 引言

旅游目的地的民族文化是吸引旅游者的重要因素之一。近几年，越来越多的旅游目的地利用民族文化的地域性，以及与大众文化的异质性开发旅游产品。这些特色的民族文化具有先天的文化优势，有巨大的发展潜力，可以转化为经济优势。不仅如此，旅游业也是文化性很强的产业，发展民族文化旅游是传承优秀民族文化的重要手段，也是少数民族地区发展的便捷方式，

---

* 田晓丽，华侨大学在读研究生，研究方向为旅游管理；李晨雨，华侨大学在读研究生，研究方向为旅游管理；陈雪琼，华侨大学教授，研究方向为旅游管理。

可以加速促进民族地区文化、经济繁荣。① 中国的民族文化旅游发展主要经历了四个阶段：20 世纪 80 年代开始起步，桂林、九寨沟率先开发民族文化旅游，以自身独特的自然风光和民族文化吸引众多旅游者，为民族文化旅游的发展打下了良好的基础。20 世纪 90 年代民族文化旅游开始区域化发展，1995 年云南提出将旅游产业作为新兴支柱产业来培养，20 世纪 90 年代后期提出了政策主导型发展模式，在这种发展模式下，云南获得了丰厚的财政收入。进入 21 世纪后，民族地区的旅游发展更上一层楼，如四川旅游收入连续五年净增 100 亿元，且开创了旅游发展大会新模式，其他民族地区纷纷效仿。而如今民族文化旅游腾飞在即，较为突出的是青藏铁路的开通使西藏旅游发展迎来了黄金期，广西也借助中国东盟自由贸易区积极推动旅游发展。总体来说，全国民族地区都在积极发展旅游。

民族文化旅游快速发展，并逐渐成为学术研究的重点，国内对民族文化旅游的研究主要集中在旅游开发、旅游扶贫、可持续发展、旅游生态保护等方面，更多地聚焦旅游目的地，从旅游者视角的研究，多是研究游客文化认同以及形象感知，对游客整体旅游体验的研究较少；多采用量化方法、案例分析法，缺少采用质性研究方法构建体验理论模型。

"互联网+"时代的到来，使网络渗透至人们的日常生活，游客可以在网上展示旅游经历以及与他人交流旅游心得，各类社交媒介的出现也为游客发表言论提供了便利。发表在这些社交媒介中的有关旅游经历的文本，对潜在旅游者具有吸引和刺激作用，也为研究旅游者的旅游体验提供了文本数据。本文以珠峰为例，基于扎根理论分析游客发表在网络上的游记文本，构建游客民族文化旅游体验模型，丰富民族文化旅游的研究成果，为促进珠峰旅游目的地的可持续发展提供决策支持和政策建议。

---

① 李宗铭、张冬梅：《雪域奇葩——西藏珠穆朗玛峰国家级自然保护区》，《生物学教学》2003 年第 12 期，第 51~52 页。

二 文献综述

（一）珠峰相关研究

我国对珠穆朗玛峰的研究起步较早，开始于 19 世纪 50 年代，但是早期研究范畴主要集中在地理学科，研究地质构造、植被情况、各类山体的特征及其海拔高度和拥有的自然资源。进入 20 世纪，学者开始关注珠峰自然保护，注重保护珠峰地区的植物区、生物多样性，也要对其历史遗址重点保护。[1] Sanjay K. Nepal 等以尼泊尔珠穆朗玛峰国家公园为例，研究发现旅游和尼泊尔珠穆朗玛峰国家公园步行道密切相关,[2] 验证了旅游对珠峰的自然保护的影响。随着全球变暖，研究者在 20 世纪初开始关注珠峰各个自然资源的变化，及时做好保护和维持工作。

综上所述，珠峰旅游研究是珠峰研究内容的一大创新，珠峰旅游要注重保护与开发相结合，保护珠峰自然环境的同时，通过旅游发展增加珠峰地区居民的经济效益。本研究从游客的角度出发，构建珠峰的民族文化旅游体验模型，了解游客对珠峰的感知，从而提出相应的政策建议。

（二）民族文化旅游相关研究

学者对于以中国少数民族文化为依托开发的旅游产品，经常使用"民族文化旅游""少数民族地区旅游""民俗旅游"等概念。这些概念互有重叠，但是含义略有不同，反映出对于民族文化旅游的概念还未达成一致，但其共同点是把民族文化旅游认定为某一民族地区依托自身特色民族文化，通

---

[1] 李宗铭、张冬梅：《雪域奇葩——西藏珠穆朗玛峰国家级自然保护区》，《生物学教学》2003 年第 12 期，第 51~52 页。

[2] Sanjay K. Nepal、Stella Amor Nepal、周立志：《旅游对尼泊尔珠穆朗玛峰国家公园步行道的影响》，《AMBIO-人类环境杂志》2004 年第 6 期，第 312~318+362 页。

过某种方式将民族文化产品化，以便吸引旅游者。①

　　国内对于民族文化旅游的研究，一开始着眼于民族文化旅游的开发与民族文化资源的保护。旅游开发对民族文化的影响是一把双刃剑，发展民族文化旅游可以加强与外界的联系，带动基础设施建设，促进当地经济发展。但是有时在旅游发展的过程中容易忽视民族文化资源保护性开发，外来文化的冲击会导致特色民族文化逐渐衰弱，从而削弱当地旅游发展后劲；因此在推动民族文化旅游发展中，要注重民族文化资源保护性开发，将民族文化资源优势转化为产业优势。② 国内学者也在积极探讨如何发展民族文化旅游，金毅提出民族文化旅游可实行直接开发、整合提升、复原历史的发展模式，且要充分发挥政府的作用，加大开发力度、获取外部投资，进行多样化宣传以及培养专业人才等。③ 简王华关注民族文化旅游品牌构建，认为旅游品牌可以产生明显的吸引力，是推动旅游地区整体发展的龙头产品，且品牌构建需要依托于不同的文化内容特征，制定相应的发展战略。④ 随着民族文化旅游的不断发展，对民族文化的保护受到关注，民族文化旅游是一种具有地域特色的文化旅游。旅游对文化的影响取决于其形式，而只有文化持有者才能更好地平衡开发和保护。⑤ 近几年，研究视角开始转向旅游者，研究旅游者在民族文化旅游过程中的行为意愿及其对旅游目的地的情感，如张秦等提出了旅游涉入、地方依恋和游客忠诚度概念，验证了三者之间的关系有助于促进

---

① Sanjay K. Nepal、Stella Amor Nepal、周立志：《旅游对尼泊尔珠穆朗玛峰国家公园步行道的影响》，《AMBIO-人类环境杂志》2004 年第 6 期，第 312~318+362 页。

② 刘雷：《论民俗文化是民族地区重要的旅游资源》，《贵州民族研究》2000 年第 2 期，第 39~43 页；吴必虎、余青：《中国民族文化旅游开发研究综述》，《民族研究》2000 年第 4 期，第 85~94+110 页；杨红英：《云南旅游的开发与民族文化资源的保护》，《云南民族学院学报》（哲学社会科学版）2001 年第 3 期，第 21~24 页。

③ 金毅：《论民族文化旅游的开发》，《中南民族大学学报》（人文社会科学版）2005 年第 4 期，第 67~70 页。

④ 简王华：《广西民族村寨旅游开发与民族文化旅游品牌构建》，《广西民族研究》2005 年第 4 期，第 187~191 页。

⑤ 曹端波：《旅游发展中民族文化的保护与开发》，《贵州社会科学》2008 年第 1 期，第 73~75 页。

民族文化村寨旅游的可持续发展，促进建立民族自信。① 周文丽等验证了游客对民族文化旅游景区服务质量的感知以游客满意度为中介正向影响其行为。② 本研究从游客的角度出发，通过对网络游记进行分析，构建珠峰民族文化旅游体验模型。

（三）旅游体验相关研究

体验的概念来自心理学，是指通过实践认识事物，是一种亲身经历。约瑟夫·派恩认为体验从本质上就是人以个性化的方式度过一段时间，并经历一些值得回忆的事情。体验是人们参与一项活动后的感受、印象、感悟的总和，是一段难忘的经历，可以使人身临其境地获得独特的感受。③ 波斯汀认为旅游体验是一种流行的消费行为。瑞恩认为旅游体验是一种多功能的休闲活动，包括娱乐成分和学习成分。④ 谢彦君等指出旅游活动从本质上就是一种旅游体验，旅游体验是旅游活动的内核，其本质是旅游者对符号的解读。⑤ 姜海涛在心理场和旅游场研究的基础上提出旅游体验实质是"场"的交互。⑥ 本研究结合已有的研究成果认为旅游体验是在个性化的亲身经历中获得感受、印象之后产生的一系列行为。

旅游体验研究在国内起步较晚，最早是由谢彦君提出旅游体验的概念，从此旅游体验成为研究新领域。⑦ 早期研究主要是关注旅游体验的内涵、本

① 张秦、郭英之：《民族文化村寨旅游涉入、地方依恋与忠诚度的关系机理研究》，《泰山学院学报》2022 年第 1 期，第 41~51 页。
② 周文丽、张海玲：《民族文化旅游景区服务质量感知对游客行为意愿的影响研究——游客满意度的中介效应》，《武汉商学院学报》2022 年第 1 期，第 5~12 页。
③ 李经龙、张小林、郑淑婧：《旅游体验——旅游规划的新视角》，《地理与地理信息科学》2005 年第 6 期，第 91~95 页。
④ 厉新建：《旅游体验研究：进展与思考》，《旅游学刊》2008 年第 6 期，第 90~95 页。
⑤ 谢彦君、彭丹：《旅游体验和符号——对相关研究的一个评述》，《旅游科学》2005 年第 6 期，第 1~6 页。
⑥ 姜海涛：《旅游场：旅游体验研究的新视角》，《桂林旅游高等专科学校学报》2008 年第 3 期，第 321~325 页。
⑦ 魏遐、潘益听：《中国旅游体验研究十年（2000—2009）综述》，《旅游论坛》2010 年第 6 期，第 645~651 页。

质以及从体验经济的角度出发探究如何进行旅游规划与营销，旅游体验营销以向顾客提供有价值的体验为宗旨，通过满足游客体验需要来增加收益。①旅游体验可以给游客带来更多的满足感和兴奋感，因此旅游规划中注重加强体验化设计，突出主题、消除消极印象。②可见，旅游体验在旅游发展方面具有显著的影响。同时，学者开始注重体验的真实性研究，研究真实性体验的影响因素，提出个人主观要素对真实性体验具有一定的影响。③陈超群等以乡村旅游为例提出旅游目的地居民、旅游者以及经营者对真实性体验的重要影响，④更加明确了旅游体验更多的是人对旅游活动的主观感受，旅游体验离不开人的认知。近年来，针对旅游体验研究出现了新的视角，从身体的角度出发，研究旅游自身体验，认为身体的主体作用对旅游体验至关重要。例如，宋振春等发现旅游者旅游体验的核心特质是在身心交互过程中的情感升华。⑤旅游体验对游客情感具有一定影响，董引引等研究发现多感官体验对地方依恋具有正向影响，且在不同阶段，地方依恋情绪产生的感官体验因素也不一样。⑥而汪群龙等关注旅游体验对游客幸福感的影响，针对老年旅游者研究得出情绪体验、情感社交体验、认知体验、社会关联体验等都对旅游者的幸福感具有直接的正向影响。⑦

综上所述，对于旅游体验的研究从早期的开发和营销模式拓展为旅游体验特性以及游客在旅游体验的影响下产生的情感和行为，可见研究视角越来

---

① 熊元斌、王娟：《旅游服务的体验营销研究》，《商业经济与管理》2005年第9期，第69~73+79页。

② 徐淑梅、倪维秋：《旅游规划的体验化设计》，《商业研究》2006年第12期，第172~174+179页。

③ 李偲、海米提·依米提、李晓东：《新疆民族歌舞旅游产品真实性体验研究》，《新疆大学学报》（哲学人文社会科学版）2009年第1期，第81~84页。

④ 陈超群、罗明春、覃业银：《乡村旅游体验真实性的多维度研究》，《旅游论坛》2008年第6期，第357~360页。

⑤ 宋振春、王颖、葛新雨、孟瑶：《身体痛苦如何成为情感享受——身心交互视角下的旅游体验研究》，《旅游学刊》2020年第10期，第109~121页。

⑥ 董引引、曲颖：《感官刺激如何激发情感？多感官旅游体验对目的地依恋的持续性影响机制》，《旅游科学》2022年第2期，第101~121页。

⑦ 汪群龙、洪琴、刘春、朱红缨：《中国老年人旅游体验对其幸福感的影响：代际互动的中介作用》，《社会科学家》2023年第4期，第46~54+81页。

越多元化。本研究重点从游客主观印象的角度出发，构建珠峰民族文化旅游的体验模型。

三 研究对象、数据来源与研究方法

（一）研究对象

珠穆朗玛峰，简称珠峰，海拔 8848.86 米，北坡在中国青藏高原境内，南坡在尼泊尔境内。从 19 世纪初开始，珠峰就成为众多登山者和科学家的向往之地。珠峰的季节性差异显著，且复杂多变，即使在一天之内也往往变幻莫测。不仅如此，珠峰还有极具特色的民族文化旅游资源，如扎什伦布寺，拥有独特的藏传佛教文化。由于珠峰攀登具有一定的危险性，普通游客一般都在珠峰大本营观看珠峰，珠峰大本营是为观看珠峰核心区域而设置的生活地带，位于西藏自治区日喀则市定日县。因此本研究以珠峰大本营为主要研究对象，兼顾考虑日喀则市，构建珠峰民族文化旅游的体验模型。

（二）数据来源与处理

以携程、小红书公开发布的有关于珠峰大本营、日喀则市、定日县的网络游记作为数据来源，为了保证数据质量，将重复的、过于简单、没有实质内容的文本删除；剔除了只是单纯的路线规划以及带有明显商业宣传目的的游记。共收集到 497 条文本数据。

（三）研究方法

本研究基于扎根理论对文本数据进行分析。扎根理论主要指研究初期没有理论假设，而是带着研究问题直接从原始数据中归纳概念和命题，形成理论。扎根理论本质就是归纳法，主要包括抽样、资料收集、资料分析等环节，扎根理论最大的贡献在于提供了一套较普遍适用的资料分析操作流程，包括开放式编码、关联式编码、核心编码和理论创建四个循序渐进的步骤。

四　珠峰民族文化旅游体验模型构建逻辑

（一）编码过程

1. 开放性编码

开放性编码是指对原始材料贴标签和概念化之后进行对比分析，抽象出最终的范畴。根据以上步骤，对收集到的文本进行分析和概括，归纳出标签262 个、概念 64 个、初始范畴 21 个，编码示例见表 1。

表 1　开放性编码示例

原始资料	开放式编码		
	贴标签	概念化	范畴化
虽然几年前去过西藏,但看了下这次行程,珠峰那天刚好是 26 岁生日,真是太浪漫和太有意义感了。喜马拉雅山脉主峰珠穆朗玛峰是世界最高峰,也是世界登山家和科学家最向往的地方(aa1)	aa1 世界最高峰 浪漫	西藏圣地(aa1) 他者凝视(aa2) 社会交往(aa3)	A1 追赶 潮流
王石在演讲中表示,俞敏洪的境界更高,自己准备第三次挑战珠峰,才体会到仰望的精神,自己一生要三次登顶(aa2)。来西藏旅行的钱其实是可以买一台电视的,但是女朋友更支持他想走的地方寻觅和探访,比如挑战珠峰。2017 年和最好的朋友一起去西藏,当时没有去珠峰,回来后一直念念不忘,说这辈子一定要去一次(aa2)	aa2 他人评价 家人支持 约定		
感觉这次来西藏,有种冥冥中的召唤,独自到拉萨发现多年未见的老同学也在,还是近乎相同的时间安排,立马组队办边防证(aa3)	aa3 缘分 同伴出游		
……	……	……	……

2. 主轴编码

主轴编码是指根据原始编码的并列、因果、从属等关系，对开放性编码中的次要编码作进一步分析和比较，提炼出主范畴。根据以上步骤，将21个初始范畴总结成9个主范畴，详细的逻辑关系和概念内涵如表2所示。

表2 主轴编码形成的主范畴

主范畴	对应范畴	包含概念
A 旅游动机	追赶潮流	西藏圣地、他者凝视、社会交往
	逃离现实	疗伤、追寻梦想、准备充足
	挑战自我	强健体魄、找寻自我
B 游前情绪	向往	感兴趣、心愿、炫耀
C 感知风险	天气气候	极端寒冷、糟糕的天气
	道路状况	惊险、攀登时间长、高海拔
	身体感受	身体不舒服、高反
D 旅游景观	自然景观	地貌奇特、山体景观、水体景观、冰川景观、气象景观、生物多样、视野好、神秘
	人文景观	特色服装、特色美食、特色住宿、民族工艺、打卡标志物、民族文化活动、城镇景观、宗教建筑景观、实景演绎
	信仰民俗	尊重风俗、祈福仪式、藏族礼仪、吉祥之兆、对美好生活的期许
E 服务质量	有形性	卫生问题、民宿环境艰苦
	可靠性	物资稀缺
	响应性	游客规模、节假日排队
	移情性保证性	服务态度、诱导消费、隐形消费
F 人际互动	同伴团结	志同道合、同行者性格
	榜样力量	同伴激励、缅怀勇士
G 心理沉浸	积极情绪	崇高品质、乐观心态（享受当下/幸福/安逸/幸运/温馨）、敬畏感
	消极情绪	艰难（恐惧、痛苦）、遗憾（不知恩义/环境污染感知/高昂的攀登价格）
H 成就感	满足感	刷新纪录、安全回家、特别的体验
	治愈心灵	洗涤身心、合影留念
I 游后情绪	怀念	思考人生、难忘的回忆、喜爱之情

3.选择性编码

选择性编码是根据主要范畴之间的关系结构，串联成一条故事线，提炼出核心范畴，构建理论框架。通过对主范畴的分析，得出故事线为：珠峰民族文化旅游者受到内外部刺激产生旅游动机，催生出对珠峰的向往之情，在旅游过程中，调用自身的认知和感觉对环境变化带来的风险、各种特色景观、人际互动以及服务质量进行体验和情感联结，进入心理沉浸阶段，而后获得成就感、心灵治愈的感知价值，进一步产生对这趟旅程的怀念之情，总体的结构模型如图1所示。根据各个范畴之间的联系，提炼出核心范畴为"珠峰民族文化旅游情感体验变化过程"。

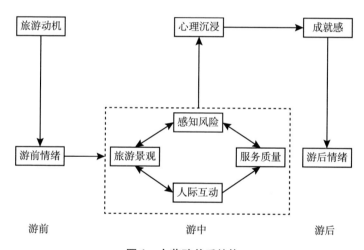

图1 主范畴关系结构

4.理论饱和度检验

为保证研究更加科学，本研究采用背对背编码，并对结果进行对比，防止出现错误和遗漏，对有争议的编码进行讨论和修改，而后在携程平台选取5篇游记进行检验，发现未出现新的关系和范畴，说明编码已接近饱和。

（二）范畴阐述

1.旅游动机

旅游动机是引发人的旅游行为的动力。珠穆朗玛峰不仅是喜马拉雅山脉的主峰，而且是世界海拔最高的山峰，每年都吸引了大量的游客前往拍照打卡或攀登，以此来得到他人的认可或锻炼自己的体魄。"西藏以神奇瑰丽的自然风光，丰富灿烂的民族文化，世界屋脊的高原海拔被奉为人之必到的圣地，一生要来一次西藏，触摸圣湖，观银河星空，绝对变成朋友圈最靓的仔。"人们生活压力的增加，催生了对自由和梦想的渴望，"当我站在珠峰脚下这一刻，珠峰不再是课本里的珠峰，我从远方赶来，只为赴你一面之约"。从众追赶潮流和逃离现实的外界动因、挑战自我的内在动因，共同推动着旅游行为的产生。

2. 游前情绪

通过内外界的刺激，加深了游客对西藏和珠峰的了解，"青春没有售价，火车直达拉萨"，在羡慕别人生活的同时希望自己也可以去到那里，"一个人也可以很勇敢，那可是我做梦都想去的地方啊，真的很兴奋"。同时，全世界每年都有千万人争享登临世界巅峰的殊誉，所以珠峰也是世界登山家和科学家向往的地方。"2010 年 5 月 22 日，59 岁的王石携手 56 岁好友汪健登顶珠峰，再次刷新登顶珠峰的中国登山者的年龄纪录。"

3. 感知风险

感知风险是旅游体验的阻力，是指旅游者在旅游目的地或者旅途中所遭受的各种不幸，由于旅游活动受到很多因素的影响，旅游风险较高。① 旅游者普遍面临以下三种风险，一是天气条件，珠峰常年积雪，温度极低，天气恶劣，冷风不断，刺骨的寒冷会阻挡旅游者的脚步。"当时的气温是零下 76 华氏度，刺骨的寒冷穿透四层衣服，削弱了他们的力量。"二是道路状况，珠峰海拔 8848.86 米，攀登过程中有冰坑、冰裂口和斜坡，难度大耗时长，如"第二天，他们穿过了一个被称为'黑色金字塔'的区域，一个暴露的、垂直的岩石和一个被称为'烟囱'的冰

---

① 冯生尧、谢瑶妮：《扎根理论：一种新颖的质化研究方法》，《现代教育论丛》2001 年第 6 期，第 51~53 页。

坑"。三是身体感受，有的旅游者到达高海拔的珠峰时会发生高反，出现头疼、头晕、发烧、呕吐等症状，空气非常干燥，会引发上呼吸道疾病和高原咳嗽，真正的"眼睛在天上，身体在地狱"，进一步唤起个体负面的情绪。

4. 旅游景观

旅游景观是指在旅游景区内人文和自然多种要素有规律地组合起来，各种有形和无形的地域客体。[①] 游客在攀登珠峰的途中，会被沿途的景色所震撼，羊湖可爱的牦牛和小羊展现了生物的多样性，珠峰大本营的日落彩云和星空、加乌拉山口的雪山日出是绚烂的气候景观，干净纯粹的卡若拉冰川是冰川和水体景观。游客穿上藏族服饰、喝着牦牛酸奶和酥油茶、吃着糌粑和藏面、住在大本营帐篷、观看着《文成公主》实景剧演出、欣赏着精美的壁画与唐卡等文化艺术珍品和融合了藏族与唐朝等多种建筑风格的宫殿。在观赏自然与人文风景的同时，游客也被当地民俗所吸引，从攀登前例行的祈福仪式到经幡和隆达的购买、信徒虔诚的顶礼膜拜等都深深震撼着游客。

5. 服务质量

服务质量是指服务者能够满足被服务者需求的程度。本文采用SERVQUAL模型，有形性包括设施设备是否完善、是否具有吸引力，类似评价有"珠峰住宿环境较艰苦，一般旅行团都是大通铺，且没有沐浴间，厕所是旱厕"；可靠性指的是向游客承诺的事情都能及时完成，珠峰水资源较为稀缺，游客需要每天去找水源；响应性是指帮助游客并迅速提高服务水平的意愿，在节假日期间游客规模迅速扩大，珠峰各个景点出现排队现象，严重影响了旅游体验感；移情性是指关心游客的同时能提供个性化服务；保证性是指员工值得信赖，有些游客遇到了蛮横的司机和餐厅服务员，诱导消费行为时有出现，类似评价有"第二天自己租了氧气瓶拖到上车点，司机不乐意并跟我说这个是易燃易爆危险品不

---

① 邱扶东：《旅游动机及其影响因素研究》，《心理科学》1996年第6期，第367~369页。

能带"。

6. 人际互动

人际互动是指在攀登珠峰过程中，遇到志同道合的伙伴和当地人，朝着共同的目标出发，路途中互帮互助、热情友好、共克困难，氛围很好，类似评价有"不过这里可以收获很多来自五湖四海各种职业的驴友们，拥有很纯粹的快乐"；珠峰的恶劣环境让攀登者面临很大的压力，同伴的鼓励和支持非常重要，同时义无反顾攀登的勇士们也起到了榜样的效果，类似评价有"缅怀勇士是为了更好地前行，赞美这世上所有的义无反顾与极限探索，赞美全情燃烧自己生命的勇士们！一切探索走向自然，也归于自然"。

7. 心理沉浸

心理沉浸主要表现在个体情绪反应上，情绪产生于个体主观上对外部刺激事件的认知评价。[①] 游客在体验过程中感受到积极的情绪，如凭借着顽强的毅力登顶，看到顶峰的风景时感到震撼与惊叹；看到虔诚的信徒磕长头时心怀敬畏感；即使高反，遇到志同道合的友人以及看到令人惊喜的风景，都令游客感到开心、兴奋、愉快、温馨，进而正向影响对旅程的感知价值。类似评价有"一路上虽然路程遥远、绕来绕去、晕晕乎乎，但是到了珠峰脚下一切都是值得的，这段时间天气特别好，日照金山也看到了，超级开心"。但是珠峰的艰险、天气的恶劣、环境的污染、昂贵的攀登价格等问题会带来消极的情绪，如不安、痛苦、遗憾等。类似评价有"在南坡大本营有 2 个停机坪，每天都会听到直升机轰隆隆的声音，据朋友说，直升机的频繁起降会影响山体冰川的稳定性"，"珠穆朗玛峰山脉的人太多了，出现拥堵，好多人原地不动，都快冻感冒了"。

---

① Tsaur S. H., Tzeng G. H., Wang G. C., "The Application of AHP and Fuzzy MCDM on the Evaluation Study of Tourist Risk," *Annuals of Tourism Research*, 1997, 24 (4): 796-812.

8. 成就感

成就感指一个人做完一件事情或者做一件事情时，对自己所做的事情感到愉悦或有成功的感觉。游客攀登珠峰，属于脱离惯常环境，途中的美景和人文让游客感受到了身心的洗礼，这是一次特别的体验，不管是最后安全回家，还是又一次刷新攀登纪录，都会有成就感，类似评价有"珠穆朗玛峰的行程已经结束了，但我曾站在世界之巅，没有人能把这一点从我身上夺走"。

9. 游后情绪

通过珠峰的旅行，游客见识了祖国的壮丽山河和各地不同的历史文化，收获了美好的回忆，将沉浸心理内化于心的同时，对珠峰有了更深层次的认识与怀念。引导个体的行为态度，为下一次体验打下了基础，类似评价有"我还要走回千山万水，我不知何时再返，安好，安好，一路回望，如游子辞母，如恋人离别，只是想着后会有期，后会有期"。

由图 2 旅游情感体验变化过程中的 K 线可知，从游前到游中阶段，也就是以 K1 为分界点，游客的情感从向往转变为心理沉浸；从游中到游后阶段，也就是以 K2 为分界点，游客的情感从心理沉浸转变为怀念，K线被称为理想线，有时候也会出现 G 线和 L 线的状态。G 线表示，在游前，游客通过互联网媒体关注其他人攀登珠峰的信息，大量信息的获取让游客认识到攀登的艰险，随着媒体中个体的情绪变化而变化，担忧着天气的恶劣或惊喜于风景的壮美。在游中，由于个体个性的差异，游客在这时已经开始怀念着正在经历的事情，"这也许是一辈子最难忘的一刻！载歌载舞，大家一起享受这一刻！没有烦恼没有忧愁，只有热情的这一刻"。L 线表示，在游中，游客依然对之后遇到的人和事充满了向往，因为日落、日出以及星空的出现都充满了不确定性。在游后，游客心理沉浸这一状态依旧在持续，因为这趟旅程的影响很大，"唯一遗憾就是没有看见日照金山，不过没关系，一场有惊无险的体验已经很值得我来纪念啦，回来这么多天感觉还是像做了一个冒险的梦，久久不能平复"。

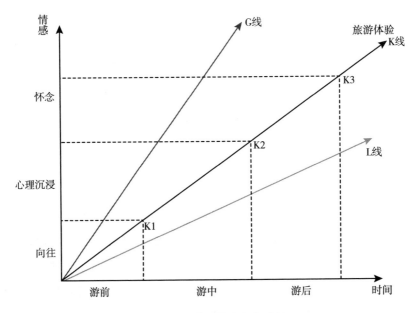

图 2　旅游情感体验变化过程

五　研究结论与讨论

在对以往文献梳理的基础上，本研究以珠峰民族文化旅游者为研究对象，旅游者包括登顶珠峰或到达珠峰大本营者、攀登过程中途经日喀则和定日县者，运用爬虫工具收集携程和小红书公开发布的网络游记，并基于扎根理论分析构建珠峰民族文化旅游体验模型，展现了旅游情感体验动态变化过程。

（一）研究结论

本研究基于旅游仪式理论构建了珠峰民族文化旅游体验模型，并丰富了情感能量的内涵。格雷本把旅游这一特殊的社会活动放到仪式的功能和过程中去研究，本文中旅游动机、游前情绪属于日常生活情境；感知风险、旅游景观、服务质量、人际互动、心理沉浸属于神圣游程情境；成就感和游后情绪属于更高一阶的日常生活情境。除此之外，本文发现神圣游程情境，不仅包含幸福、安逸、幸运等正向情感，而且包括恐惧、痛苦等负向情感，负向情感的生成加深了体验记忆，正向和负向情感共同形成了强大的情感能量。

珠峰民族文化旅游情感体验变化的过程：游前向往之情，游中心理沉浸，游后怀念之情，但这只是理想状态，由于内外部环境的变化，相应情绪出现的速度会有快有慢，可能在游前就已达到心理沉浸状态、游中达到怀念状态，或者在游中还存在向往之情、游后还在心理沉浸，情感体验是复杂的、动态变化的。

（二）研究讨论

一方面，文本资料来源于网络游记，虽然已经达到了理论上的饱和，但是可能有一些概念在编码过程中有所缺失，为此今后的研究可以通过访谈来增加一手资料的权重。另一方面，本文选取珠峰作为案例地进行研究，创建了民族文化旅游体验模型，该情感变化过程是否适用于其他的旅游地，未来还有待进一步验证。

参考文献

吴必虎：《论旅游景观》，《社会科学家》1987 年第 4 期。

Arnold M. B., *Emotion and Personality：Psychological Aspects*, New York：Columbia University Press，1960.

市场分析篇

基于百度指数的
珠峰旅游网络关注度时空特征分析

李霞 魏澜*

摘　要:　旅游目的地的网络关注度能够有效映射出游客对旅游目的地的潜
在需求,其时空差异特征则能够直观展现游客作出决策的时间规
律及其空间聚集特征。本文将百度指数作为研究数据对我国珠峰
旅游网络关注度的时空特征进行分析,研究发现:①珠峰旅游年
度网络关注度呈波浪式下降趋势,珠峰旅游月度网络关注度呈倒
"V"形分布;②珠峰旅游网络关注度地理分布不均,东部地区
珠峰旅游网络关注度高的省区市较多,西部地区和中部地区则相
对较少;③珠峰旅游网络关注度与地区的人口数量、人均地区生
产总值、旅行社数量密切相关。为此,应围绕珠峰旅游发展,制
定区域化营销策略,提升淡季网络关注度,加大移动端推
广力度。

---

* 李霞,博士,上海工程技术大学讲师,研究方向为旅游管理;魏澜,上海工程技术大学研究
生,研究方向为旅游管理。

关键词： 百度指数 珠峰旅游 网络关注度

一 引言

中国互联网络信息中心发布的第 51 次《中国互联网络发展状况统计报告》显示，截至 2022 年 12 月，我国网民规模达 10.67 亿，互联网普及率达 75.6%。随着互联网普及程度的加深，利用搜索引擎收集旅游相关信息已成为我国游客出行前习以为常的准备工作。游客对旅游目的地的搜索行为暗含了该旅游目的地的受关注程度，搜索量越高即意味着网络关注度越高。因而，研究旅游目的地的网络关注度时空特征对于分析该地的旅游业发展状况有重要帮助。本研究围绕珠峰旅游网络关注度这一主题，采用描述性统计、季节强度指数、变差系数等方法，对珠峰旅游网络关注度的时空特征进行刻画，并运用相关性检验，研究珠峰旅游网络关注度的影响因素，以期对珠峰旅游发展提出参考性建议。

二 研究现状

世界第一高峰珠穆朗玛峰以壮丽的自然景观、神秘的文化色彩和丰富的动植物资源成为世界闻名的旅游胜地。在众多游客纷至沓来的同时，国内外学者也针对珠峰旅游这一主题开展了相关研究。国内学者主要关注珠峰旅游中的效益分配、环境管理、资源开发和安全预警问题。杨涛通过对珠峰大本营中帐篷、马车和牦牛的分配机制及收益研究，提出了推进扶贫资本参与经营、协调社会资源共同合作的珠峰旅游收益共享机制。[①] 平措卓玛等通过对珠峰登山旅游碳足迹和碳效用的分析，发现珠峰的环境管理绩效较好，登山

[①] 杨涛：《西藏珠峰大本营旅游收益的共享机制研究》，《西藏研究》2017 年第 3 期，第 51~57 页。

旅游的生态属性保育程度较高。[①] 陈露建立了珠峰保护区旅游容量测算模型，通过计算发现珠峰旅游资源优势对当地经济社会发展的促进作用有待提升，并结合珠峰的地学景观和历史人文，提出了高原山地生态旅游开发模式、探险旅游开发模式和朝圣旅游开发模式。[②] 胡文艺针对珠峰旅游中的主要安全风险提出了预警方法，包含旅游通道安全风险预警方法、区域旅游环境容量预警方法和高原反应预警方法，并依此提出了旅游安全风险探测器，评估游客的旅游风险预警等级。国外学者则更加关注珠峰旅游对生态环境、居民生活、宗教文化的影响，以及游客前往珠峰旅游的动机。[③] Robin 等通过调研发现，珠峰南坡旅游业的发展使当地的传统文化和生态环境面临较大压力，对居民的生活质量和生存环境造成了负面影响。[④] Mu 等根据对夏尔巴人的访谈，发现旅游业的发展会影响当地居民的精神价值观念，主要反映为对山神崇拜的变化、人与环境关系的转变以及宗教惯例和习俗的改变，随着夏尔巴人对珠峰旅游业的依赖程度增加，宗教的影响力逐渐衰弱。[⑤] Nepal 通过研究尼泊尔珠峰地区原住民聚落的演变历程，发现旅游业的发展使其住区逐渐遵循游客的流动性及需求，大力发展现代旅游住宿。[⑥] Pandey 通过问卷调查和访谈发现，徒步旅行、欣赏风景是游客前往萨加玛塔国家公园的主要动机，垃圾处理、环境卫生等是该景区需要改进的问题。[⑦]

[①] 平措卓玛、徐秀美：《珠峰登山旅游碳足迹及碳效用分析》，《西藏大学学报》（社会科学版）2016 年第 1 期，第 145~149 页。

[②] 陈露：《珠峰自然保护区旅游地学研究》，成都理工大学博士学位论文，2013。

[③] 胡文艺：《基于空间探测方法的珠峰景区旅游安全预警研究》，成都理工大学博士学位论文，2012。

[④] Robin B. , Bhatta S. , "Assessment of the Social Impacts of Community Based Tourism: A Baseline Survey in the Sagarmatha (Everest) National Park Region, Nepal," *Zeitschrift Fuer Tourismuswissenschaft*, 2021, 13 (2): 268-302.

[⑤] Mu Y. , Nepal S. K. , Lai P. H. , "Tourism and Sacred Landscape in Sagarmatha (Mt. Everest) National Park, Nepal," *Tourism Geographies*, 2019, 21 (3): 442-459.

[⑥] Nepal S. , "Tourism and Remote Mountain Settlements: Spatial and Temporal Development of Tourist Infrastructure in the Mt Everest Region, Nepal," *Tourism Geographies*, 2005, 7 (2): 205-227.

[⑦] Pandey M. B. , "International Visitor Attitudes to Sagarmatha (Mt. Everest) National Park, Nepal," Lincoln University, 1994.

尽管学界已经对珠峰旅游开展了一系列研究，但是在互联网信息时代，鲜有学者关注到网络关注度对于研究珠峰旅游的重要意义。旅游业是一个信息敏感性产业，收集旅游目的地的信息是游客作出决策的基础。在互联网时代，借助搜索引擎获取旅游目的地信息对游客而言是高效率、低成本的重要渠道。因而，由搜索数据汇集而成的网络关注度能够有效映射出游客对旅游目的地的潜在需求，其时空差异特征则能够直观展现游客作出决策的时间规律及其空间聚集特征。正因如此，网络关注度已广泛成为学者研究和分析旅游目的地及旅游活动的重要工具，同时以网民在百度搜索引擎中的行为数据为核心的百度指数是我国学者开展旅游网络关注度研究的主要数据来源，例如，李山等基于百度指数对我国旅游景区网络空间关注度的时间分布和前兆效应开展研究，[①] 生延超等借助百度指数研究我国游客满意度的网络关注度演变及其空间差异，[②] 尽管百度指数并不能完全等同于网络关注度，但其趋向性结果具有一定的代表性和科学性。研究表明，百度指数在预测我国旅游活动方面优于谷歌趋势，并且将百度指数引入旅游预测模型，能够获得较好的预测效果和较强的解释力。目前，我国学者对旅游网络关注度的研究主要集中在时空特征的分布和游客量的预测上，研究对象主要为旅游目的地和旅游活动，包含国内旅游城市及景区景点、世界文化遗产、研学旅行、温泉旅游、邮轮旅游、体育旅游等。

综上，基于百度指数的旅游网络关注度研究已在学界广泛开展，并且取得了较好的拟合效果，具有科学性和合理性。而目前学界关于珠峰旅游的研究尚未与网络关注度相结合，这为本研究提供了探讨空间。鉴于此，本研究将以珠峰旅游为研究对象，从百度指数平台上采集 2013 年 1 月至 2022 年 12 月的珠峰旅游网络关注度数据，对珠峰旅游网络关注度的时间和空间差异进行比较分析，为珠峰旅游发展提供参考建议。

---

① 李山、邱荣旭、陈玲：《基于百度指数的旅游景区网络空间关注度：时间分布及其前兆效应》，《地理与地理信息科学》2008 年第 6 期，第 102~107 页。
② 生延超、吴昕阳：《游客满意度的网络关注度演变及空间差异》，《经济地理》2019 年第 2 期，第 232~240 页。

三 数据来源与测度方法

（一）数据来源

本研究的珠峰旅游网络关注度数据来自百度指数平台。百度指数是由全球最大的中文搜索引擎公司"百度"推出的一款基于互联网数据搜索分析的在线应用软件。在互联网数据分析方面，百度指数具有一定的科学性和准确性，成为企业进行商业决策和学者开展学术研究的重要数据来源。本研究选取的数据来自百度指数中的"搜索指数"。它以网民在百度中搜索的关键词为统计对象，基于该关键词在百度网站中的搜索量和搜索频次，计算出关键词的搜索指数。中国互联网络信息中心发布的《2019年中国网民搜索引擎使用情况研究报告》显示，百度搜索在国内搜索引擎品牌渗透率中位列第一，在搜索引擎用户中的渗透率高达90.9%，在手机端和PC端搜索引擎用户中的渗透率均位列第一，分别为87.2%和82.4%。百度搜索引擎的普及使得百度指数作为研究数据衡量珠峰旅游网络关注度具有一定的科学性和代表性。

鉴于此，本研究在百度指数中以"珠峰旅游"为关键词，获取2013年1月至2022年12月我国23个省、5个自治区、4个直辖市和2个特别行政区的搜索指数（见图1），对珠峰旅游网络关注度的时空演变特征展开研究。

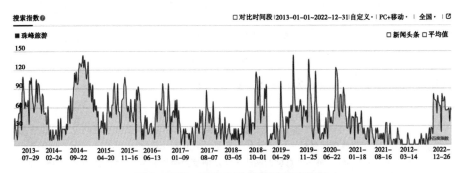

图1　2013~2022年珠峰旅游搜索指数

（二）测度方法

1. 季节强度指数

季节强度指数 R 是衡量网络关注度变化剧烈程度的指标，能够分析全国珠峰旅游网络关注度时间分布的集中程度，计算公式如下：

$$R = \sqrt{\sum_{i=1}^{12} \frac{(x_i - 8.33)^2}{12}}$$

其中，x_i 表示第 i 个月全国珠峰旅游网络关注度占全年网络关注度的比重。8.33 = 100/12，为各月网络关注度占全年百分比的均值。R 值越大，珠峰旅游网络关注度的季节性差异越大；R 值越趋近于 0，则表明珠峰旅游网络关注度的季节性差异越小，全年分布越均匀。

2. 变差系数

变差系数 C_V 是衡量地区间网络关注度分布离散程度的指标，计算公式如下：

$$C_V = \frac{A}{\bar{x}}, A = \sqrt{\sum_{i=1}^{n} \frac{(x_i - \bar{x})^2}{n}}$$

其中，x_i 表示 i 地区珠峰旅游网络关注度，$\bar{x}$ 表示珠峰旅游网络关注度均值，n 为地区数量，A 为标准差系数。C_V 值越大，表明地区间珠峰旅游网络关注度差异越大，反之则越小。

四　珠峰旅游网络关注度的时间演变特征

（一）珠峰旅游年度网络关注度呈波浪式下降趋势

将珠峰旅游网络关注度的数据按年度整合后可以发现，其呈反复波动态势，如图 2 所示。其中，2014 年和 2019 年为两个波峰点，但 2019 年的数据相较于 2014 年明显下降，2017 年和 2021 年为两个波谷点，并且 2021 年的数据相较于 2017 年大幅下降。整体来看，珠峰旅游网络关注度呈波浪式下降趋势。2013~2015 年以及 2019~2020 年的珠峰旅游网络关注度高于十年均值，而 2016~2018 年以及 2021~2022 年的珠峰旅游网络关注度低于十年均值。从搜索设备来看，PC 端用户对珠峰旅游的网络关注度大多数年份都高于移动端用户，仅在 2013 年、2019 年和 2022 年，移动端用户对珠峰旅游的网络关注度高于 PC 端用户。

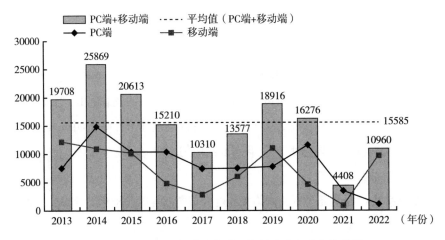

图 2　2013~2022 年珠峰旅游网络关注度年度变化趋势

　　在 2013 年前后，科技的进步使越来越多的业余爱好者能够攀登珠峰，催生了珠峰旅游热潮，并且 2013 年是人类首次登顶珠峰的 60 周年，开展了许多纪念活动，珠峰旅游网络关注度随之提高，部分珠峰登山道路随着众多登山者的到来变得拥堵不堪。2014 年珠峰雪崩灾难、王静登顶、夏尔巴向导维权、海拔 5200 米珠峰大本营正式通电，由图 3 可见，2014 年 6~9 月的珠峰旅游网络关注度明显高于其他年份的同期数据，表明以上事件引起了大量民众对珠峰旅游的关注。但随后珠峰旅游的网络关注度开始降低，直至 2018 年在珠峰大本营举行的珠峰文化旅游新闻发布会再次引发了热议，同时与珠峰文化旅游节相关的首届珠峰美食节、"格桑花开" 民族服饰趋势发布会、"珠峰杯" 2018 年吉隆半程马拉松大赛、首届西藏诗歌节等活动，将珠峰旅游的热度重新点燃。2019 年，日喀则市旅游专题推介会推出珠峰之旅精品旅游线路，同年禁止游客前往珠峰核心区旅游也引发了网民对珠峰旅游的关注。而后，受疫情影响，珠峰旅游的网络关注度逐渐降低。随着疫情防控形势向好，生产生活秩序恢复到正常状态，民众对旅游的渴望逐步开始释放，从 2022 年起珠峰旅游的网络关注度有所回升。

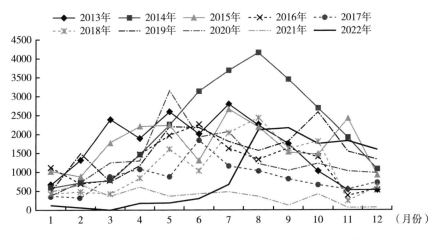

图3 2013~2022 年珠峰旅游网络关注度月度变化趋势

（二）珠峰旅游月度网络关注度呈倒"V"形分布

为了探究珠峰旅游月度网络关注度的分布情况，本研究首先计算了2013~2022 年珠峰旅游网络关注度的季节强度指数，如图 4 所示。2013~2021 年的季节强度指数 R 值偏大，表明每年珠峰旅游月度网络关注度的分布不均匀，有明显的淡旺季差异。而 2022 年的季节强度指数 R 值为 7.77，显著高于往年，这不仅表明 2022 年珠峰旅游月度网络关注度的分布非常不均匀，更暗示了 2022 年的分布可能与往年有所不同。由图 3 可知，受疫情影响，2022 年 1~7 月的珠峰旅游网络关注度非常低，直到 8 月起才逐渐回归到往年正常水平。

进一步将珠峰旅游网络关注度的数据按月度整合，可以发现其呈倒"V"形分布，如图 5 所示。其中，5~10 月的网络关注度高于均值，而 1~4 月以及 11~12 月的网络关注度低于均值。珠峰的最佳旅游时间是 4 月中下旬至 6 月以及 9~10 月，7~8 月是高原雨季，气候条件相对不太适宜游览，

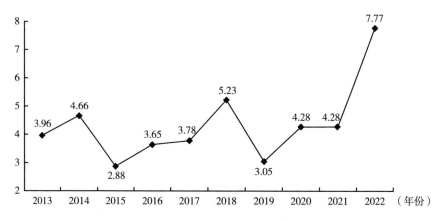

图4　2013～2022年珠峰旅游网络关注度的季节强度指数

但是由于是暑期出游高峰，这段时间也属于珠峰旅游旺季，网络关注度较高。11月到次年4月上旬，这段时间珠峰气温偏低，并且由于珠峰大本营不允许搭建永久性建筑，当地农牧民经营的帐篷旅馆会暂时关闭，仅有绒布寺招待所和定日宾馆供游客临时居住，住宿条件艰苦，不适宜普通游客旅行，因此11月到次年4月上旬珠峰旅游的网络关注度大幅下降。

　　从搜索设备来看，1~7月PC端用户对珠峰旅游的网络关注度高于移动端用户，而在8~12月移动端用户对珠峰旅游的网络关注度高于PC端用户。

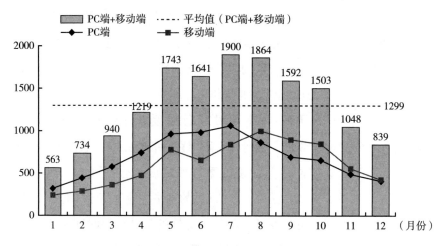

图5　2013～2022年珠峰旅游网络关注度月度平均变化趋势

五 珠峰旅游网络关注度空间特征分析

（一）珠峰旅游网络关注度的地理分布

为了了解珠峰旅游网络关注度的地理分布差异，本研究首先计算了2013～2022年珠峰旅游全国网络关注度变差系数，如图6所示。总体来看，变差系数始终保持在0.9～1.2，表明全国各地区的差异较大，即珠峰旅游网络关注度地理分布不均。而较小的波动幅度意味着地区间差异水平较为稳定，没有进一步扩大，但也没有显著改善。需要注意的是，地区间差异水平的稳定并不代表着一些地区对珠峰旅游的网络关注度始终较高，另一些地区对珠峰旅游的网络关注度始终较低，而有可能是每年存在地区交替，但标准差保持稳定。

图6 2013～2022年珠峰旅游全国网络关注度变差系数

运用ArcGIS数据处理工具，对我国2013～2022年珠峰旅游网络关注度进行可视化统计分析，进一步印证了我国珠峰旅游网络关注度在地理分布上存在较大差异。东部地区对珠峰旅游的网络关注度普遍较高，其中广东、北京和江苏等的网民对珠峰旅游的网络关注度最高。在中部地区，河南等的网民对珠峰旅游的关注度最高。在西部地区，西藏和四川等的网民对珠峰旅游的关注度较高。

进一步对全国各地区的珠峰旅游网络关注度进行排序，如图7所示。其中，排名前五的地区依次为广东、北京、江苏、浙江和西藏。在这些地区中，前四位均属于东部地区，珠峰北坡在西藏定日县辖内，因此西藏的网民对珠峰旅游的关注度也较高。但与其他地区不同的是，西藏在移动端搜索珠峰旅游的用户多于PC端，这可能是因为使用移动端的不仅有本地居民，还有许多在西藏旅游的游客，而使用PC端用户多为本地居民，游客的大量搜索使得西藏移动端用户对珠峰旅游的网络关注度位列全国第一。在计算出全国珠峰旅游网络关注度平均值后，可以看到在全国34个地区中，有12个地区高于均值，依次为广东、北京、江苏、浙江、西藏、山东、上海、四川、河南、河北、辽宁和安徽。其中，东部地区占比66.7%，中部地区占比16.7%，西部地区占比16.7%。

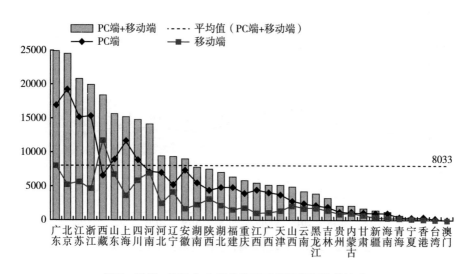

图7　2013~2022年全国各地区珠峰旅游网络关注度

（二）珠峰旅游网络关注度的地区演化

梳理2013~2022年我国珠峰旅游网络关注度排名前十的地区演化情况，

如表 1 所示。2013~2020 年，广东、北京、江苏和浙江等地区的民众对珠峰旅游的网络关注度始终较高，排名靠前。2021~2022 年，广东和北京的排名急剧下滑，2021 年广东和北京分别位列第 7 名和第 8 名，2022 年广东位列第 8 名，而北京未进入前十。2021 年江苏和浙江分别位列第 2 名和第 3 名，但 2022 年排名显著下滑，分别列第 7 名和第 10 名。这表明受疫情影响，珠峰旅游的潜在客源地发生了改变，山东和四川等地正逐步成为重要的潜在客源地。

从东部、中部、西部三大地区的划分来看，2013~2022 年我国珠峰旅游网络关注度排名前十地区中，东部地区的占比始终保持在 60%~70%，中部地区的占比保持在 0~30%，西部地区的占比保持在 10%~30%。这表明，东部地区对珠峰旅游网络关注度高的省区市相对较多，潜在客源市场分布广泛，西部地区和中部地区对珠峰旅游网络关注度高的省区市相对较少，潜在客源市场范围相对较小。

表 1　2013~2022 年我国珠峰旅游网络关注度排名前十地区

排序	2013 年	2014 年	2015 年	2016 年	2017 年	2018 年	2019 年	2020 年	2021 年	2022 年
1	西藏	西藏	北京	北京	北京	河南	广东	广东	安徽	山东
2	北京	北京	广东	广东	广东	广东	江苏	浙江	江苏	辽宁
3	广东	广东	江苏	浙江	浙江	北京	河南	北京	浙江	四川
4	四川	浙江	浙江	上海	江苏	江苏	四川	江苏	四川	黑龙江
5	陕西	上海	西藏	江苏	四川	浙江	浙江	安徽	山东	河南
6	山东	江苏	上海	四川	山东	山东	上海	河北	上海	山西
7	浙江	山东	四川	西藏	上海	上海	北京	河南	广东	江苏
8	江苏	四川	山东	山东	西藏	西藏	山东	山东	北京	广东
9	上海	河南	河南	安徽	辽宁	安徽	西藏	西藏	河北	河北
10	辽宁	河北	湖北	河南	广西	四川	辽宁	福建	西藏	浙江
东部占比(%)	70	70	60	60	70	60	70	70	70	60
中部占比(%)	0	10	20	20	0	20	10	20	10	30
西部占比(%)	30	20	20	20	30	20	20	10	20	10

为了了解三大地区的珠峰旅游网络关注度差异，本研究计算了东部、中部和西部地区的 2013~2022 年变差系数。从图 8 可以看出，西部地区的变

差系数显著高于东部地区和中部地区，东部地区的变差系数除 2018 年和 2021 年外，其他年份均高于中部地区。这表明 2013~2022 年西部地区对珠峰旅游网络关注度的差异大于东部地区，而东部地区除 2018 年和 2021 年外差异均大于中部地区，中部地区的差异相对而言最小。

东部地区的珠峰旅游网络关注度变差系数始终稳定在 0.72~0.95，表明 2013~2022 年东部地区差异较大，但波动幅度较为稳定。结合表 1 的排序可以推断出，尽管在珠峰旅游网络关注度排名前十的地区中，有较多的东部地区省区市，但是较大的地区差异意味着东部地区中仍有一些省区市对珠峰旅游的网络关注度较低。中部地区的珠峰旅游网络关注度变差系数在 0.42~1.02，表明 2013~2022 年中部地区差异的波动非常大，从图 8 可以看出，2013~2017 年，中部地区的差异较小，但 2018~2022 年中部地区的差异开始扩大。这可能是因为 2013~2017 年中部地区对珠峰旅游的网络关注度普遍较低，而从 2018 年起，如表 1 所示的安徽、河南和山西等地对珠峰旅游的网络关注度在不同年份有较大幅度的提升，导致中部地区的差异变大。西部地区的珠峰旅游网络关注度变差系数在 0.84~1.3，整体较高，意味着西部地区的差异非常大，但近些年来呈波动减小的趋势。

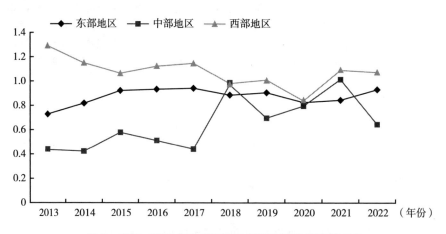

图 8　2013~2022 年珠峰旅游地区网络关注度变差系数

本研究梳理了东部地区各省区市 2013~2022 年的珠峰旅游网络关注度数据，并按年份进行排序。总体来看，2013~2018 年，东部地区各省区市的序位变化幅度较小，从 2019 年起许多省区市的序位出现了大幅变化。2013~2018 年，广东和北京稳居前二，但从 2019 年起北京的序位出现大幅下降，广东的序位从 2021 年起开始大幅下降。江苏从 2013 年的第 5 位逐步上升到了 2021 年的第 1 位，2022 年回落到第 3 位，整体呈稳步上升趋势。山东从 2013 年的第 3 位下降到 2014 年的第 6 位后，始终在第 5~6 名波动，直到 2021 年上升到第 3 位，2022 年上升到第 1 位，近两年呈大幅上升趋势。上海在 2019 年前的序位稳定在第 4~6 位，但从 2020 年起出现了大幅波动，2022 年仅排第 9 位。河北 2013~2019 年在第 7~9 名波动，2020~2022 年在第 5~7 位波动，呈小幅上升趋势。辽宁的序位 2013~2021 年始终在中位偏下波动，但 2022 年大幅提升至第 2 名。福建始终在第 7~10 位波动。天津始终在第 8~10 位波动。海南、香港、台湾和澳门的珠峰旅游网络关注度始终较低，因此这四个地区的序位也始终排末尾。

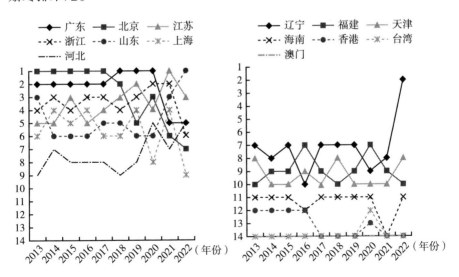

图 9 2013~2022 年东部地区珠峰旅游网络关注度序位变化

中部地区各省份 2013~2022 年的珠峰旅游网络关注度排序如图 10 所示。总体来看，近十年中部地区各省市的序位变化幅度较大。河南在第 1~4 位波动。安徽的序位变化幅度最大，从 2015 年的第 8 位直接上升至 2016 年的第 1 位，2017 年回落到第 4 位，2018~2021 年逐渐攀升至第 1 位，2022 年降至第 6 位。湖南在 2020 年前始终在前三波动，2020 年起出现下降趋势，2022 年降至第 7 位。湖北 2013~2021 年呈下降趋势，由 2013 年的第 1 位下降至 2021 年的第 6 位，2022 年回升至第 4 位。江西的序位变化幅度较大，2013~2021 年呈波动上升趋势，但 2022 年直接降至第 8 位。山西的序位变化幅度较大，2013~2019 年从第 3 位波动下降至第 8 位，2020 年回升至第 4 位，2021 年下降至第 8 位，2022 年再次回升至第 3 位。黑龙江 2013~2021 年始终在第 6~8 位波动，但 2022 年直接升至第 1 位。吉林在近十年内始终在第 5~8 位波动。

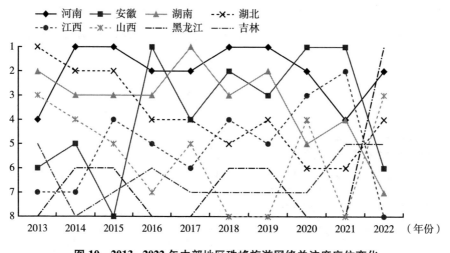

图 10　2013~2022 年中部地区珠峰旅游网络关注度序位变化

西部地区各省份在 2013~2022 年的珠峰旅游网络关注度排序如图 11 所示。总体来看，除西藏和四川外，西部地区其他省区市的序位变化幅度略大。西藏和四川 2013~2022 年始终稳定在前两位。陕西 2013~2020 年始终在第 3~4 位波动，2021 年骤降至第 12 位，2022 年又重新攀升至第 3 位。

重庆 2013~2018 年稳定在第 4~6 位，2019 年升至第 3 位，2020 年降至第 6 位，2021~2022 年分别回升至第 3 位、第 4 位。广西 2015~2017 年有小幅提升，稳定在第 3 位，但从 2018 年起逐步下降，2022 年降至第 8 位。云南的波动幅度较大，最高升至 2018 年的第 3 位，最低为 2022 年的第 9 位。贵州和甘肃 2013~2022 年在第 6~12 位波动剧烈。内蒙古 2013~2015 年在第7~8位波动，2016 年下降至第 12 位，随后逐渐攀升至 2021 年的第 4 位，2022年下降至第 5 位。青海 2013~2022 年始终在第 10~12 位波动。宁夏除 2021年居第 8 位外，其余年份在第 10~12 位波动。

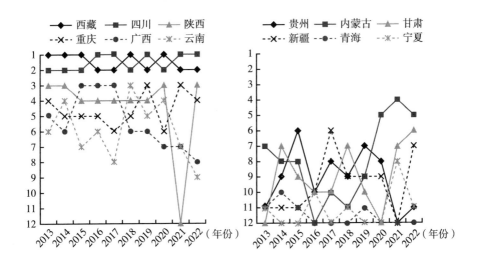

图11　2013~2022 年西部地区珠峰旅游网络关注度序位变化

六　珠峰旅游网络关注度的影响因素分析

（一）数据选取

2020~2022 年各地区的珠峰旅游网络关注度普遍受到疫情影响，不具有代表性，因此本研究选取了相对更具代表性的 2019 年珠峰旅游网络关注度数据（不含港、澳、台）与该年的地区人口数量①、人均地区生产总值②、旅行社数量③进行相关性分析，具体数据如表2所示。

表2 2019年各地区珠峰旅游网络关注度、人口数量、人均地区生产总值和旅行社数量

地区	网络关注度	人口数量（万人）	人均地区生产总值（元）	旅行社数量（个）
上海	2190	2481	157279	1758
云南	803	4714	47944	1105
内蒙古	171	2415	67852	1147
北京	2116	2190	164220	3062
吉林	463	2448	43475	701
四川	2475	8351	55774	1242
天津	399	1385	90371	502
宁夏	0	717	54217	164
安徽	1032	6092	58496	1487
山东	2008	10106	70653	2613
山西	405	3497	45724	927
广东	4139	12489	94172	3281
广西	513	4982	42964	850
新疆	171	2559	54280	540
江苏	3463	8469	123607	2943
江西	741	4516	53164	909
河北	972	7447	46348	1513
河南	2673	9901	56388	1156
浙江	2423	6375	107624	2769
海南	58	995	56507	483
湖北	743	5927	77387	1267
湖南	1372	6640	57540	1143
甘肃	115	2509	32995	723
福建	742	4137	107139	1181
西藏	2007	361	48902	310
贵州	459	3848	46433	594

① 《中国统计年鉴2020》。
② 《中国统计年鉴2020》。
③ 《文化和旅游部2019年度全国旅行社统计调查报告》。

地区	网络关注度	人口数量（万人）	人均地区生产总值（元）	旅行社数量（个）
辽宁	1552	4277	57191	1524
重庆	1313	3188	75828	673
陕西	1203	3944	66649	862
青海	57	590	48981	515
黑龙江	572	3255	36183	837

（二）相关性分析

从表3的相关性分析结果可以看出，珠峰旅游网络关注度与地区人口数量、人均地区生产总值、旅行社数量存在相关关系。

表3　相关性分析结果

影响因素	Pearson 相关性	p 值
人口数量	0.708**	0.000
人均地区生产总值	0.529**	0.002
旅行社数量	0.779**	0.000

注："**"表示在0.01级别（双尾），相关性显著。

珠峰旅游网络关注度与地区人口数量的相关系数为0.708（$p<0.01$），呈显著正相关，说明人口数量越多，该地区珠峰旅游网络关注度越高。人口数量越多，发生关于旅游目的地信息的网络检索行为的概率就越高，这与常识相符。

珠峰旅游网络关注度与人均地区生产总值的相关系数为0.529（$p<0.01$），呈显著正相关，说明人均地区生产总值越高，该地区珠峰旅游网络关注度越高。人均地区生产总值越高，人们的旅游需求就越多元，就越可能在网络上关注珠峰旅游，这与旅游行业的发展规律相符。

珠峰旅游网络关注度与旅行社数量的相关系数为0.779（$p<0.01$），呈显著正相关，说明旅行社数量越多，该地区珠峰旅游网络关注度越高。旅行

社数量多表明该地区的旅游市场规模大、需求旺盛，当地民众对旅游目的地的关注较为广泛，因此旅行社数量与珠峰旅游网络关注度存在密切联系。

七　基于网络关注度的珠峰旅游发展建议

（一）制定区域化营销策略

上文研究发现，我国东部、中部、西部地区的珠峰旅游网络关注度差异较大，并且地区内各省区市也存在一定程度差异，因此有必要因地制宜地制定区域化营销策略。在网络关注度较高的地区，要加强各类珠峰旅游产品的营销推广，如丰富的旅游线路、具有神秘色彩的珠峰文化等，将潜在客源转化为实际游客，将"头回客"转化为"回头客"。重点关注这些地区游客的旅游需求和旅游满意度，如饮食偏好、住宿品质、购物需求等，为其提供多元化的旅游选择和称心的旅游服务，鼓励游客将愉悦的旅游体验发布在网络上，带动口碑宣传，进行市场的深度挖掘。在网络关注度较低的地区，应全方位加大珠峰旅游的宣传力度，包括传播西藏日喀则传统非遗项目、开设珠峰摄影展、举办珠峰旅游推介会等，提升珠峰旅游的知名度。同时，借助自媒体热潮，邀请在当地具有影响力的旅游博主拍摄珠峰旅游相关视频，并在抖音、微博、小红书、哔哩哔哩等平台，针对特定 IP 地址投放珠峰旅游宣传视频，将其推广为在当地人尽皆知、人人向往的旅游目的地。

（二）提升淡季网络关注度

上文研究发现，珠峰旅游网络关注度有明显的淡旺季差异，淡季时珠峰旅游的网络关注度极低，这不利于珠峰旅游的发展，有必要提升淡季的网络关注度。但由于淡季不适宜普通游客登山旅游，在这段时间应注重打造珠峰旅游 IP，维持珠峰相关话题热度。一是邀请电影、电视剧、纪录片等导演在珠峰及周边地区取景拍摄，在影视作品中增加珠峰的曝光度，向观众展现巍峨壮丽的珠峰。尤其可以将珠峰融入近些年热度较高的音乐综艺、恋爱综艺等节目，借此打造艺术、浪漫的旅游目的地形象。二是限量发售有珠峰特色的文创产品，包括可爱的珠峰吉祥物、珠峰旅游护照、珠峰盲盒、珠峰雪山杯具等，吸引民众对珠峰的关注，保持珠峰话题热度。三是不定时地在社交媒体上发布关于珠峰的神话传说和藏族的民间故事，增添珠峰的神秘色彩，引发网友对珠峰的热议。

（三）加强移动端推广力度

上文研究发现，总体上移动端对珠峰旅游的搜索量低于 PC 端，对于搜索行为而言，鼠标、键盘和大屏的加持使得 PC 端比移动端的体验更佳，然而随着移动设备越来越普及，移动设备的搜索功能越来越便捷，因此有必要进一步加大在移动端的推广力度。一是要注重微信平台的推广，如在公众号发布珠峰旅游相关推文、视频号等。二是开发更符合移动端用户搜索习惯的产品，如珠峰旅游 App 和微信小程序，充分发挥移动端搜索优势，使游客能够一站式获取珠峰旅游的所有信息。三是在购物 App（淘宝、京东等）和旅游相关 App（携程、去哪儿等）加大珠峰旅游产品的推送力度，吸引消费者购买珠峰旅游产品。

八　结论与展望

本研究以百度指数为原始数据对珠峰旅游网络关注度的时空特征进行了分析。首先，通过观察珠峰旅游网络关注度的时间演变特征，发现珠峰旅游年度网络关注度呈波浪式下降趋势，珠峰旅游月度网络关注度呈倒"V"形分布。其次，通过分析珠峰旅游网络关注度空间特征，发现珠峰旅游网络关注度地理分布不均，东部地区珠峰旅游网络关注度高的省区市较多，西部和中部地区相对较少。通过计算变差系数，发现西部地区的珠峰旅游网络关注度差异整体大于东部地区，东部地区的差异除 2018 年和 2021 年外均大于中部地区，中部地区的差异相对最小。再次，分析珠峰旅游网络关注度的影响因素，包含地区人口数量、人均地区生产总值和旅行社数量。最后，提出了基于网络关注度的珠峰旅游发展建议，一是制定区域化营销策略，二是提升淡季网络关注度，三是加大移动端推广力度。

虽然以百度指数衡量珠峰旅游的网络关注度具有一定的科学性，但随着自媒体平台的发展，人们已经不局限于使用百度搜索珠峰旅游相关信息，在小红书、哔哩哔哩等平台也有许多博主发布了关于珠峰旅游的信息，得到了许多网友的点赞和收藏。在未来的研究中，可以筛选一些主流的搜索平台和社交平台的数据，并以一定的权重纳入网络关注度衡量范畴，从而使得研究更加科学、全面。

参考文献

邹蓉：《基于信息服务的旅游目的地网络营销构建》，《财贸经济》2005年第2期。

李莉、张捷：《互联网信息评价对游客信息行为和出游决策的影响研究》，《旅游学刊》2013年第10期。

陈兴、余正勇、李巧凤：《民宿旅游网络关注度及其时空差异性研究——基于百度指数的分析》，《价格理论与实践》2022年第8期。

曾可盈、周丽君：《基于百度指数的东北三省4A级及以上景区网络关注度分析》，《东北师大学报》（自然科学版）2019年第1期。

孙烨、张宏磊、刘培学、张捷：《基于旅游者网络关注度的旅游景区日游客量预测研究——以不同客户端百度指数为例》，《人文地理》2017年第3期。

黄先开、张丽峰、丁于思：《百度指数与旅游景区游客量的关系及预测研究——以北京故宫为例》，《旅游学刊》2013年第11期。

陆利军、戴湘毅：《基于百度指数的湖南旅游目的地城市旅游者网络关注度及其空间格局研究》，《长江流域资源与环境》2020年第4期。

黄文胜：《基于百度指数的广西旅游网络关注率矩阵及营销策略研究》，《地域研究与开发》2019年第5期。

秦梦、刘汉：《百度指数、混频模型与三亚旅游需求》，《旅游学刊》2019年第10期。

孙晓东、陈嘉玲：《我国世界文化遗产旅游关注度时空特征及营销策略研究》，《华东师范大学学报》（哲学社会科学版）2022年第2期。

高楠、李锦敬、张新成等：《中国研学旅行网络关注度时空分异特征及影响机理研究》，《地理与地理信息科学》2023年第3期。

何小芊、刘宇、吴发明：《基于百度指数的温泉旅游网络关注度时空特征研究》，《地域研究与开发》2017 年第 1 期。

李霞、曲洪建：《邮轮旅游网络关注度的时空特征和影响因素——基于百度指数的研究》，《统计与信息论坛》2016 年第 4 期。

舒丽、张凯、王小秋等：《基于百度指数的我国体育旅游网络关注度研究》，《北京体育大学学报》2020 年第 6 期。

保继刚、楚义芳编著《旅游地理学》，高等教育出版社，1993。

Yang X.，Pan B.，Evans J. A.，et al.，"Forecasting Chinese Tourist Volume with Search Engine Data," *Tourism Management*，2015（46）.

Buhalis D.，Law R.，"Progress in Information Technology and Tourism Management：20 Years on and 10 Years after the Internet the State of E-Tourism Research," *Tourism Managemen*，2008，29（4）.

Sheldon P. J.，*Tourism Information Technology*，Oxon：CAB International，1997.

珠穆朗玛峰旅游市场调查
与消费倾向分析

王 铁*

摘 要： 珠穆朗玛峰作为独一无二的旅游资源具有巨大的发展潜力。本文
通过对市场调查数据的分析，对珠峰旅游和体育旅游市场以及消
费倾向进行了深入研究，揭示了珠峰旅游的吸引力大但参与度
低、旅游动机多样且休闲需求旺盛、营销力度和渠道不足以及出
行方式特殊且消费水平较高等特点。同时，针对珠峰体育旅游市
场，从参与意愿、营销渠道、约束因素和产品需求倾向等方面进
行了详细描述。基于对市场的分析，为促进珠峰旅游和体育旅游
发展，本文提出了一系列建议，包括：完善珠峰旅游体系，提高
旅游产品和服务的质量和多样性；激发专项游客需求，针对不同
类型的参与者提供个性化的旅游体验；发展休闲体育旅游，结合
当地的自然资源和体育活动，提供丰富多样的休闲体验；激活潜
在市场，通过创新营销策略和宣传手段，吸引更多的游客；投放
靶向信息，通过合适的渠道和内容，展现珠峰体育旅游的独特魅
力和价值。通过对市场的分析和建议的综合运用，以期为珠峰体
育旅游发展提供理论和实践指导，推动珠穆朗玛峰地区旅游业可
持续发展。

关键词： 珠穆朗玛峰 旅游市场 体育旅游 消费倾向

---

* 王铁，教授，曲阜师范大学旅游发展与规划研究中心，研究方向为旅游规划与开发。

一 引言

自古以来，海拔 8848.86 米（29031.7 英尺）的珠峰，以独一无二的魅力吸引着无数仁人志士。然而，囿于种种自然、历史、文化和技术限制，直至 1953 年 5 月 29 日，新西兰登山家埃德蒙·希拉里和夏尔巴向导丹增·诺盖才首次从尼泊尔侧成功登顶珠峰。受其感召，无数登山爱好者前赴后继，数千人顺利登顶，他们所展现的无畏困难、勇攀高峰的精神和勇气，一直激励着全球各地的人们，至今仍闪耀着时代的光芒。

2023 年正值人类首次登顶珠峰 70 周年，登山者数量再次创下历史新高。根据尼泊尔旅游局的数据，2022 年获得从南坡攀登珠峰许可证的登山者来自 65 个国家和地区，总计达到 478 人，其中来自中国的登山者数量最多，呈现持续增长趋势。这显示出珠峰依然吸引着众多冒险者和登山爱好者，他们渴望挑战自我，体验这个世界上最高峰的壮丽景观和极限环境。

70 年来，登顶珠峰已经成为备受全球关注的体育旅游活动，不仅成为专业登山运动员毕生追求的目标，也吸引着世界各地的游客前往珠峰体验。然而，随之而来的一系列问题和挑战，如市场需求和竞争、可持续性与环境影响、安全与风险管理及文化与社会影响等引起了学界和业界的深思。

根据《西藏日喀则市全域旅游规划（2018—2025）》，珠峰要创建 5A 级景区，但目前珠峰旅游存在产品单一、形象老化和市场固化等问题，要实现珠峰旅游可持续发展，需要系统、客观地审视珠峰旅游资源、产品和空间，深入揭示现有问题，有针对性地探索解决途径，更好地保护和传承独一无二的世界自然遗产珍宝。

珠峰旅游发展是一个浩大的系统工程，其空间分区、发展阶段、产品设计、生态和环境保护、基础设施和管理制度等板块都应以游客的动机和偏好为前提，立足于全面、长期和有针对性的市场调查。因此，本研究首先对珠峰旅游和珠峰体育旅游进行了市场初探，并在此基础上提出了一些建议，为系统的珠峰旅游现实和潜在客源调查做好铺垫。

二　数据收集与处理

为了系统刻画珠峰旅游产品和市场现状及其存在的问题，本文对珠峰旅游产品的分析主要数据来源于潜在客源市场的调查问卷和基于国内主要 OTA（在线旅游代理商）所提供产品的攻略评论。2023 年 5~6 月，本研究拟定了珠峰旅游和体育旅游的调查问卷，借助问卷星平台进行投放，共获得有效问卷 325 份。研究所用问卷为半结构式，通过 CVR（Content Validity Ratio）指数对问卷效度进行评估，计算公式为：$CVR = (n_i - N/2)/(N/2)$。结果显示，CVR 指数为 0.93，表明问卷具有较好的效度。同时将所获数据输入 SPSS 20.0 建立数据库。对于连续变量，本研究采用极差标准化方法进行标准化。

由于客源市场调查中大部分样本未参与过珠峰旅游，本研究收集了珠峰产品攻略评论数据，以平衡样本，全面刻画珠峰旅游市场与消费倾向。该部分数据主要来源于携程，数据时间跨度从 2015 年 10 月 29 日到 2023 年 5 月 13 日，共 227 条攻略评论，文字内容为 20989 字。数据处理主要采用词云分析，主要考察随时间的推移，珠峰旅游主要的关注点变化。

囿于篇幅所限，一些调查内容和结果在此并未呈现，例如不同人口社会学统计特征的对比及不同人群的均值比较（主要是独立样本 T 检验），这将在后续研究中予以体现。

三　珠峰旅游产品与市场分析

（一）吸引力大，参与度低

作为世界第一高峰，珠峰尽人皆知，市场对珠峰旅游和珠峰体育旅游的兴趣也相当高。调查显示,对珠峰旅游"不太感兴趣"和"完全不感兴趣"的被调查者仅分别占 9.49% 和 8.03%(合计 17.52%),说明在"世界第一海拔高度"吸引下,珠峰旅游的市场规模超出预期。珠峰休闲体育旅游也备受关注,不少人前往珠峰的目的和预期,除了登顶外,更希望参与珠峰的体育旅游活动。调查结果显示,超过四成(43.08%)的被调查者对珠峰休闲体育旅游"比较感兴趣",表明人们对该项活动表现出浓厚的兴趣。

然而,从调查结果来看,珠峰旅游和珠峰体育旅游的参与度较低,主要有以下几个方面原因。首先,珠峰所处地理位置偏远且海拔高,高海拔旅游的难度和危险性使得不少人产生恐惧与害怕的心理,影响了人们的旅游体验预期。高反是影响人们前往珠峰旅游的首要因素,而身体素质成为是否参与珠峰旅游的关键因素。其次,西藏地区的面积广阔、景点之间距离远,加之路程的艰险,导致旅游者前往珠峰需要较高的时间成本。调查结果显示,近一半(47.00%)的人们期望的珠峰行程时长为 4~7 天,8~10 天(17.52%)及 10 天以上(18.98%)行程预期的样本占比为 36.50%,表明人们对珠峰旅游的时长有较充足的认识和准备。不同群体对旅游时长的期望存在差异,这与他们的职业和时间自由度有关。再次,珠峰旅游所需装备和物资远超其他类型和目的地旅游,由于交通、环境和资源等种种原因,当地物价也居高不下,无形中增加了潜在旅游者的经济负担。最后,受自然条件、边境安全、生态保护和文化传承等因素影响,珠峰旅游并未进行全方位开发,现有的旅游产品仅停留在登山、观光和少量民宿等,旅游目的地体系尚未健全,这也影响到旅客接待量和旅游收入。

(二)旅游动机多样,休闲需求旺盛

珠峰旅游动机较为多样,从调查来看(见图 1)除了经典的登顶珠峰外,寻求身体健康、交际、休闲和观光等动机也有所体现。值得注意的是,登顶并非是游客前往珠峰最强烈的旅游动机,观光、休闲、民俗体验和冰雪体育等旅游动机占比较高,这为珠峰开发多样化旅游产品、建设 5A 级旅游目的地提供了可能。

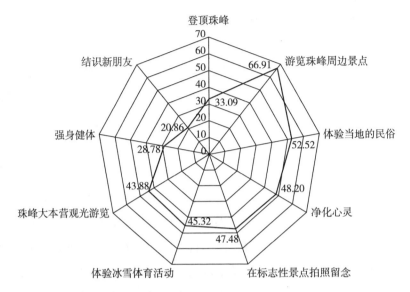

图1　珠峰旅游动机（单位：%）

　　游览珠峰周边景点，如绒布寺和绒布冰川等，是调查中被选择最多的选项，占比为66.91%。这表明旅游者对于探索珠峰周边的自然景观和文化遗产有着较高的兴趣。珠峰所处的地理位置和环境赋予了其独特的自然景观，包括壮丽的冰川和宏伟的寺庙。游览周边景点能够让旅游者更加全面地了解珠峰的历史、文化和自然景观，丰富其旅游体验。

　　体验当地的民俗，占比为52.52%。这反映了一部分旅游者对于与当地居民接触和体验当地文化的愿望。住当地民宿能够让旅游者更加深入地了解当地居民的生活方式、传统习俗和饮食文化。这种交流和融入当地社区的体验对于旅游者来说具有较大的吸引力。

　　净化心灵的选项占比为48.20%。这表明一部分旅游者选择前往珠峰是为了寻求内心的平静，通过与自然的亲密接触来净化心灵，提升自我修养。珠峰作为世界屋脊的象征，其壮丽的自然景观和高海拔的特点能够给予旅游者一种与众不同的心灵体验。

　　珠峰大本营观光游览的选项占比为43.88%。珠峰大本营是距离珠峰最近的地方，旅游者可以近距离欣赏珠峰的壮丽景色，感受珠峰所带来的独特氛围。对于那些没有登顶珠峰计划或能力的旅游者，到珠峰大本营观光游览是他们亲身接触珠峰的一种方式。

体验冰雪体育活动的选项占比为45.32%。珠峰周围冰川遍布，高寒的气候和丰富的雪量为冰雪体育活动提供了绝佳的条件。旅游者可以参与滑雪、雪地徒步、冰壶等冰雪运动，体验极限运动。对于喜爱冰雪运动的旅游者来说，珠峰是一个梦幻的目的地，可以满足他们对冰雪活动的渴望。

在标志性景点拍照留念的选项占比为47.48%。旅游者希望在珠峰的标志性景点留下独特的照片，作为旅程的纪念和回忆。这些景点可能包括珠峰的顶峰、大本营和其他具有象征意义的地点。通过拍照留念，旅游者可以在社交媒体上分享其珠峰之旅，展示其探险精神和旅游经历。

结识新朋友的选项占比为20.86%。对一部分旅游者来说，珠峰是一个聚集各地旅游者的地方，他们希望通过旅游来结识新的朋友，扩大社交圈子。在珠峰的旅程中，旅游者可以与同行者进行互动、分享经验，并建立新的联系。

强身健体的选项占比为28.78%。珠峰的高海拔和恶劣的气候条件给旅游者提供了锻炼身体和挑战自我的机会。一些旅游者选择珠峰作为进行户外运动和体能训练的场所，通过攀登、徒步等活动来提高身体素质和挑战身体极限。

（三）营销力度不足，渠道针对性有待加强

营销宣传对于提高珠峰的知名度和美誉度、增加接待量和推动旅游可持续发展而言起着不可或缺的作用。然而，从调查来看，认为珠峰旅游宣传到位的约占1/4（25.55%），这表明目前宣传覆盖人群范围较小。这主要是因为珠峰旅游宣传主要针对户外探险和登山运动等户外旅游爱好者，而非专业旅游者对其关注度较低。此外，宣传手段和形式相对单一，未能面向大众群体开展全面宣传。

（四）出游方式特殊，消费水平较高

对珠峰旅游主要出行方式的调查发现（见图2），自助旅行和跟团旅行是珠峰旅游最受欢迎的出行方式，分别占比35.25%和33.09%。这两种方式各有优势。自助旅行给予旅客更高的自由度和灵活性，可以按照个人喜好安排行程，体验独特的旅行风格。而跟团旅行提供了更多的便利和组织安排，适合那些不愿意自己计划行程或对目的地不熟悉的旅客。自助旅行和跟团旅行是最主要的旅行方式，反映了旅客对自由度和便利性的追求。

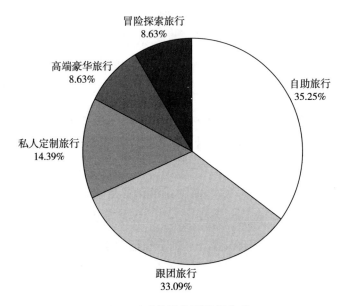

图2　珠峰旅游主要出行方式

私人定制旅行占比14.39%，属于高度定制的旅行方式。私人定制旅行根据旅客的需求和偏好，量身打造行程和服务，提供独特、个性化的旅行体验。这种方式通常需要更高的预算，但能够满足旅客对细节和舒适度的追求。

高端豪华旅行和冒险探索旅行的选择比例相对较低，均为8.63%。高端豪华旅行注重奢华、精致的旅行体验，提供高品质的服务和设施。而冒险探索旅行则强调探险、挑战和体验的要素，适合喜欢冒险和寻求刺激

的旅客。

值得注意的是，自助旅行、私人定制旅行、高端豪华旅行和冒险探索旅行都属于自由度较高的出行方式，四者在珠峰旅游出行中的占比达到 2/3 以上（66.90%）。而且，相比于其他旅游目的地，消费较高的私人定制旅行、高端豪华旅行和冒险探索旅行比例超过三成（31.65%），这为珠峰避开竞争激烈的大众组团旅游市场，发展高附加值的特色旅游提供了可能。

将收入群体与出游方式进行交叉分析（见图 3），发现不同群体的出游方式也存在以下差异。

月收入水平为 3000 元以下的群体中，跟团旅行和自助旅行是最主要的选择，分别占比 30.53% 和 39.00%。私人定制旅行、高端豪华旅行和冒险探索旅行也有一定的比例，但相对较小。

月收入水平为 3000~5000 元的群体中，跟团旅行占比最高，达到 66.67%，自助旅行也有一定的比例。私人定制旅行、高端豪华旅行和冒险探索旅行的选择较少。

月收入水平为 5000~6000 元的群体中，跟团旅行和自助旅行是主要选择，分别占比 50.00% 和 25.00%。高端豪华旅行和冒险探索旅行的选择比例较高，而私人定制旅行的选择较少。

月收入水平为 6000~7000 元的群体中，自助旅行是主要选择，占比 40.00%。私人定制旅行和冒险探索旅行的选择比例均为 20.00%。

月收入水平为 7000~8000 元的群体中，跟团旅行是最主要的选择，占比 60.00%。私人定制旅行和高端豪华旅行的选择比例均为 20.00%。

月收入水平为 8000~9000 元的群体中，自助旅行和私人定制旅行是主要选择，均占比 50.00%。其他类型的旅行方式的选择比例较小。

月收入水平为 9000~10000 元的群体中，主要为私人定制旅行，占比 50.00%；其次为自助旅行和高端豪华旅行，分别占 30.00% 和 20.00%。

月收入水平为 10000 元以上的群体中，私人定制旅行是主要选择，占比 62.50%。自助旅行也有一定比例的选择。

可以看出，不同收入水平的人们在旅行方式上有明显的倾向性。低收入

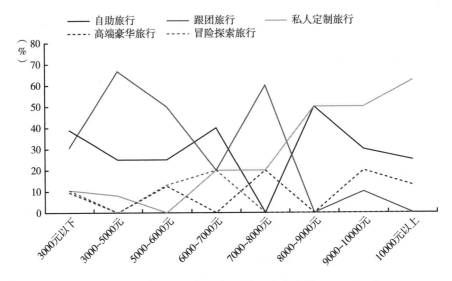

图3　不同收入人群出行方式差异

群体更倾向于选择跟团旅行和自助旅行，而高收入群体更倾向于选择私人定制旅行和高端豪华旅行。冒险探索旅行在不同收入人群中的选择比例相对较为稳定。

（五）体育旅游市场潜力大

从珠峰旅游动机分析来看，登顶珠峰、体验冰雪体育活动、珠峰大本营观光游览等与休闲体育旅游相关的动机较为突出，选择意愿分别达到33.09%、45.32%和43.88%，这充分体现出游客对身心健康的追求。有感于珠峰将登顶世界第一高峰作为最有影响力的品牌，本研究对珠峰体育旅游市场进行了初步探讨。

1.体育旅游参与意愿强烈，但知识和技能储备不足

从调查来看，对参与珠峰体育旅游比较感兴趣的样本比例最高，占比为43.17%，非常感兴趣的比例为12.95%，两者合占一半以上（56.12%），而"丝毫不感兴趣"和"不太感兴趣"的样本仅占28.77%，说明人们对参与珠峰体育旅游意愿比较强烈。

尽管样本对珠峰体育旅游的参与意愿较高，但体育旅游在我国起步较晚，群众基础相对薄弱，相应的知识、技能和经验较为欠缺，尤其是珠峰这样特殊的体育旅游目的地，上述不足表现得较为明显。从登山和户外运动经验调查来看，对于登山或徒步旅行，大部分人（44.60%）完全没有经验，但对此有兴趣并愿意尝试；相当数量的人（41.01%）有一点经验，曾经参与过简单的登山或徒步活动；只有小部分人有一定经验（7.91%）或较多经验（3.60%），曾经参与过中等难度或较高难度的登山或徒步活动；仅有极少数人（2.88%）具有丰富的经验，曾经参与过极高难度的登山或徒步活动。

数据表明，大多数人在登山或徒步旅行方面缺乏经验，但仍然对此感兴趣并有意愿尝试。有一定比例的人已经开始参与简单的登山或徒步活动并积累经验，这也表明登山或徒步旅行的参与度可能会增加。对于旅行组织者和相关机构来说，这提供了一个机会来满足人们对登山或徒步旅行的兴趣，并提供适合不同经验水平的旅行选项。同时，对于新手和初学者，提供适当的培训和指导将对其体验和安全起到重要作用。

2.营销渠道独具特色

从体育旅游的主要接受渠道来看，潜在消费者表现出新的时代特征，反映出当下人们获取旅游信息的偏好。人们获取体育旅游相关信息的主要途径是网络自媒体和社交媒体，占比分别为78.42%和61.15%。亲朋好友和旅行社宣传也是较常见的途径，分别占比46.76%和37.41%。相比之下，传统媒介如搜索引擎、电视广播和书籍杂志的使用率较低，分别占比30.94%、30.94%和28.06%。在线旅游代理商和其他途径的使用率最低，分别占比18.71%和2.16%。这些数据表明网络自媒体和社交媒体的普及和便利性使其成为人们获取旅游信息的首选途径。相比之下，由于互联网的普及和便捷性，传统媒介在旅游信息获取方面的影响力有所下降（见图4）。

需要特别关注的是，网络自媒体和社交媒体这两种营销渠道已经取代了旅行社宣传（线上和线下）、电视广播和书籍杂志等传统的营销媒介，成为

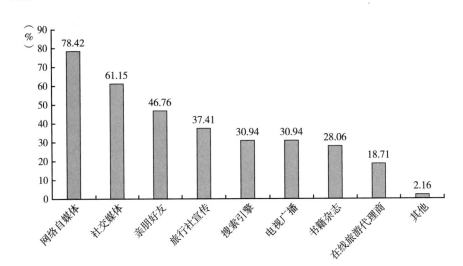

图4　样本对体育旅游获取渠道的选择

现代游客获取相关信息最主要的两种渠道。根据中国互联网络信息中心发布的第51次《中国互联网络发展状况统计报告》（以下简称"第51次《报告》"），截至2022年12月，我国网民规模达10.67亿，较2021年12月增长3549万，互联网普及率达75.6%，较2021年12月提升2.6个百分点；而我国手机网民规模达10.65亿，较2021年12月增长3636万，网民使用手机上网的比例为99.8%，这充分表明互联网特别是便捷的手机上网已经成为人们获取旅游信息最主要的方式。

第51次《报告》分析指出，抖音、快手、小红书等手机自媒体应用逐渐从娱乐、生活、社交平台转变为具有新闻属性的信息平台，成为网民获取新闻信息的重要渠道。新华社、中央广播电视总台、人民日报等主流媒体入驻自媒体平台后，极大地提升了自媒体的黏性、渗透率和影响力。此外，短视频自媒体与传统媒体相比，能够在短时间通过声像等形式提供大量信息，而且来源和类型广泛，大大提高了游客信息获取的效率。珠峰旅游和相关旅游市场的开拓必须顺应时代潮流，充分利用短视频自媒体加强营销宣传。此外，富有本土特色的微信朋友圈、QQ空间和微博等社交媒体也应该引起重视。特别是微信朋友圈可以提供亲身经历和专业建议，并且由于熟人社交环境的作用，朋友圈的信息传播速度极快，可接受度较高，是旅游营销的高效手段。

3. 时间和经济是主要约束因素

从图 5 可以看出，有意参与珠峰体育旅游的人们在选择中考虑的因素所占比例不同。时间是最主要的选择因素，占比 79.14%。经济因素紧随其后，占比 71.94%。身体素质因素的比例为 56.12%，兴趣因素的比例为 46.76%，而旅游产品因素的比例较低，为 25.18%。

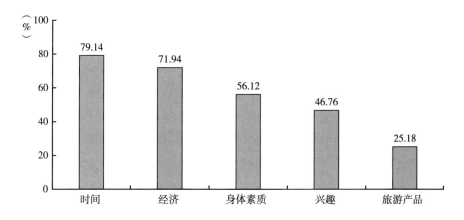

图 5　参与珠峰体育主要影响因素

这些数据表明，时间和经济因素对参与体育旅游人群的影响最大。可以理解，珠峰旅游主要客源市场距离目的地较远，可能会优先考虑旅游所需的时间投入和经济成本，并根据自身的时间安排和经济状况做出选择。此外，身体素质和个人兴趣也是影响选择的重要因素。

对于体育旅游相关机构和旅行者，了解和考虑这些选择因素是至关重要的。在开发和推广体育旅游产品时，需要注重提供灵活的时间安排和经济实惠的选择，以满足参与者的需求。同时，提升体育旅游产品的质量和体验，使其更符合参与者的身体素质要求和个人兴趣偏好，以便吸引更多的旅行者参与体育旅游活动。

4.产品消费倾向明显，注重安全性和参与性

从旅游产品属性来看，旅游者最关心的是珠峰体育旅游产品的安全性，比例高达91.37%；其次是参与性，占比为74.82%。休闲观赏、冒险刺激和团队合作也是人们关注的重点，占比分别为53.96%、44.60%和41.01%。健身养生和富含文化占比相对较低，但仍然有相当比例的人认为这些特性重要，占比分别为39.57%和38.13%（见图6）。

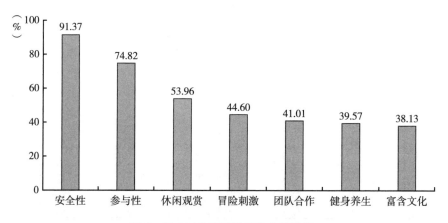

图6　样本对体育旅游关注点的选择

从数据可以看出，参与珠峰体育旅游的人们最看重的特性是安全性和参与性。他们希望在旅游活动中保障自身的安全，同时能够积极参与其中，亲身体验体育活动带来的乐趣。休闲观赏、冒险刺激和团队合作也是其关注的重点，说明他们对于旅游体验中的娱乐性和社交性也有一定的需求。健身养生和富含文化的占比相对较低，但仍然被一部分人认为是重要的特性，这可能是因为他们希望通过体育旅游来锻炼身体或者了解当地的文化和历史。

珠峰旅游的安全性是潜在客源市场特别关注的内容，这与珠峰特殊的地理环境，尤其是高海拔密不可分。对珠峰体育旅游产品关注点的进一步分析发现，安全性和风险控制依然是游客在参与珠峰体育旅游活动时最关心的要素，平均分达到4.75（5分为满分）。此外，导游/领队的专业素质也与安全性密不可分，得分排第二位（4.37）（见图7）。因此，在珠峰体育旅游开发和管理中必须将安全放在首位，通过全过程和全要素设计，降低游客的风险感知。

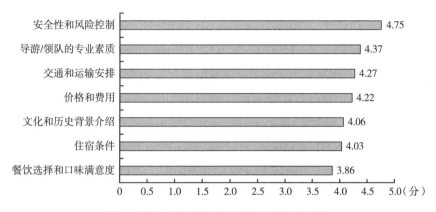

图7　游客对体育旅游产品影响因素的关注

　　除了安全性，参与性也是游客对珠峰体育旅游产品较为关注的方面。参与珠峰体育旅游的人们认为娱乐性和参与性的重要度最高，分别为75.54%和74.82%。健身性和文化性的重要度相对较高，分别为55.4%和50.36%。而刺激性的重要度评估相对较低，仅为36.69%。参与珠峰体育旅游的人们非常重视旅游的娱乐性和参与性。他们希望在旅行过程中能够获得娱乐体验，并且积极参与其中。同时，他们也认可珠峰体育旅游对身体健康的积极影响，将健身性视为一个重要的特性。此外，文化性在参与者中也具有一定的重要性，他们希望在旅行过程中能够了解和体验当地的文化。相对而言，刺激性的重要度较低，可能是因为珠峰体育旅游本身就具有一定的挑战和刺激性，参与者更多关注其他特性。

　　因此，在组织珠峰体育旅游时，应注重提供具有娱乐性和参与性的活动，确保参与者能够享受旅行过程，并积极参与其中。同时，关注旅行对健康的助益，提供相应的健身活动和设施。在文化方面，提供介绍和体验当地文化的机会，以丰富旅行体验。尽管刺激性的重要度较低，仍可以在旅行中提供一些具有挑战性的活动，以满足部分参与者的需求。

5.雪地娱乐与登山探险兼顾

根据数据分析，参与珠峰体育旅游的人们对不同活动的意愿存在差异。雪地运动是最受欢迎的活动，占比达到52.52%。登山探险紧随其后，占比为49.64%。山地骑行也具有较高的意愿，占比为43.88%。冰川探险的意愿稍低，占比为38.13%。水上运动、攀岩和冰攀、空中运动和长途跑的意愿相对较低，占比分别为31.65%、25.18%、18.71%和17.99%（见图8）。

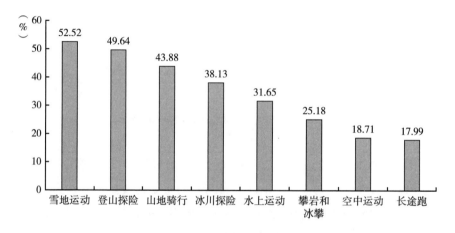

图8　不同类型体育旅游产品选择倾向

珠峰地区拥有优质的雪地资源，能提供良好的滑雪体验，因此雪地运动是参与者最感兴趣的活动。登山探险的意愿也很高，这与珠峰地区作为传统的登山者圣地有关，吸引了大量对登山探险感兴趣的游客。山地骑行作为一种轻松、自由和具有挑战性的运动，参与者也有较高的意愿。冰川探险、水上运动、攀岩和冰攀、空中运动和长途跑的意愿较低，主要是因为这些活动对参与者的技能、体能或风险管理要求较高，因此只有部分参与者表现出较浓的兴趣。

通过对参与不同活动的意愿分析，可以根据参与者的兴趣和喜好，提供多样化的活动选择，以满足不同人群的需求。同时，可以针对参与意愿较低的活动，提供相关信息和采取推广措施，以提高参与者的意愿。

四　发展建议

（一）通过时空规划，完善珠峰旅游体系

珠穆朗玛峰是独一无二的旅游资源，具有世界性品牌价值和魅力，也是生态敏感区和文化集聚地，对其开发和建设必须基于科学、合理和系统的规划体系。在时空规划方面，需要对珠峰及其周边地区的自然和人文资源进行全面的调研和评估，包括对地理环境、气候特点、生物多样性、文化遗产等的研究，以了解其独特之处和可持续开发潜力。同时，还需要考虑游客流量管理、基础设施建设、交通运输规划等方面的因素，确保旅游活动与当地社区和环境的协调发展。

在规划过程中，应对珠峰旅游的环境、资源、心理和经济容量等进行全面测量和监测，循序渐进地开发当地旅游资源，避免一哄而上，造成资源、环境、品牌和口碑等不可挽回的损失。需要广泛征求各利益相关方的意见和建议，包括当地居民、登山者、旅游从业者、环保组织等。他们可以提供宝贵的观点，帮助规划者更好地了解社会和环境影响，制定科学可行的规划。此外，规划还应考虑到不同时间尺度上的需求和变化。长期规划需要考虑到未来几十年甚至几百年的发展，包括气候变化、资源可持续利用等方面的考虑。短期规划则需要根据市场需求和技术进步，及时调整和优化旅游产品和服务。通过科学、合理、系统的时空规划，实现珠峰旅游的可持续发展，最大限度地保护珠峰的自然和人文价值，促进当地社区的经济繁荣和文化传承。

（二）坚持市场导向，激发专项游客需求

旅游市场是开放程度最高和竞争最激烈的市场之一，市场导向是推动珠峰体育旅游发展的关键。需要注意的是，本研究进行的市场调研及结果仅供参考。坚持长期、实时和全面的市场调研是珠峰旅游立足于激烈的市

场竞争，实现可持续发展的关键之一。在市场导向下，需要深入研究目标游客的需求和偏好，了解他们对珠峰体验的期望和需求。针对专项游客需求，可以开发多样化的旅游产品。例如，对于专业登山运动员和登山爱好者，可以提供高难度的登山路线和训练设施，满足他们攀登珠峰的成就感。对于摄影爱好者和自然观察者，可以设计专门的摄影和生态旅游线路，让他们近距离感受珠峰的壮丽景观和生态系统。对于文化爱好者，可以组织文化交流活动，让他们深入了解当地夏尔巴文化和珠峰的神秘传说。

同时，还需要注重品牌营销和市场推广。通过打造珠峰的品牌形象，吸引更多的游客。借助互联网和社交媒体等新媒体平台，进行精准的市场定位和广告宣传，提高珠峰体育旅游产品的知名度和吸引力。

（三）提高大众参与度，发展休闲体育旅游

发展体育旅游，特别是休闲体育旅游是珠峰地区旅游业发展的可行方向。这一方面根源于珠峰登山运动的全球知名度，另一方面也符合当地的传统，达玛节、望果节、萨迦金刚节等都有赛马、射箭、爬山等与体育健身息息相关的活动。

珠峰地区体育旅游发展不仅要提高游客的参与度，更要通过休闲体育旅游带动更多的当地人参与，巩固脱贫攻坚成果，减少返贫率，促进共同富裕。休闲体育旅游是指以放松、娱乐和健身为目的的旅游活动，如徒步、观光、骑行等。通过开发休闲体育旅游产品，可以吸引更多的人参与，不仅能够提高当地居民的生活质量，还可以促进社会融合和文化交流。

为了提高大众参与度，需要改善旅游基础设施，提供便利的旅游交通和住宿条件。此外，还可以开展相关培训和教育活动，提高当地居民的技能，培养其成为优秀的旅游从业人员。休闲体育旅游的发展还需要注重生态环境保护。在开发休闲体育旅游产品时，要确保相关活动对生态环境的影响最小化，并采取相应的环境保护措施。同时，要加强宣传教育，增强游客和当地居民的环保意识，共同保护珠峰的自然生态。

（四）激活潜在市场，盘活目标市场营销

在发展珠峰体育旅游产品的过程中，需要激活潜在市场和盘活目标市场，以实现市场的多元化发展。潜在市场指的是尚未充分开发和利用的市场。对于珠峰体育旅游来说，潜在市场可以包括那些对珠峰感兴趣但尚未实际体验的游客群体，以及那些对体育旅游和极限挑战感兴趣的群体。

为了激活潜在市场，可以开展市场调研和分析，了解目标市场的需求和特点。根据市场需求的变化，提高旅游产品和服务质量。同时，要关注目标市场，通过精准的市场定位和个性化的营销策略，吸引目标客户群体。

（五）投放靶向信息，消除产品心理风险

在珠峰体育旅游产品的推广和营销过程中，投放靶向信息是非常重要的。靶向信息指的是根据不同的目标客户群体，投放相应的信息和宣传材料，以消除客户的产品心理风险。产品心理风险是指客户在购买旅游产品时产生的不确定感和疑虑。对于珠峰体育旅游产品来说，客户可能存在身体安全、高海拔环境适应能力、登山技术等方面的心理风险。

为了消除这些心理风险，可以通过投放靶向信息进行相关解释和说明。例如，针对身体安全问题，可以介绍珠峰登山的安全措施和保障措施；针对高海拔环境适应能力问题，可以提供相关的健康指导和建议；针对登山技术问题，可以提供培训和指导。此外，还可以通过客户案例和口碑推荐等方式，提供真实的旅游体验，增强客户的参与意愿。通过投放靶向信息，消除客户的产品心理风险，增强他们对珠峰体育旅游产品的信心，促进市场发展。

综上所述，发展珠峰体育旅游产品需要注重时空规划、市场导向、大众参与、激活潜在市场和投放靶向信息等，只有综合考虑各方面因素，并采取科学有效的策略和措施，才能实现珠峰体育旅游的可持续发展。

珠峰旅游目的地品牌
综合评价与提升策略

贾 凡*

摘 要： 旅游业已进入品牌竞争时代，旅游目的地品牌的建设与发展是旅游景区打造景区特色、提高景区知名度、吸引游客、创造效益的有效途径。本研究立足于珠峰旅游景区的特征、发展现状及趋势，探索构建珠峰旅游目的地品牌综合评价指标体系和综合评价模型，通过评价结果发现问题与不足，提出品牌提升策略。首先结合珠峰旅游目的地品牌的生态系统属性，从品牌生态学视角，基于品牌要素指标和品牌成长性指标两个维度构建包括 8 个二级指标、38 个三级指标在内的旅游目的地品牌综合评价指标体系；其次，针对评价指标的复杂性、不精确性等特点，构造群体模糊评价模型，计算旅游目的地品牌评价指标权重，结合概率语言术语集获取珠峰旅游目的地品牌综合评价结果；最后，针对综合评价结果，发现珠峰旅游目的地品牌建设与发展中存在的问题，从品牌管理、品牌文化、品牌传播、品牌产品等角度提出珠峰旅游目的地品牌提升策略。

关键词： 旅游目的地品牌 珠峰旅游 评价指标体系 模糊综合评价 品牌提升策略

---

* 贾凡，山东财经大学管理科学与工程学院副教授，硕士生导师，研究方向为品牌管理、数据挖掘与知识发现、决策理论与方法。

一　引言

随着国内外旅游业的有序复苏和持续发展，旅游市场快速升温，旅游目的地之间的竞争变得愈发激烈。为了能够吸引更多游客、增加景区营收，旅游目的地品牌建设成为各大景区的重要发展方向。[①] 旅游目的地品牌是一种复杂的社会经济存在物，管理者通过整合旅游目的地内外部多种资源、多项活动推进相关品牌的建立与发展。人们对于旅游目的地品牌的最初认知仅仅是有别于其他竞争者的异质化营销，如设计出有别于竞争者的、突出旅游景区特色的名称、标识、宣传语等传播元素，以便于消费者识别景区、了解景区。[②] 随着品牌功能的丰富和完善，人们从品牌形象、品牌资产和品牌生态系统等视角出发，对旅游目的地品牌进行更深层次的理解和认知。旅游目的地品牌同人们所认知的一般品牌相似，是品牌自身内涵和外界认知的综合体现，既体现着旅游景区的资源优势以及产品内在差异，也体现着游客对旅游目的地的认同。因此，旅游目的地品牌突破了最初的符号属性，已经成为一种包含品牌形象、品牌资源、品牌价值、品牌运营、品牌发展等内容的综合的、复杂的商业生态系统。[③] 旅游目的地品牌的生态特征说明了必须在综合、系统、发展的视角下进行旅游目的地品牌建设、品牌发展、品牌评价等相关研究，[④] 其中关于旅游目的地品牌

[①] Ruiz-Real J. L., Uribe-Toril J., Gázquez-Abad J. C., "Destination Branding: Opportunities and New Challenges," *Journal of Destination Marketing & Management*, 2020 (17): 100-453.

[②] Hall D., "Destination Branding," *Journal of Vacation Marketing*, 1999 (5).

[③] Keller K. L., "Conceptualizing, Measuring, and Managing Customer-based Brand Equity," *Journal of Marketing*, 1993, 57 (1): 1-22.

[④] 辛璐琦、王兴元：《旅游目的地品牌形象识别要素对游客行为意愿的影响机制研究——以品牌认同为中介》，《商业经济与管理》2016 年第 10 期，第 88~97 页；余可发、吴海平、金明星等：《旅游目的地品牌生态圈成长路径及形成机制研究——基于资源行动视角的纵向案例分析》，《管理评论》2023 年第 1 期，第 339~352 页；邹统钎、黄鑫、韩全等：《旅游目的地品牌基因选择的三力模型构建》，《人文地理》2021 年第 6 期，第 147~156 页。

的评价研究是旅游目的地品牌管理的重要内容。旅游目的地品牌的评价是指通过对旅游目的地品牌进行多层次、多指标的综合评估，从不同角度对旅游目的地品牌进行全面、系统的认知，识别品牌建设与发展过程中的优势与强项并加以利用，及时发现品牌建设与品牌营销过程中哪些方面、哪些指标存在问题，从而针对具体问题提出对策建议。本文以珠峰旅游目的地品牌建设与发展为研究对象，探索建立旅游目的地品牌的综合评价体系。

旅游业是西藏经济发展中的重要支柱产业，其中，西藏第二大城市日喀则，凭借着众多的旅游资源、源远流长的文化，成为近年来西藏建设旅游目的地品牌的重要区域。世界第一高峰珠穆朗玛峰坐落在日喀则市定日县内，是最著名的自然资源，为国内外游客提供了绝佳的旅游选择。日喀则以"生态文化、边境文化、民俗文化、红色文化、佛教文化"为目标，全力打造世界文化旅游目的地品牌。不可否认，珠穆朗玛峰作为日喀则旅游的重要名片，已经成为日喀则旅游品牌建设的重要载体。近年来，日喀则坚持精雕细琢、推陈出新，围绕珠峰旅游提出了诸多旅游线路和旅游玩法，并且通过各种推介活动，吸引了诸多游客的到访，相关线路等的市场反响良好，受到游客的大力追捧。珠峰旅游目的地品牌建设也进一步成为日喀则乃至西藏近年来的重要任务。凭借着世界第一高峰的头衔，珠峰旅游目的地品牌在国内外拥有良好的知名度，对游客市场也具有较强的吸引力。但是，日喀则社会经济发展水平并不高，对于珠峰旅游目的地的品牌定位、品牌管理、品牌营销等方面的规划与实施难免存在不足。珠峰旅游目的地品牌建设与发展应立足长远、科学规划、发掘特色、打造主题，实现产业可持续发展。基于此，本文以珠峰旅游目的地品牌建设与发展为研究对象，通过设计全面的、系统的旅游目的地品牌评价指标体系，建立客观的、科学的旅游目的地品牌评价模型，对珠峰旅游目的地品牌进行综合评价，以评估珠峰旅游目的地品牌发展状况，识别品牌建设及发展过程中存在的问题，为珠峰旅游目的地品牌的持续发展提供策略支持。

二　旅游目的地品牌综合评价概述

"旅游目的地"概念最先由美国学者 Gunn 等提出。他们认为旅游目的地从地理学视角具有一定的自然空间属性，是包含区域内全部旅游资源、相应旅游基础设施和服务设施、具有明确界限的统一整体。[①] 国外研究者普遍认为旅游目的地可以是一个国家、一个城市或一个地区，相关建设、发展和营销战略由当地旅游组织、企业制定，地方政府则在相关活动中负有支持、维护的责任。杨振之等总结了旅游目的地的定位与功能，认为旅游目的地建设是吸引游客、提高旅游收入的有效方法。[②] 学者们从不同视角对旅游目的地的概念进行了界定，王跃伟等认为旅游目的地具有一定的区域性特征，这种特征是引发游客旅游动机的重要因素，旅游目的地为游客提供旅游吸引物、接待服务设施等要素，是游客在旅游过程中的主要活动场所。[③]

相较于旅游目的地，旅游目的地品牌的概念则更为复杂。Aaker 认为旅游目的地品牌的作用主要在于对旅游目的地的产品和服务进行识别，与其他旅游目的地的特征进行区分，涉及更多的品牌利益相关者，因此与传统的企业品牌相比，旅游目的地品牌有更为复杂的内涵。[④] 国内外学者从游客感知和要素构成等角度对旅游目的地品牌概念进行探索。游客感知是游客对旅游目的地提供的产品、服务、体验的综合感知，[⑤] 旅游目的地品牌以当地核心旅游资源为基础，以游客需求为导向，通过良好的营销手段提高游客对目的

① Gunn C. A., Var T., *Tourism Planning：Basics，Concepts，Cases*, Beijing：Taylon & Francis, 1994.
② 杨振之、陈顺明：《论"旅游目的地"与"旅游过境地"》，《旅游学刊》2007 年第 2 期，第 27~32 页。
③ 王跃伟、陈航：《旅游目的地品牌评价与管理研究》，经济管理出版社，2019。
④ Aaker D. A., "Measuring Brand Equity Across Products and Markets," *California Management Review*, 1996, 38（3）：102-120.
⑤ 王鉴忠、徐虹、杨玥：《顾客体验视角的旅游目的地品牌化研究》，《现代管理科学》2011 年第 9 期，第 90~92 页。

地提供的产品与服务的感知。[1] 要素构成是旅游目的地品牌包含的全部要素及要素之间的联系，如旅游产品、当地居民、旅游吸引物、地方政府、基础设施、服务及产品、旅游环境、法律法规等，这些要素通过相互联系形成了旅游目的地的独特文化、核心价值和吸引力，并通过视觉元素、语言词汇等形式向游客展示。[2] 旅游目的地品牌要素之间并不是简单的排列组合，而是相互关联、相互依存的，构成了统一的价值体系，在为游客提供舒适、独特的体验的同时，增加当地的社会、经济、环境效益。

目前学术界从品牌感知、品牌要素、品牌形象、品牌营销等视角出发，对旅游目的地品牌进行了由单一理论到多视角、由平面到立体的研究。现有研究多侧重于旅游目的地品牌的建设、发展、宣传、营销等过程性活动，作为一种复杂的商业生态系统，旅游目的地品牌的系统评价同样是一项重要的任务。通过系统评价，可以对旅游目的地品牌进行综合评估，及时发现品牌建设与发展过程中存在的问题，以实施相应的调整策略，保证旅游目的地品牌的有序发展。旅游目的地品牌评价研究可以分为地理学和品牌学两个视角，从地理学视角，学者们基于旅游目的地的空间结构、旅游资源建立评价指标体系，如 Blain 从吸引力、基础设施、环境状况等方面建立自然资源评价指标体系。[3] Kuo 等构建了由交通、住宿、休闲娱乐三个指标组成的旅游目的地环境评价指标体系。[4] 从品牌学视角，学者们从品牌要素、品牌营销等角度建立了旅游目的地品牌评价指标体系，如 Chernatony 基于 Aker 的品

---

① Jun Wu, Weilong Sun, Fanglei Wang, Zhaoli Xu, Yuanyuan Xu, "Research on a Projected Brand and Perceived Personality Differentiation of Tourist Destination: A Case Study of Shandong, China," *Journal of Hospitality Management and Tourism*, 2019, 10 (3).

② 陈航、王跃伟：《基于旅游者情感的目的地品牌评价研究——以互联网旅游日记为例》，《人文地理》2018 年第 2 期，第 154~160 页。

③ Blain C., "Destination Branding: Insights and Practices from Destination Management Organizations," *Journal of Travel Research*, 2005, 43 (4): 328-338.

④ Kuo N. W., Chen P. H., "An Exploratory Study to Assess the Environmental Loads from Island Tourism Based on Life Cycle Assessment," *Journal of Cleaner Production*, 2009, 17 (15): 1324-1330.

牌个性测量模型，建立旅游目的地品牌评价模型。[①] 陈刚等基于价值链理论，结合互联网技术和电子商务，从旅游资源、游客体验等方面筛选影响因素，构建旅游目的地品牌评价指标体系。[②] 袁胜军等结合全域旅游背景，从品牌的基础能力、管理能力、市场能力三个维度出发，建立旅游目的地品牌竞争力评价体系，并采用 TOPSIS 评价方法，对云南各地区旅游目的地品牌竞争力进行评价。[③]

总结与梳理旅游目的地品牌评价研究可知，目前学术界仅仅是将旅游目的地品牌分解为旅游目的地和传统品牌，分别从地理或品牌等单一维度出发进行研究，相关评价指标体系的选择以及评价方法的构建欠缺系统性、科学性和全面性。作为一种复杂的生态系统，旅游目的地品牌既有一般品牌的内涵要素，也包含生物和生态属性，需要从系统的、动态的、发展的视角出发，考虑品牌的生态性和发展性特点，建立旅游目的地品牌评价指标体系；同时，旅游目的地品牌评价指标具有复杂性，相关数据往往具有不易获取、不精确等特点，传统的追求数据定量化往往会造成信息失真，导致评价结果失效，需要结合数据的可得性和可操作性，采用模糊综合评价方法，对旅游目的地品牌进行全面的、科学的评价。

三 珠峰旅游目的地品牌综合评价指标体系

（一）旅游目的地品牌评价指标体系构建原则

珠峰旅游目的地品牌建设是一项系统工程，其评价涉及的因素众多，并

---

① Chernatony de Leslie, "Categorizing Brands: Evolutionary Processes Underpinned by Two Key Dimensions," *Journal of Marketing Management*, 1993, 9 (2): 173-188.
② 陈刚、杨宏浩:《价值链理论视阈下的旅游目的地品牌评价指标体系研究》,《中国旅游评论》2020 年第 1 期, 第 87~94 页。
③ 袁胜军、王仕倩:《全域旅游背景下基于熵权 TOPSIS 方法的旅游目的地品牌竞争力评价研究》,《数学的实践与认识》2021 年第 9 期, 第 59~71 页。

且系统评价因素之间相互联系、相互影响。因此，对于珠峰旅游目的地品牌综合评价指标体系的设置需要考虑诸多因素，如指标体系能够完全反映旅游目的地品牌的相关状况。基于系统分析的思想，本文充分考虑指标选择的科学性和合理性，有针对性地对珠峰旅游目的地品牌综合评价影响因素进行识别、评估和选择。基于珠峰旅游目的地品牌的复杂性特点，本文对综合评价指标的设计与选择遵循以下基本原则。

1. 科学性

科学性要求珠峰旅游目的地品牌综合评价指标的设计必须能够科学反映旅游目的地品牌运行与发展的实际情况和内在机理，从而科学地描述珠峰旅游目的地品牌的具体运作过程。

2. 全面性

建立的评价指标体系应能够反映珠峰旅游目的地品牌的全景，能够从不同视角、各种维度对旅游目的地品牌有一个完整、全面的扫描和认知，从而识别具体哪个因素是制约珠峰旅游目的地品牌发展的短板。

3. 层次性

珠峰旅游目的地品牌评价指标体系应从多个维度、多个层次进行指标的构建和选择，依据一级指标、二级指标、三级指标的思路梳理影响因素，并结合项目评价和因子评价，形成具有特定层次的评价层级结构。

4. 可操作性

珠峰旅游目的地品牌评价指标体系的测算具有复杂、异质、多样的特点，为了实现评价结果的有效综合，需要采取统一的方式进行指标的测算。本研究采取定性评价方法，按照优、较优、一般、较差、差，设立五级评价隶属度，由专家群体依据珠峰旅游目的地品牌在各个指标上的具体表现进行判定，增强评价的可解释性和可操作性。

（二）珠峰旅游目的地品牌评价指标选择

珠峰旅游目的地品牌是一个复杂的商业生态系统，也包含生物和生态属性。王兴元借助生态学原理，提出了品牌生态位的概念，将品牌提升为一种生态系统。① 王启万等进一步对品牌的生态功能进行挖掘，构建品牌生态位的要素体系和运行机制。② 刘志峰等通过对品牌生态位的概念、形态表现进行分析，构建了品牌生态位的培育策略体系。③ 余可发等分析了旅游目的地品牌生态圈成长路径和形成机制，进一步拓展了品牌成长和品牌生态理论。④ 生态位的态势理论可以为旅游目的地品牌评价指标选择提供新的思路。态势理论是指自然界和社会中的任意生物单元都具有态和势两个属性，态是指生物单元目前的状态，与过去的生长、学习、社会经济发展、环境作用相关，势则是指生物单元对未来环境的影响或支配作用。⑤ 因此，本研究从品牌生态学视角出发，结合态势理论，将珠峰旅游目的地品牌综合评价指标分解为品牌要素系统评价指标和品牌成长性评价指标两部分，分别对应珠峰旅游目的地品牌的"态"和"势"，关于两种指标的具体解释如下。

（1）旅游目的地品牌要素系统评价指标，是指关于旅游目的地的品牌资源、品牌定位、品牌产品、品牌识别、品牌管理及品牌传播等相关要素指标。具体来说，旅游目的地的品牌资源是旅游景点的独特属性，其衍生出的产品和服务是景区吸引游客的重要指标，决定了旅游目的地的生命周期；旅游目的地的品牌定位则是景区管理者及地方政府为区别于其他类似景区打造的一种差异化形象，通过定位使游客对景区的特点等有直观的认知；旅游目的地的品牌识别系统关系到旅游景区的标识、口号、吉祥物等外显特征，是突出景区特色、增进游客认知、增强游客体验的重要环节；旅游目的地的品牌管理是品牌营销的基石，为品牌的建立、发展提供源源不断的动力，好的管理才能获得好的绩效；旅游目的地的品牌传播涉及景区的宣传和知名度的

① 王兴元：《品牌生态位测度及其评价方法研究》，《预测》2006 年第 5 期，第 60～64+80 页。
② 王启万、朱虹、王兴元：《品牌生态理论研究动态及展望》，《企业经济》2017 年第 3 期，第 14～22 页。
③ 刘志峰、赵婷：《品牌生态位的概念属性、形态表现与培育优化》，《企业经济》2018 年第 5 期，第 21～25 页。
④ 余可发、吴海平、金明星等：《旅游目的地品牌生态圈成长路径及形成机制研究——基于资源行动视角的纵向案例分析》，《管理评论》2023 年第 1 期，第 339～352 页。
⑤ 宋皓皓、王英：《生态位视角下中国东部地区高技术产业竞争力综合评价》，《地域研究与开发》2022 年第 3 期，第 6～11 页。

提高，适宜的传播手段、传播渠道、传播投入可以增加旅游景区的潜在游客。

（2）旅游目的地品牌成长性评价指标，包括旅游目的地当前的绩效以及未来发展的潜力。旅游目的地当前的绩效是品牌各要素之间相互联系、相互作用过程中，为旅游景区的建设所带来的收益等外在体现，包括经济效益、社会效益和环境效益等，是对旅游目的地品牌发展水平的评估；旅游目的地未来发展的潜力是指通过识别旅游目的地的发展潜力、发展创新性等因素，对品牌的未来发展前景和发展活力的评估，反映旅游目的地品牌的发展势头。

基于上述态势理论的指标解释，结合前人的研究成果和珠峰旅游目的地品牌概况，通过专家讨论，最终确定珠峰旅游目的地品牌综合评价指标体系，包括品牌要素和品牌成长性2个一级指标，旅游目的地品牌资源、旅游目的地品牌定位、旅游目的地品牌产品、旅游目的地品牌表达及识别、旅游目的地品牌管理、旅游目的地品牌传播及营销推广、旅游目的地品牌绩效、旅游目的地品牌成长性等8个二级指标，以及具体的38个三级指标。指标体系具体描述如表1所示。

表1　珠峰旅游目的地品牌综合评价指标体系

	一级指标	二级指标	三级指标
珠峰旅游目的地品牌综合评价指标体系	品牌要素	旅游目的地品牌资源	资源要素价值
			资源开发状况
			资源发展力
		旅游目的地品牌定位	目标市场定位
			品牌组合定位
			产品档次定位
			价格定位
			竞争定位
			品牌诉求定位
			市场地位定位

续表

一级指标	二级指标	三级指标
品牌要素	旅游目的地品牌产品	旅游目的地品牌产品概念
		旅游目的地品牌产品组合
		旅游目的地品牌产品体验性
		旅游目的地品牌产品价值性
		旅游目的地品牌纪念性商品
	旅游目的地品牌表达及识别	旅游目的地品牌名称
		旅游目的地品牌概念系统
		旅游目的地品牌文字表达系统
		旅游目的地品牌视觉识别系统
		旅游目的地品牌行为识别系统
	旅游目的地品牌管理	旅游目的地品牌管理体制
		旅游目的地品牌管理组织
		旅游目的地品牌管理人员
		旅游目的地品牌管理程序与管理制度
		旅游目的地品牌管理控制
	旅游目的地品牌传播及营销推广	旅游目的地品牌宣传模式
		旅游目的地品牌营销推广
		旅游目的地品牌传播及营销推广投入
品牌成长性	旅游目的地品牌绩效	市场状况
		经济效益
		社会效益
		顾客满意度
	旅游目的地品牌成长性	品牌资产
		发展潜力
		成长创新性
		成长水平
		品牌传播
		公共关系及社会贡献

147

四　基于群体模糊评价方法的珠峰旅游目的地品牌综合评价

针对珠峰旅游目的地品牌综合评价指标难定量化、数据不易获取等特点，本研究将采用模糊综合评价方法，以避免过度追求定量数据导致的信息失真和评价失效。本研究邀请了 10 位专家，基于珠峰旅游目的地品牌综合评价指标之间的相对重要性，以及珠峰旅游目的地品牌在每个指标上的具体表现进行评估。专家团队由 5 位旅游学领域专家、3 位管理学领域专家以及 2 位品牌学领域专家构成，每位专家的意见在评价模型中具有同样的重要性，即专家权重一致。首先结合专家对指标的相对重要性的评估结果，采用粗糙数 BWM 方法计算各指标权重，其次基于专家对珠峰旅游目的地品牌在各指标上的评价结果，结合概率语言术语集进行意见收集，最后结合指标权重和群体评价信息计算珠峰旅游目的地品牌综合评价结果，为发展策略的提出提供依据。

（一）基于 RBWM 的珠峰旅游目的地品牌指标权重计算

基于态势理论构建的珠峰旅游目的地品牌综合评价指标较多且性质不同，因此每个指标对珠峰旅游目的地品牌评价结果的影响相差很大，需要计算指标的权重。本研究针对旅游目的地品牌综合评价的群体性特点，选取 RBWM 方法计算指标的权重。最优最劣方法（Best - Worst Method）是荷兰学者 Rezaei 提出的一种指标计算方法，同 AHP 方法类似，也是基于两两成对比较，但并不是任意两个指标均可相互比较，而是构造了一种结构化的比较方式，把传统的矩阵计算转换为向量计算，以简化计算过程，提高结果的一致性。[①] 对于旅游目的地品牌综合评价问题，

[①] Rezaei Jafar, "Best-worst Multi-criteria Decision-making Method: Some Properties and a Linear Model," *Omega: The International Journal of Management Science*, 2016（64）: 126-130.

需要首先收集多个专家的评估信息，针对群体评价中的指标权重计算问题，采用粗糙数 BWM 方法，将所有决策者的判断进行整合，计算准则的相对重要性。[①] 本研究也将采用该方法进行指标权重的计算，具体过程如下：

第一步，专家群体通过讨论确定最优准则 c_B 和最劣准则 c_W。

第二步，每位专家依据 1~9 标度，针对每个指标相对于最优准则和最劣准则的重要性进行打分，记第 k 个专家打分得到两个向量：

$$A_B^k = (a_{B1}^k, a_{B2}^k, \cdots, a_{Bj}^k)$$
$$A_W^k = (a_{1W}^k, a_{2W}^k, \cdots, a_{jW}^k) \tag{1}$$

其中，$1 \leqslant k \leqslant s$，$1 \leqslant j \leqslant n$，$n$ 是准则数，s 是专家数，a_{Bj}^k 表示专家 k 对最优准则 c_B 相较于准则 c_j 的偏好程度，a_{jW}^k 表示专家 k 对准则 c_j 相较于最劣准则 c_W 的偏好程度。

第三步，构造整合比较向量：

$$\tilde{A}_B = (\tilde{a}_{B1}, \tilde{a}_{B2}, \cdots, \tilde{a}_{Bn})$$
$$\tilde{A}_W = (\tilde{a}_{1W}, \tilde{a}_{2W}, \cdots, \tilde{a}_{nW}) \tag{2}$$

其中，$\tilde{a}_{Bj} = \{a_{Bj}^1, a_{Bj}^2, \cdots, a_{Bj}^s\}$，即 $\tilde{a}_{Bj}$ 是 s 个专家对最优准则 c_B 相较于准则 c_j 偏好程度打分的集合，同理可知 $\tilde{a}_{jW}$ 的含义。

第四步，将整合向量中的元素转换为粗糙数：

$$RN(a_{Bj}^k) = [\underline{a}_{Bj}^k, \bar{a}_{Bj}^k]$$
$$RN(a_{jW}^k) = [\underline{a}_{jW}^k, \bar{a}_{jW}^k] \tag{3}$$

应用粗糙数计算法则求解粗糙序列的平均粗糙数：

$$RN(a_{Bj}) = [\underline{a}_{Bj}, \bar{a}_{Bj}] = \frac{1}{h} \sum_{k=1}^{s} [\underline{a}_{Bj}^k, \bar{a}_{Bj}^k] \tag{4}$$

[①] 贾凡、王兴元：《基于粗糙数的 BWM-TOPSIS 多准则群决策方法》，《控制与决策》2016 年第 10 期，第 1915~1920 页。

$$RN(a_{jW}) = [\underline{a}_{jW}, \bar{a}_{jW}] = \frac{1}{h}\sum_{k=1}^{s}[\underline{a}_{jW}^{k}, \bar{a}_{jW}^{k}] \tag{5}$$

最终得到两个粗糙比较向量：

$$RA_B = \{([\underline{a}_{B1}, \bar{a}_{B1}], [\underline{a}_{B2}, \bar{a}_{B2}], \cdots, [\underline{a}_{Bn}, \bar{a}_{Bn}])\} \tag{6}$$

$$RA_W = \{([\underline{a}_{1W}, \bar{a}_{1W}], [\underline{a}_{2W}, \bar{a}_{2W}], \cdots, [\underline{a}_{nW}, \bar{a}_{nW}])\} \tag{7}$$

第五步，构造数学规划模型，求满足 $d\left(\dfrac{w_B}{w_j}, a_{Bj}\right)$ 和 $d\left(\dfrac{w_j}{w_W}, a_{jW}\right)$ 最小的权重 w_i。最大最小数学规划问题可以表示为：

$$
\begin{aligned}
&\min \zeta^2 \text{ s. t.}\\
&\left(\frac{\underline{w}_B}{\bar{w}_j} - \underline{a}_{Bj}\right)^2 + \left(\frac{\bar{w}_B}{\underline{w}_j} - \bar{a}_{Bj}\right)^2 \leqslant \zeta^2\\
&\left(\frac{\underline{w}_j}{\bar{w}_W} - \underline{a}_{jW}\right)^2 + \left(\frac{\bar{w}_j}{\underline{w}_W} - \bar{a}_{jW}\right)^2 \leqslant \zeta^2\\
&\bar{w}_{BW} = 1\\
&\bar{w}_j > \underline{w}_j > 0, for\ all\ j
\end{aligned}
\tag{8}
$$

求解数学规划问题（8），即可得到最优粗糙数权重向量 $\{[\underline{w}_1, \bar{w}_1],$ $[\underline{w}_2, \bar{w}_2], \cdots, [\underline{w}_n, \bar{w}_n]\}$。

本文基于上述过程，综合 10 名专家的评估信息，构造 BWM 比较向量，利用粗糙数进行群体评价信息收集，从而对珠峰旅游目的地品牌评价指标进行权重计算，得到如表 2 所示的指标权重值。可知，珠峰旅游目的地品牌评价指标的权重差异较大。对于 2 个一级指标，品牌要素指标权重为 0.69，品牌成长性指标权重为 0.31，其他二级指标和三级指标的权重见表 2。

表2 珠峰旅游目的地品牌评价指标权重值

二级指标	三级指标	权重	二级指标	三级指标	权重
旅游目的地品牌资源（0.122）	资源要素价值	0.523	旅游目的地品牌管理（0.108）	旅游目的地品牌管理体制	0.378
	资源开发状况	0.286		旅游目的地品牌管理组织	0.241
	资源发展力	0.191		旅游目的地品牌管理人员	0.153
旅游目的地品牌定位（0.112）	目标市场定位	0.234		旅游目的地品牌管理程序与管理制度	0.147
	品牌组合定位	0.089			
	产品档次定位	0.187		旅游目的地品牌管理控制	0.081
	价格定位	0.105			
	竞争定位	0.098	旅游目的地品牌传播及营销推广（0.124）	旅游目的地品牌宣传模式	0.411
	品牌诉求定位	0.094			
	市场地位定位	0.193		旅游目的地品牌营销推广	0.387
旅游目的地品牌产品（0.106）	旅游目的地品牌产品概念	0.241			
	旅游目的地品牌产品组合	0.121		旅游目的地品牌传播及营销推广投入	0.202
	旅游目的地品牌产品体验性	0.287	旅游目的地品牌绩效（0.203）	市场状况	0.221
				经济效益	0.202
	旅游目的地品牌产品价值性	0.267		社会效益	0.197
	旅游目的地品牌纪念性商品	0.084		顾客满意度	0.204
旅游目的地品牌表达及识别（0.118）	旅游目的地品牌名称	0.156	旅游目的地品牌成长性（0.107）	品牌资产	0.176
	旅游目的地品牌概念系统	0.223		发展潜力	0.237
				成长创新性	0.214
	旅游目的地品牌文字表达系统	0.278		成长水平	0.203
	旅游目的地品牌视觉识别系统	0.186		品牌传播	0.165
	旅游目的地品牌行为识别系统	0.157		公共关系及社会贡献	0.181

（二）基于概率语言术语集的旅游目的地品牌综合评价方法

10 位专家分别根据珠峰旅游目的地品牌在各个指标上的表现进行打分，选择 Likert 五级量表，从而获取任意指标的综合评价值。传统的评价方法是对任一指标的 10 个专家评价值进行加权平均，以获取平均得分。但加权平均方法只能获得具体数值，难以体现 10 位专家的打分差异。为了更好地应对现实环境和专家思维的复杂性和模糊性，Pang 等提出了概率语言术语集，不仅允许专家能够同时使用多个语言术语对方案进行评价，还反映了专家对语言术语的不同偏好。[①] 概率语言术语集作为一种强大的信息表达工具得到了学者的广泛关注。本研究基于概率语言术语集对珠峰旅游目的地品牌进行评价，具体操作过程如下：

令 $S = \{s_\alpha \mid \alpha \in [-\tau, \tau]\}$，表示一个语言术语集，其中，$s_\alpha$ 表示语言术语，则概率语言术语集可表示为：

$$L(p) = \{l^\alpha(p^\alpha) \mid l^\alpha \in S, p^\alpha \geq 0, \alpha = 1, 2, \cdots, \#L(p), \sum_{\alpha=1}^{\#L(p)} p^\alpha \leq 1\} \qquad (9)$$

其中，$l^\alpha(p^\alpha)$ 表示概率为 p^α 的语言术语 l^α，$\#L(p)$ 表示概率语言术语集 $L(p)$ 中所含语言术语集的个数，$l^\alpha(p^\alpha)$ 被称为一个概率语言项元素（PLTE）。

以旅游目的地品牌资源中的指标"资源开发状况"为例，10 位专家以 1~5 分对珠峰旅游目的地品牌在该指标上的表现进行打分，其中 3 位专家打分为"5"，5 位专家打分为"4"，2 位专家打分为"3"，对于指标"资源开发状况"可以获取一个概率语言评价值表示为 $l(c_{12}) = \{s_3(0.2), s_4(0.5), s_5(0.3)\}$，其中 $s_3(0.2)$ 表示专家群体中有 20% 的专家选择了打分值为"3"。同理，对于其他指标，通过构造概率语言术语集，可以得到珠峰旅游目的地品牌评价问题中每个指标下的概率语言术语集评价结果。

设 S 表示一个语言术语集，$C = \{c_i \mid i = 1, 2, \cdots, n\}$ 表示指标集合，

---

① Pang Q., Wang H., Xu Z., "Probabilistic Linguistic Term Sets in Multi-attribute Group Decision Making," *Information Sciences*, 2016（2）：128-143.

$w = \{w_i \mid i = 1, 2, \cdots, n\}$ 是对应的指标权重且满足 $\sum_{i=1}^{n} w_i = 1$。

假设 $L_i(p) = \{l_i^\alpha(p_i^\alpha) \mid i = 1, 2, \cdots, n, l_i^\alpha \in S\}$ 是指标 c_i 上的专家群体评价概率语言信息，则在 n 个指标上的评价值为：

$$L(p) = \{\hat{l}^\alpha \hat{p}^\alpha \mid \hat{l}^\alpha \in S, \hat{p}^\alpha = \sum_{i=1}^{\bar{n}} \varphi_i^\alpha w_i\} \tag{10}$$

其中，φ_i^α 表示 $L_i(p)$ 中 l_i^α 的概率，可以表示为：

$$\varphi_i^\alpha = \begin{cases} p_i^\alpha, & \hat{l}^\alpha \in L_i(p) \\ 0, & \hat{l}^\alpha \in L_i(p) \end{cases} \tag{11}$$

设 $L(p) = \{l^\alpha(p^\alpha) \mid \alpha = 1, 2, \cdots, \#L(p)\}$ 是概率语言术语集，r^α 是语言术语集 l^α 的下标，则 $L(p)$ 的数学期望定义为：

$$E[L(p)] = \frac{\sum_{\alpha=1}^{\#L(p)} p^\alpha r^\alpha}{\sum_{\alpha=1}^{\#L(p)} p^\alpha} \tag{12}$$

结合指标权重结果和每个指标下的概率语言术语集结果，通过上述过程，可以计算得到珠峰旅游目的地品牌综合评价的概率语言术语集结果以及每个二级指标下的概率语言术语集评价值。进一步，结合公式（12），可以获得概率语言评价值对应的精确数期望值。珠峰旅游目的地品牌评价的概率语言得分和期望值得分如表3所示。可知，珠峰旅游目的地品牌综合评价得分为3.9899，说明近年来珠峰旅游目的地品牌整体呈现良好的建设及发展态势。图1直观展示了珠峰旅游目的地品牌在各二级指标上的表现，其中珠峰旅游目的地品牌在品牌资源、品牌绩效等指标上具有较好的表现，说明珠峰旅游能够借助良好的资源要素获取一定的经济、社会收益；但同时可以发现，珠峰旅游目的地品牌在品牌定位、品牌传播及营销推广、品牌产品、品牌成长性等指标上得分相对较低，说明珠峰旅游在品牌的管理组织、宣传和营销推广模式上仍然需要进一步提升，在品牌产品组合等方面需要进一步优化。

表 3　珠峰旅游目的地品牌综合评价结果

	二级指标	概率语言得分	期望值	综合得分
珠峰旅游目的地品牌综合评价指标体系	旅游目的地品牌资源	$\{s_3(0.13), s_4(0.39), s_5(0.48)\}$	4.35	3.9899
	旅游目的地品牌定位	$\{s_3(0.35), s_4(0.43), s_5(0.22)\}$	3.87	
	旅游目的地品牌产品	$\{s_2(0.10), s_3(0.35), s_4(0.31), s_5(0.24)\}$	3.69	
	旅游目的地品牌表达及识别	$\{s_3(0.28), s_4(0.48), s_5(0.24)\}$	3.96	
	旅游目的地品牌管理	$\{s_3(0.32), s_4(0.42), s_5(0.26)\}$	3.94	
	旅游目的地品牌传播及营销推广	$\{s_2(0.10), s_3(0.33), s_4(0.30), s_5(0.27)\}$	3.74	
	旅游目的地品牌绩效	$\{s_3(0.18), s_4(0.40), s_5(0.42)\}$	4.24	
	旅游目的地品牌成长性	$\{s_2(0.08), s_3(0.28), s_4(0.3), s_5(0.34)\}$	3.90	

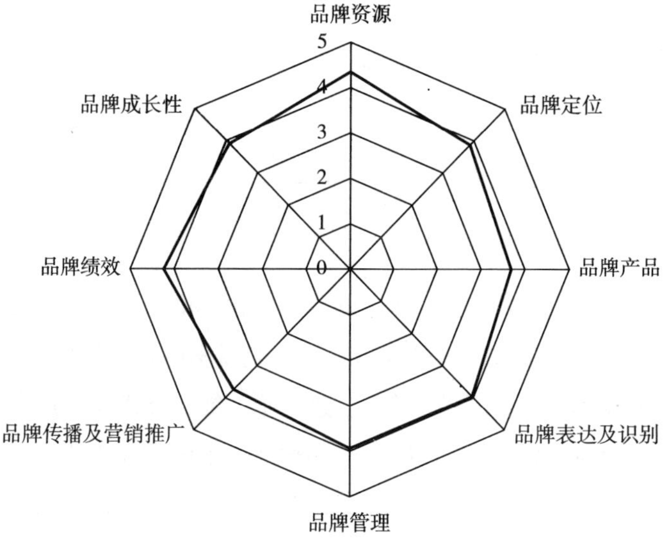

图 1　珠峰旅游目的地品牌评价状态

五　珠峰旅游目的地品牌提升策略

（一）发挥政府在珠峰旅游目的地品牌管理中的主导作用

地方政府及旅游主管部门在珠峰旅游目的地品牌的塑造、传播、维护等方面发挥着主导作用，为了协调好珠峰旅游目的地旅游企业、当地居民等相关主体之间的利益关系，政府应通过宣传使各利益主体认识到珠峰旅游目的地品牌塑造和维护的意义，提高各利益主体的自觉性。生态环境是珠峰地区的重要旅游资源，政府应加强现有法律、法规及相关制度的执行力度，做好珠峰旅游目的地的生态环境保护工作，防止对自然环境的破坏。同时，政府应利用好国家关于西部旅游的优惠政策，加大旅游人才援藏力度，推进当地旅游从业人员的专业化建设，提高服务质量。加快珠峰旅游相关基础设施建设，通过增加旅游旺季来往航班线路、提高公路覆盖率、提升公路品级等措施，为游客出行提供便利；加快珠峰周边地区住宿设施建设，以及餐馆、医院、厕所等旅游配套设施建设，做好各项基础设施保障。以共建"一带一路"为依托，加强旅游合作，联合打造国际精品旅游线路和旅游产品，开展跨境旅游合作。对于旅游淡季，有针对性地开发冬日旅游产品，开展宣传活动，制定门票减免等优惠政策，增加淡季的旅游收入；充分考虑冬季珠峰地区空气稀薄的问题，在旅游路线沿途增设氧吧，增加工作人员和医护人员数量，并增设高原反应险等险种配套旅游门票一同出售，消除游客的后顾之忧。

（二）建设具有竞争力的珠峰旅游目的地品牌核心文化

文化是旅游的灵魂，旅游是文化的载体，加快珠峰旅游目的地品牌的发展，必须要打造珠峰旅游目的地品牌的核心文化。珠峰文化从单一的地域文化演进为多元的复合性民族文化。珠峰旅游目的地品牌具有"世界第一峰"的独特地位，因此"管好珠峰、保护好珠峰、使用好珠峰"是打造品牌核心文化的根本保证。其中，"使用好珠峰"是指利用珠峰这一天然旅游资产，建设好珠峰文化、办好珠峰文化节，依托大城区、大资源、大能源、大交通，充分发挥日喀则内引外联的功能，坚持统筹规划、重点突出、合理保护、科学发展、分步实施的原则，结合珠峰旅游定位，明确"珠峰文化"的发展前景，制定珠峰旅游目的地品牌发展规划。同时，围绕"世界第一峰"这一核心吸引力，打造珠峰景区旅游特色项目等，提高游客的参与度以及旅游互动体验。结合珠峰文化遗产开发珠峰旅游商品，基于无形文化开发有形化产品，使核心文化旅游资源产品化；使珠峰景区的自然资源、相关文物、古老建筑赋能差异化服务，提升其附加值；将珠峰景区馆藏展陈及珠峰特色商品的具体工艺流程进行展示，引导游客参与其中，丰富珠峰地区传统工艺活动。

（三）建立全方位、多渠道的珠峰旅游目的地品牌传播体系

旅游市场竞争愈发激烈，单一的品牌营销与传播渠道已经无法满足游客的需求，随着互联网及自媒体的发展，旅游目的地品牌宣传和推广的阵地已经从线下转移到线上各大新媒体平台。完善的品牌传播模式是吸引游客、形成广泛稳定的客源市场、促进旅游目的地品牌及其文化走向世界的有效途径。珠峰旅游目的地品牌的营销传播，首先需要确定目标市场，明确合理的市场定位，了解目标市场潜在游客的信息接收渠道，借助多元化的传播手段，进行有针对性的品牌宣传。应全面整合传统媒体与新媒体，尤其注重新媒体时代下的品牌与自媒体联合营销，把珠峰旅游资源与新媒体资源进行有效结合，提高珠峰旅游目的地品牌的接受度与知名度、美誉度，进而提高游客的关注度。借助广告、促销活动、社交媒体、移动技术等，多角度、多渠道、全方位地进行珠峰旅游目的地品牌的宣传，扩大潜在的受众群体。例如借助传统媒体渠道拍摄珠峰旅游宣传片，利用电视、广播、报纸等传统平台传播宣传片，提高品牌声誉，结合珠峰旅游目的地的自然资源和文化资源优势，增强珠峰旅游竞争优势；同时，利用新媒体，加强与旅游网络平台、旅游宣传自媒体的合作，借助微博、微信、抖音、快手、今日头条、小红书等平台，进行珠峰旅游的网络宣传与营销，拓宽传播渠道；借助珠峰旅游节、国际珠穆朗玛峰日等节庆活动，拓宽品牌宣传渠道，积极对外推广珠峰旅游目的地品牌。

（四）打造富有个性化、创新性的珠峰旅游目的地品牌产品

近年来旅游产业呈现出多元化发展态势，旅游业经营思路已经从传统的

标准化设计逐步转变为重视游客需求或个体偏好的定制化设计，结合游客群体或个体需求，设计具有差异化的旅游产品，以提高游客的个性化体验。基于此，为提高珠峰旅游目的地品牌价值，珠峰景区应当了解潜在游客的个性化需求，开发具有差异化的珠峰旅游产品。差异化、个性化的产品定制反映了游客群体或个体需求的差异。珠峰旅游目的地品牌应当结合当地旅游资源和环境承载力，针对游客的个性化旅游需求，制定具有差异化的旅行路线，为潜在游客提供个性化的定制游、跟团游等差异化旅游产品。同时，旅游产品的差异化可以体现在用户群体细分方面，例如，针对游客的宗教信仰设计不同的旅游路线与旅游项目：对于有宗教信仰的游客，可以在特殊的宗教节日及庆典时期提供事游、修禅游等特定的旅游产品，在宗教节日和庆典时间之外，在扎什伦布寺、萨迦寺等教义高深的寺庙开展修学旅游，与寺庙出家人一起听经、劳动、进餐，遵守宗教戒律规定，感悟宗教的哲学观、人生观；对于非宗教信仰游客，可以借助宗教节日开展庆典游，引导、组织游客参与节日举办的各项活动，提高游客的参与度，通过游客亲身经历，感受宗教活动氛围，增进对珠峰地区宗教文化的认识及藏族风情的了解。也可以建立多样的游客反馈渠道，及时收集游客反馈信息，为珠峰旅游目的地品牌差异化产品的改进工作提供依据。

参考文献

〔英〕奈杰尔·摩根、安妮特·普里查德：《旅游休闲业的广告创意与设计》，陈怡宁等译，电子工业出版社，2003。

资源开发篇

环珠峰地区传统村落乡村旅游资源评价

——以定日县为例

阎瑞霞　庄倩文　范向丽*

摘　要： 随着旅游业的发展，珠峰旅游业也迎来了新的机遇，环珠峰地区乡村旅游资源成为当地社会经济可持续发展和提升旅游业竞争力的关键。本文对环珠峰地区传统村落的乡村旅游资源展开系统分析评价，综合专家意见确定 12 项评价指标，构建评价体系，运用层次分析法探讨当地各类乡村旅游资源的重要性，研究发现，独有生物资源、特色建筑、乡村道路交通、独特地貌景观、人文活动等指标对环珠峰地区传统村落旅游业可持续发展具有决定性作用。为此，环珠峰地区的旅游业发展应合理利用自然资源，保护生物多样性；维护特色建筑风貌，宣传当地特色文化；完善乡村基础设施，改善道路交通和食宿条件；优化旅游服务，提升服务质量。

---

* 阎瑞霞，博士，上海工程技术大学副教授，研究方向为乡村旅游；庄倩文，上海工程技术大学在读研究生；范向丽，博士，华侨大学副教授，研究方向为旅游管理。

关键词： 环珠峰地区　乡村旅游资源　传统村落

一　引言

随着经济发展水平的提高，人们的旅游需求持续增长，乡村旅游的发展也迎来了新机遇。乡村旅游在多地成为推进乡村振兴的重点工程。我国珠峰自然保护区的旅游活动虽然已开展十多年，但受地区经济条件落后、旅游开发意识淡薄、理论研究迟缓等因素的影响，旅游业发展相对缓慢。环珠峰地区的定日县拥有多样化、高质量的旅游资源，但是目前除珠峰景区外，仍然缺乏有特色有影响力的旅游景区。现有的旅游产业发展存在一定的阻碍，主要体现为缺乏体验感、娱乐性强的新业态，规模化、品牌化发展不足，没有市场吸引力。定日县独有的文化特色也未得到有效发挥，旅游产业与其他产业的融合发展不足，没有真正发挥出旅游业的综合优势。

珠峰自然保护区在发展旅游业时，需紧密结合生态文明、乡村振兴等国家战略，立足于当地自然条件、社会环境、历史文化等，根据环珠峰地区传统村落所拥有的旅游资源对旅游业发展进行全面系统的分析，提高珠峰文化旅游的知名度，促进当地社会经济可持续发展。

从有关旅游资源的研究内容来看，朱德锐认为珠峰旅游业发展的新方向应该为生态旅游，走可持续发展道路，因地制宜地选择适合当地发展需求的模式，避免资源同质化，防止环保表面化。[①] 何星、沈涛等深入挖掘西藏旅游资源的生态景观价值，以"生态旅游"为依据，建立了相关旅游资源分类体系，以此为基础设计以珠峰自然保护区为示范的生态旅游路线。[②] 孙九霞等从资源利用、参与主体、机制保障等视角，探讨了乡村旅游资源的创造

---

① 朱德锐：《环珠峰地区生态旅游可持续发展模式研究》，《现代商贸工业》2022年第12期，第18~20页。

② 何星、沈涛、肖怡然、覃建雄：《西藏特色高原生态旅游资源分区及分类体系研究》，《西藏发展论坛》2021年第6期，第79~86页。

性利用。① 丰晓旭从发展乡村旅游的实践逻辑框架入手，从市场开发目标与政策服务目标两个角度进行分阶段对比分析，在不同的阶段采取不同的措施以更好地推动旅游业发展，从而促进实现共同富裕。②

从研究方法来看，蒋益、李雪萍、刘嘉纬从珠峰大本营的承受能力出发，构建了生态旅游容量指标体系，计算景区生态旅游环境容量的不同情景方案，提出了相应的景区发展策略。③ 陈晓琴通过定性和定量相结合的方法，对区内文化旅游资源进行了综合评价，基于可持续开发思路，进行了各种专项研究。④ 王丽、敖成欢利用层次分析法和 GIS 空间分析工具，从空间的角度综合评价了乡村旅游资源的适宜性等级，提出根据研究结果在自然资源优势区域开发适宜的旅游景区。⑤ 陈希娅、王子安等基于多元地学数据，综合运用最邻近比率、核密度等分析方法通过对不同类型乡村旅游资源空间分布特征进行研究，为优化乡村旅游空间格局、推动乡村旅游发展提供了参考意见。⑥

综合来看，关于珠峰旅游资源的研究已取得了一些成果，学者们从生态旅游环境容量等角度提出了一些可持续发展路线和生态旅游发展新方向。有关各地的乡村旅游资源的研究也较多，因地制宜地提出相应的发展策略，但目前针对环珠峰地区传统村落旅游资源的研究还较少，可以此作为研究重点，对环珠峰地区乡村旅游资源展开研究，探讨当地各类乡村旅游资源的重要性，为环珠峰地区的旅游业发展提供可行性建议。

---

① 孙九霞、明庆忠、许春晓、麻学锋、杨勇、朱鹤、王心蕊、孙佼佼：《共同富裕目标下乡村旅游资源创造性传承与开发》，《自然资源学报》2023 年第 2 期，第 271~285 页。

② 丰晓旭：《共同富裕目标下的乡村旅游资源开发逻辑及关键问题分析》，《自然资源学报》2023 年第 2 期，第 305~317 页。

③ 蒋益、李雪萍、刘嘉纬：《西藏珠峰大本营景区生态旅游环境容量研究》，《绿色科技》2021 年第 21 期，第 214~217 页。

④ 陈晓琴：《珠峰自然保护区文化旅游资源可持续开发研究》，成都理工大学硕士学位论文，2010。

⑤ 王丽、敖成欢：《基于 GIS 和 AHP 的贵阳市乡村旅游资源适宜性评价》，《绿色科技》2023 年第 7 期，第 229~233 页。

⑥ 陈希娅、王子安、王世琼、刘睿：《基于 POI 大数据的乡村旅游资源空间分异研究——以成渝地区双城经济圈为例》，《农业与技术》2023 年第 10 期，第 88~92 页。

二 研究区域与方法

（一）研究区域概况

定日县，隶属西藏自治区日喀则市，地处东经 86°20′~87°70′，北纬 27°80′~29°10′，总面积 1.386 万平方千米。属于高原温带半干旱季风气候区，昼夜温差大，气候干燥。截至 2021 年 10 月，定日县辖 2 个镇、11 个乡。定日县通车里程达 826 千米，其中国道 1 条，128 千米；乡道 6 条，共 463 千米；专用公路 100 千米。

近几年，定日县旅游基础配套设施不断完善。家庭旅馆、民宿、特色餐饮等旅游服务业不断发展，为游客提供了越来越完善的服务。伴随着"环珠峰生态文化旅游圈"核心地标的打造，景区接待游客人数逐年上涨，全县旅游收入随之增长，当地居民增收明显。

（二）研究方法

本文运用层次分析法，针对环珠峰地区传统村落的乡村旅游资源进行系统分析，结合专家咨询意见，确定评价指标并建立评价体系。首先，将评价指标进行两两比较确定其相对重要性，其次通过计算各层指标的权重和进行一致性检验，对综合权重进行重要性排序，再次分析环珠峰地区传统村落的乡村旅游资源的重要程度，最后根据所得结论提出有针对性的建议。

三 基于 AHP 法的环珠峰地区传统村落乡村旅游资源评估

（一）乡村旅游资源评价指标体系

通过对文献进行整理并结合环珠峰地区传统村落的实际情况，本文从乡村自然资源、乡村人文资源、乡村基础设施及乡村服务保障四个方面选取相关指标，并邀请该领域的专家学者进行评定和筛选，最终确定了 12 项评价指标。根据指标设计乡村旅游资源评价指标体系，具体内容见表 1。

表 1 环珠峰地区传统村落乡村旅游资源评价指标体系

	一级指标（B）	二级指标（C）	具体情况
环珠峰地区传统村落乡村旅游资源评价（A）	乡村自然资源（B1）	独特地貌景观情况（C11）	当地独特的地貌特点，自然景观、田园景观、植被覆盖情况等
		独有生物资源情况（C12）	生物多样性、野生动物品种丰富度、植被品种丰富度
		环境质量情况（C13）	乡村的空气质量、噪声强度、卫生情况
	乡村人文资源（B2）	特色民俗（C21）	传统村落独有的民俗文化、少数民族风情
		特色建筑（C22）	乡村聚落情况、传统建筑
		人文活动情况（C23）	当地独有的节庆活动的丰富程度
	乡村基础设施（B3）	乡村食宿条件（C31）	乡村住宿条件、特色餐饮、特色产品
		乡村道路交通情况（C32）	道路路线布局、道路硬化、对外交通条件、与客源地距离
		文化、休闲场所建设情况（C33）	特色商品街、特色市场、特色店铺、特色产品
	乡村服务保障（B4）	相关政策方针（C41）	政策完善程度、经济发展水平、生态补偿机制、专项保护资金
		旅游管理情况（C42）	旅游服务保障情况、旅游管理条例实施情况
		服务质量情况（C43）	车辆服务、物流服务、信息服务、救援服务、服务人员素质

以环珠峰地区传统村落乡村旅游资源评价指标体系为目标层，选取乡村自然资源（B1）、乡村人文资源（B2）、乡村基础设施（B3）、乡村服务保障（B4）为一级指标；并选取独特地貌景观情况（C11）、独有生物资源情况（C12），环境质量情况（C13），特色民俗（C21），特色建筑（C22），人文活动情况（C23），乡村食宿条件（C31），乡村道路交通情况（C32），文化、休闲场所建设情况（C33），相关政策方针（C41），旅游管理情况（C42），服务质量情况（C43）为二级指标层，构建乡村旅游资源评价指标层级结构，具体见图 1。

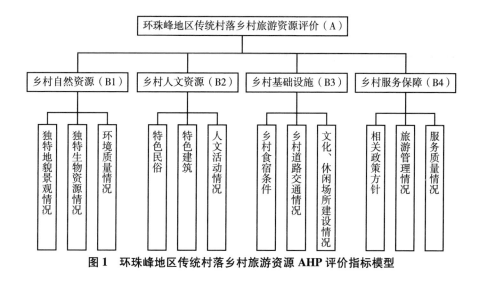

图1 环珠峰地区传统村落乡村旅游资源 AHP 评价指标模型

（二）乡村旅游资源评价指标权重

本文运用层次分析法确定评价指标权重，基于评价指标体系，由该领域学者专家将指标两两进行比较，并按其重要程度根据因子重要性的标准进行等级评定并赋值，进而运用和积法计算得到一级指标 B1、B2、B3、B4 的权重分别为 0.56、0.31、0.09、0.04（见表2）；二级指标层指标 C11、C12、C13、C21、C22、C23、C31、C32、C33、C41、C42、C43 的权重分别为 0.20、0.71、0.09、0.08、0.59、0.33、0.29、0.65、0.06、0.07、0.28、0.64（见表3、表4、表5、表6）。

根据公式 $CR=C_i/R_i$，$CI=(\lambda\max-n)/(n-1)$ 对各因子进行一致性检验，结果分别为 0.067、-0.086、-0.017、-0.069 和 -0.052，均小于0.1，通过一致性检验，证明评价指标权重趋于合理。

表2 B层对A的判断矩阵和处理结果

A	B1	B2	B3	B4	W_i	W_{i0}
B1	1	3	7	9	0.56	$C_i=0.06$
B2	1/3	1	5	9	0.31	$R_i=0.9$
B3	1/7	1/5	1	3	0.09	
B4	1/9	1/9	1/3	1	0.04	$CR=0.067<0.1$

表3　C 层对 B1 的判断矩阵和处理结果

B1	C11	C12	C13	W_i	W_{i0}
C11	1	1/5	3	0.20	$C_i = -0.05$
C12	5	1	6	0.71	$R_i = 0.58$
C13	1/3	1/6	1	0.09	$CR = -0.086 < 0.1$

表4　C 层对 B2 的判断矩阵和处理结果

B2	C21	C22	C23	W_i	W_{i0}
C21	1	1/7	1/5	0.08	$C_i = -0.01$
C22	7	1	2	0.59	$R_i = 0.58$
C23	5	1/2	1	0.33	$CR = -0.017 < 0.1$

表5　C 层对 B3 的判断矩阵和处理结果

B3	C31	C32	C33	W_i	W_{i0}
C31	1	1/3	7	0.29	$C_i = -0.04$
C32	3	1	9	0.65	$R_i = 0.58$
C33	1/7	1/9	1	0.06	$CR = -0.069 < 0.1$

表6　C 层对 B4 的判断矩阵和处理结果

B4	C41	C42	C43	W_i	W_{i0}
C41	1	1/5	1/7	0.07	$Ci = -0.03$
C42	5	1	1/3	0.28	$Ri = 0.58$
C43	7	3	1	0.64	$CR = -0.052 < 0.1$

四　分析与结论

根据表7可知，环珠峰地区传统村落乡村资源评价的一级指标中乡村自然资源（B1）权重为 0.56，远高于其他指标，说明在环珠峰地区传统村落所拥有的乡村资源中，自然资源对于旅游业发展而言有较高的重要性，应该得到足够的重视，采取相应的措施进行开发和保护。

表7　环珠峰地区传统村落乡村旅游资源评价指标体系各层次权重排序表

	一级指标（B）	权重	二级指标（C）	权重	排序	综合权重	排序
环珠峰地区传统村落乡村旅游资源评价（A）	乡村自然资源（B1）	0.56	独特地貌景观情况（C11）	0.20	8	0.1120	4
			独有生物资源情况（C12）	0.71	1	0.3976	1
			环境质量情况（C13）	0.09	9	0.0504	6
	乡村人文资源（B2）	0.31	特色民俗（C21）	0.08	10	0.0248	9
			特色建筑（C22）	0.59	4	0.1829	2
			人文活动情况（C23）	0.33	5	0.1023	5
	乡村基础设施（B3）	0.09	乡村食宿条件（C31）	0.29	6	0.0261	7
			乡村道路交通情况（C32）	0.65	2	0.1170	3
			文化、休闲场所建设情况（C33）	0.06	12	0.0054	11
	乡村服务保障（B4）	0.04	相关政策方针（C41）	0.07	11	0.0028	12
			旅游管理情况（C42）	0.28	7	0.0112	10
			服务质量情况（C43）	0.64	3	0.0256	8

乡村自然资源（B1）下的二级指标中，独有生物资源情况（C12）的权重明显高于独特地貌景观情况（C11）和环境质量情况（C13），说明该项指标在旅游业发展中具有较大的吸引力和不可替代性；乡村人文资源（B2）下的二级指标中，特色建筑（C22）的权重最高，应着重发挥特色建筑在旅游业中的优势来吸引游客；乡村基础设施（B3）下的二级指标中，乡村道路交通情况（C32）及乡村食宿条件（C31）较重要，表明需要重视乡村基础设施建设，道路交通情况和食宿条件的改善，将会为游客带来极大的便利；乡村服务保障（B4）下二级指标中，服务质量情况（C43）的权重较高，应该着重提升当地旅游服务质量，做好物流、救援等相关服务，提高旅游服务质量，进而带动当地旅游业发展。

综合权重排序中，高于平均综合权重值的5项指标排序为：独有生物资源情况（C12）>特色建筑（C22）>乡村道路交通情况（C32）>独特地貌景观情况（C11）>人文活动情况（C23），这些指标对环珠峰地区传统村落旅游可持续性发展具有决定性作用。

结合环珠峰地区传统村落的实际情况和评价分析结果，提出如下促进乡村旅游业可持续发展的建议。

（一）合理开发利用自然资源，保护生物多样性

立足定日县的发展基础和现有设施，结合当地独特的生态区位，分析其生态竞争的优势、劣势以及未来发展的空间。因此，发展乡村旅游，要有较强的生态意识，坚持生态保护优先，遵循自然保护区、风景名胜区、饮用水水源保护区等相关法律法规的要求，合理开发旅游资源。借助珠峰区域独特的生物多样性、地貌多样性等优势，以珠峰景区—藏普村—龙江村—曲龙达贡村—岗嘎镇的公路为纽带，挖掘生态保护价值，重点发展生态观光户外旅游等绿色旅游，建立完善的绿色旅游产品标准、服务标准和管理标准。

加强对野生动植物的保护，保护生物多样性，建立健全相关保护法律法规，加强管理和监督，尽可能减少人类活动对自然环境的破坏。制定发展规划，进行合理的开发利用，对当地乡村独有的生物资源进行宣传，提高当地旅游业的吸引力，形成独有优势。推动当地旅游业高质量发展，同步实现生态效益、社会效益和经济效益。

（二）维护特色建筑风貌，宣传当地特色文化

当地乡村应致力于维护和宣传传统建筑，保留特色建筑风貌，定期组织文化执法大队、消防等部门开展安全隐患排查行动，切实做好建筑安全工作，加强建筑安全保护，积极开展安全自查工作，对于检查中发现的安全隐患要及时报备进行整改。古建筑作为当地文化的根系，不仅见证了岁月的变迁，更凝结了先人的智慧。游客可以通过观赏当地特色建筑，鉴古知今，感知古建筑的巧妙。让更多的人真正的认识、了解和保护当地特色建筑，保留和传承传统民俗文化。

结合古村落优势，当地文旅局应与博物馆以及相关的文化部门进行联

动，对外宣传特色文化。相关的文化部门可以通过举办藏历年、望果节、沐浴节、林卡节、洛谐文化旅游节等当地特色节日活动来宣扬定日县深厚的历史文化、多彩的民族风情、神秘的地域文化。同时也应对当地非物质文化遗产、建筑、服饰、歌舞等文化资源进行深入挖掘，并对其表现形式进行创新，努力打造民族文化旅游体验产品，增强游客的文化参与互动性，做强文化体验旅游。

（三）完善乡村基础设施，改善道路交通和食宿条件

由于地理位置、经济条件的限制，有些村落的基础设施不完善，而基础设施建设情况在乡村旅游中具有一定的影响力，为此，当地政府应该给予一定的财政支持，加快建设当地的公共设施。把旅游开发与乡村振兴、美丽乡村建设、特色产业培育相结合，坚持发展生态旅游的理念，充分利用绿色能源，建设以绿色发展为主题的旅游特色酒店、服务设施等，建设一批要素完备、基础设施完善的旅游特色村。

乡村道路建设应居首位，便于游客顺利到达旅游目的地，节省路程时间，提高出行体验感；优化现有交通网络，确保道路通畅，在当地国道、省道等公路沿线为游客设置更多的细节化指引，强化交通与旅游的融合发展，充分利用其资源组合优势，打造特色鲜明的风景廊道，方便游客出行观景，强化沿途生态的治理、修复，打造最美旅游公路。

同时改善乡村食宿条件，满足游客的日常需求，提高游客的出行品质。首先，住宿方面，需要优化住宿结构、完善住宿层次，建设不同层次的酒店满足游客的差异化需求；积极培育当地特色品牌，充分结合当地的民俗文化、特色建筑、生态景观等建设特色主题酒店。其次，打造特色餐饮也是必不可少的，结合绿色旅游理念对藏餐进行创新与改良，研创一系列特色餐饮。同时应该在食品安全、消防安全等方面加强管理，提高管理运营团队的水平及服务人员的综合素质，严格执行相关的规章制度，为游客提供更好的出行体验。

（四）优化旅游服务内容，提升服务质量

以实施旅游产业扶贫、带动就业和促进群众增收为方向，重点打造当地旅游特色村。丰富旅游区的文娱活动，增设旅游村的休闲街区、景观绿道、活动广场、休闲吧、小剧场等；培育旅游新产品新业态，发展游客自驾旅游、体育旅游、研学旅游等旅游新形式，积极开发滑翔伞、直升机观光、攀岩、越野等特色户外运动旅游项目，着力打造全县旅游经济增长的新引擎。

各部门做好旅游接待服务工作，实现有效服务供给，完善提供旅游业发展所必不可少的基础设施，包括道路、给排水、供电、旅游厕所、生态停车场、观景台、露营地、游客咨询服务体系等。在大众休闲旅游时代，游客需求呈现多样化，应提供更加全面的服务，对车辆、物流、救援等服务进行优化，满足游客的多样化需求。不断完善服务，提升旅游服务质量，进一步提高游客的满意度和体验感，全力推动环珠峰地区传统村落旅游业可持续发展。

参考文献

李玉霞：《乡村旅游发展实践逻辑与产业发展路径反思》，《西北农林科技大学学报》（社会科学版）2023 年第 3 期。

夏翌鑫、马长乐、杨茗琪：《基于 AHP 法的藏族传统村落乡村旅游资源评价——以香格里拉哈木谷村为例》，《现代园艺》2023 年第 7 期。

严伟：《基于 AHP-模糊综合评价法的旅游产业融合度实证研究》，《生态经济》2014 年第 11 期。

社交媒体对珠峰旅游开发的影响研究

辛璐琦　朱　强　兰诗然*

摘　要： 随着人们生活水平的提高，越来越多的人愿意花钱出游，而在数字时代，随着新媒体的出现，旅游开发形势发生了翻天覆地的变化，社交媒体迅速成为旅游营销的重要渠道，分析社交媒体对旅游开发的影响成为时代发展的需求。本文分析抖音、小红书和微博三类社交媒体对珠峰旅游发展的影响，研究社交媒体如何利用网络口碑效应助力旅游营销，并结合不同平台特征提出相应的策略建议。

关键词： 珠峰　抖音　小红书　微博　旅游

一　文献综述

随着大数据、云计算和人工智能技术的不断发展，社交媒体逐渐成为信息传播的主流渠道，越来越多的游客会通过在社交媒体中搜索相关推荐信息最终选定旅游目的地，并在旅游结束后将自身体验分享到社交媒体上，促成电子口碑在社交媒体上的传播，因此，现代旅游开发在很大程度上依赖于社交媒体。随着科技的迅猛发展，人们记录生活的方式发生了翻天覆地的变化，社交媒体已经成为人们全方位展示自己的平台，特别是在旅游方面，越来越多的博主习惯用图片、视频和文字记录旅游心得。耿蕊等以微博为例，

---

* 辛璐琦，博士，浙江工商大学讲师，研究方向为旅游管理、市场营销；朱强，博士，上海工程技术大学讲师，研究方向为旅游管理、市场营销；兰诗然，上海工程技术大学在读研究生，研究方向为信息管理。

探究新媒体背景下新疆旅游目的地形象感知[①]；杜怡桐等以小红书平台为例，探究社交媒体视域下的西安城市形象传播[②]；孙斐等以抖音为例，探究短视频对城市旅游形象的塑造[③]；易婷婷等基于认知和情绪视角，探究明星微博对公众旅游意愿的影响[④]；黄佳佩探究意见领袖推荐信息对旅游者目的地决策的影响[⑤]；钱婧等探讨新型分享式社交媒体对旅游目的地的营销[⑥]。

综上可知，学者们从不同平台视角研究社交媒体对旅游目的地选择的影响，根据不同标准将用户划分成意见领袖和普通用户，探究其推荐信息对旅游目的地的影响。但多数研究仅考虑单平台下的旅游信息传播，较少综合考虑不同类型平台对旅游开发的不同影响，为此，本文以西藏珠峰为例，从主流社交媒体中选取抖音、小红书和微博作为社交媒体的主要代表，从短视频、图文和"视频+图文"三方面分析用户使用不同类型社交媒体的习惯和动机，探索社交媒体对珠峰旅游开发的影响，并提出有针对性的建议。

二 不同类型用户旅游信息传播分析

随着互联网的发展，社交媒体中出现了区别于普通用户的意见领袖，而意见领袖往往在品牌推广、直播带货和信息传播等方面占据举足轻重的地位。用户是社交媒体的使用主体，在信息领域针对旅游信息传播，分析普通用户与意见领袖对同一地点旅游资讯的传播，对本文后续研究不同社交媒体

---

① 耿蕊、姜贝贝：《新媒体背景下新疆旅游目的地形象感知研究——以微博为例》，《太原城市职业技术学院学报》2023 年第 4 期，第 33~37 页。

② 杜怡桐、兰宇、徐靖茹：《社交媒体视域下的西安城市形象传播研究——以小红书为例》，《西部广播电视》2019 年第 19 期，第 48~49 页。

③ 孙斐、张岳军：《短视频塑造城市旅游形象的传播机制及策略研究——以抖音为例》，《美术大观》2019 年第 7 期，第 116~117 页。

④ 易婷婷、孙静怡、孙佳妮、罗雯君：《明星微博对公众旅游意愿的影响——基于认知和情绪的视角》，《旅游研究》2023 年第 1 期，第 28~42 页。

⑤ 黄佳佩：《微博意见领袖推荐信息对旅游者目的地决策的影响研究》，北京第二外国语学院硕士学位论文，2022。

⑥ 钱婧、王舒一：《新型分享式社交媒体在旅游目的地营销中的应用探究——以抖音和小红书为例》，《中国市场》2019 年第 23 期。

对珠峰旅游开发的影响具有重要的意义。不同平台的意见领袖和普通用户通过分享的形式推荐珠峰景点及其相关产品和服务，会影响潜在的珠峰旅游目标客户，从而通过影响其决策来达到开发珠峰旅游的效果。

本文在传统传染病 SIR 模型的基础上，根据用户类型对社交媒体中的用户进行分层，意见领袖层包括 S_h（意见领袖层珠峰旅游信息敏感者）、I_h（意见领袖层珠峰旅游信息传播者）和 R_h（意见领袖层珠峰旅游信息免疫者），普通用户层包括 S_l（普通用户层珠峰旅游信息敏感者）、I_l（普通用户层珠峰旅游信息传播者）和 R_l（普通用户层珠峰旅游信息免疫者）三类，基于用户类型构建珠峰旅游信息传播模型，具体如图 1 所示。

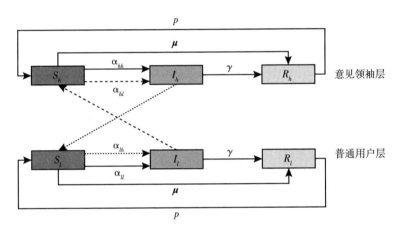

图 1　珠峰旅游信息传播模型

用 γ、μ、p 分别表示 I 转化为 R 的比率、S 转化为 R 的比率、R 转化为 S 的比率。假定珠峰旅游信息交换的传播速率为：

$$\alpha_{rs} = ce^{-d(n-1)} \tag{1}$$

α_{rs} 中 r 表示接收珠峰旅游相关资讯的用户，s 表示发出珠峰旅游相关资讯的用户；c 为意见领袖层与普通用户层间针对珠峰旅游相关信息传播影响力；d 为用户对传播珠峰旅游信息的兴趣衰弱系数；n 为用户接触珠峰旅游相关资讯的次数。将 c 根据用户类型划分为意见领袖层对普通用户层的珠峰旅游信息影响力 c_h 和普通用户层对意见领袖层的珠峰旅游信息影响力 c_l。

根据图 1，得到动力学方程：

$$
\begin{cases}
\dfrac{d(S_h)}{d(t)} = -\alpha_{hh}I_hS_h - \dfrac{1-\beta}{\beta}\alpha_{hl}I_lS_h - \mu S_h + pR_h \\[2mm]
\dfrac{d(S_l)}{d(t)} = -\alpha_{ll}I_lS_l - \dfrac{\beta}{1-\beta}\alpha_{lh}I_hS_l - \mu S_l + pR_l \\[2mm]
\dfrac{d(I_h)}{d(t)} = \alpha_{hh}I_hS_h + \dfrac{1-\beta}{\beta}\alpha_{hl}I_lS_h - \gamma I_h \\[2mm]
\dfrac{d(I_l)}{d(t)} = \alpha_{ll}I_lS_l + \dfrac{\beta}{1-\beta}\alpha_{lh}I_hS_l - \gamma I_l \\[2mm]
\dfrac{d(R_h)}{d(t)} = \gamma I_h + \mu S_h - pR_h \\[2mm]
\dfrac{d(R_l)}{d(t)} = \gamma I_l + \mu S_l - pR_l
\end{cases}
\tag{2}
$$

将模型初始值设置为：$S_h(t)=0.2$，$S_h(t)=0.7$，$I_h(t)=0.04$，$I_h(t)=0.06$，$R_h(t)=0$。仅考虑意见领袖层对普通用户层的珠峰旅游信息影响力 c_h，依次设置参数 $c_h=0.2$、$c_h=0.5$、$c_h=0.8$，其他参数保持不变，$\beta=0.3$，$\mu=0.01$，$\gamma=0.04$，$p=0.005$。对普通用户层中 S_l（普通用户层珠峰旅游信息敏感者）、I_l（普通用户层珠峰旅游信息传播者）和 R_l（普通用户层珠峰旅游信息免疫者）进行模拟仿真，得到结果如图 2 所示。

由图 2 可知，随着意见领袖层对普通用户层的珠峰旅游信息影响力 c_h 的增大，在不同珠峰旅游信息影响力下 S_l（普通用户层珠峰旅游信息敏感者）群体密度下降幅度十分明显，I_l（普通用户层珠峰旅游信息传播者）和 R_l（普通用户层珠峰旅游信息免疫者）群体密度则均呈现迅速上升趋势，且 I_l（普通用户层珠峰旅游信息传播者）群体密度相较于 R_l（普通用户层珠峰旅游信息免疫者）群体密度增幅更加显著。这说明在一定数值范围内，随着意见领袖层对普通用户层的珠峰旅游信息影响力增大，普通用户层中珠峰旅游信息敏感者群体会更快转为珠峰旅游信息传播者，最终对珠峰旅游信息免疫，三类群体趋于稳定。

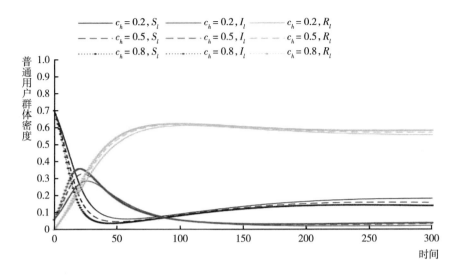

图2　意见领袖层珠峰旅游信息影响力对普通用户层群体密度影响曲线

　　仅考虑普通用户层对意见领袖层的珠峰旅游信息影响力 c_l，依次设置参数 $c_l=0.1$、$c_l=0.2$、$c_l=0.3$，其他参数保持不变，$\beta=0.3$，$\mu=0.01$，$\gamma=0.04$，$p=0.005$。对意见领袖层中 S_h（意见领袖层珠峰旅游信息敏感者）、I_h（意见领袖层珠峰旅游信息传播者）和 R_h（意见领袖层珠峰旅游信息免疫者）进行模拟仿真，得到结果如图3所示。由图3可知，S_h（意见领袖层珠峰旅游信息敏感者）群体密度随着普通用户层对意见领袖层的珠峰旅游信息影响力 c_l 的增大，下降速度明显。通过对比图2，随着意见领袖层对普通用户层的珠峰旅游信息影响力 c_h 的增大，S_l（普通用户层珠峰旅游信息敏感者）群体密度下降幅度也十分明显。这说明在社交媒体中，意见领袖层与普通用户层针对珠峰旅游相关信息传播影响力 c 会同步影响着社交媒体内用户对相关珠峰旅游资讯的获取和传播速度。此外，研究结果表明，在社交媒体内不仅是意见领袖群体会对普通用户群体产生影响，两个群体间的信息传播影响力是相互的，普通用户群体也会影响意见领袖群体传播珠峰旅游相关资讯的速度，但意见领袖群体对普通用户群体的影响更为明显。

173

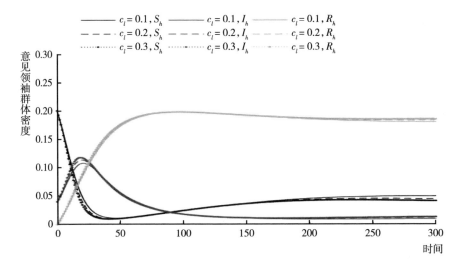

图3　普通用户层珠峰旅游信息影响力对意见领袖层群体密度影响曲线

随着互联网的普及，抖音、小红书和微博等社交性强、互动性高的社交媒体逐渐走入大众视野，社交媒体在满足用户获取信息需求的同时，使得人人拥有"麦克风"，任何人都可以通过社交媒体进行"碎片化"的旅游体验分享，并借助大数据推送手段与拥有共同兴趣的用户"相遇"。与此同时，依靠自身特色或在某一领域内的专业知识而走红网络的自媒体人也应运而生，这类人通常凭借个性化表达和人格魅力吸引到众多忠实粉丝，从而成为这些粉丝的意见领袖，其影响力逐渐超过传统媒体。研究社交媒体对珠峰旅游开发的影响，仅从社交媒体内意见领袖的视角研究，就会将传播珠峰旅游相关资讯的影响力局限为粉丝和流量推送，无法完成有效的资讯"破圈"。社交媒体是开放性平台，应从多视角出发研究社交媒体对珠峰旅游开发的影响。因此，基于抖音、小红书和微博三类社交媒体分析用户使用社交媒体的习惯和动机时，应对意见领袖群体和普通用户群体均有所分析，只是根据社交媒体的不同类型在分析时侧重不同。

三 抖音平台珠峰相关内容分析

（一）珠峰相关短视频

抖音是中国最大的短视频应用 App 之一，具有很强的社会化特征。抖音已经实现了全年龄段的用户覆盖，但是青年一代依然是其主要用户群体，与之对应的，青年人也是旅游业的主要群体，这一群体具有很高的表达和分享欲望，他们乐于分享旅游"推荐"和"排雷"短视频。此外，由于抖音和今日头条都隶属于字节跳动，抖音沿用今日头条的算法优势，利用个性化推送机制，让每个人都可以通过分享优质的视频内容而获得流量曝光，这进一步激发了用户的分享欲，让更多的用户参与相关话题讨论。截至 2023 年 5 月，抖音上关于#珠峰的话题达到 11.8 亿次，相关视频分享内容主要是自驾珠峰、攀登珠峰和游珠峰等。

青年人多按自身兴趣记录珠峰相关内容，视频虽不如官方宣传视频那样气势恢宏，但其真实感更易引起网友的情感共鸣。在抖音的搜索栏输入"珠峰"并点击"经验栏"可以迅速看到很多人分享的各种游珠峰旅游攻略，包括线路攻略、避坑攻略、登顶攻略、住宿攻略和自驾攻略等，这些短视频可由用户自主选择按"最热"还是"最新"排序，便于用户自主获取有关珠峰的旅游资讯。

短视频相较于文字更具感染力，珠峰登顶和珠峰日落不再是冰冷的文字，而是具象化为真实的风景，使相关珠峰旅游经验更具说服力的同时也让更多人有兴趣观看视频。此外，据《快手＆抖音用户研究报告》，51.5%的抖音用户会看评论，19.4%的用户会参与评论互动，这进一步方便了相关用户交流旅游心得。因此，抖音的评论区本身也属于经验分享的优质内容，用户不仅可以进行文字评论互动还可以发布视频和图片，并且用户可以自主滑动对评论区内所有视频和图片评论进行观看，不必重复性点击和退出。这种强互动性、参与性使得抖音相较于传统的旅游开发模式更易被用户所接受，用户更愿意花费更多的时间通过珠峰旅游类短视频去了解珠峰的全貌，认识珠峰。

（二）直播和团购

抖音能够对不同消费群体关注的内容进行分析和定位，并在此基础上对用户行为进行分析，从而实现精准推送。在全民直播购物的时代，抖音利用大数据分析的智能算法根据用户喜好设置对应的流量池，向用户进行自发的推荐，使直播内容与用户具有更高的契合度，进而产生乘数效应，达到更强的传播效果。

抖音内有关珠峰的直播主要分为素人直播分享和品牌直播卖货两大类。素人直播分享主要是为用户进行相关问题解答，以聊天的形式分享珠峰旅游相关内容，是非营利性的。品牌直播卖货主要对珠峰旅游相关的装备进行推荐，引导用户进行消费，此外，也会对珠峰相关的特产进行推荐。直播的目的在于留住用户，部分用户有游珠峰的意愿时，不必跳转平台便可以购买到相关产品，并推荐相关珠峰特产，也可为暂时没有旅游打算的用户提供进一步了解珠峰的渠道。

抖音的团购选择为珠峰旅游增添助力，珠峰旅游团购链接可以直接挂在相关短视频内，用户观看短视频的任意时间都可以直接点击购买，对比线下购票、官网购票和其他渠道购票，抖音团购的便利性也一定程度上促进了珠峰旅游开发。

四　小红书平台珠峰相关内容分析

（一）珠峰旅游图文笔记

随着时代的进步，新媒体逐渐进入了人们的生活。新媒体通过应用数字技术为用户提供了资讯和休闲娱乐服务。新媒体主要通过网络、智能手机、社交网络等方式，在信息传播过程中发挥着举足轻重的作用。在营销推广

上，社交媒体占据着主导地位，"小红书"这一新媒体平台，是生活时尚的
交流平台。在小红书 App 平台上，用户可以通过文字、照片、视频、Vlog
和笔记的分享来记录消费体验。许多人都在小红书上分享自己的旅行心得、
美食和购物心得。小红书的开屏界面有这样一句宣传标语"标记我的生
活"，而小红书宣传标语的变化在一定程度上反映了其内容的变迁，小红书
宣传标语变化如图 4 所示。

图 4　小红书宣传标语变化

　　小红书的用户以女性居多，男女比例为 3∶7 左右，用户年龄主要集中
在 18~35 岁，约占 70%，其中 18~23 岁用户是最大的群体。在小红书上搜
索"珠峰"有 7 万多篇笔记，相关笔记关联词有"星空""一日游""照
片""大本营住宿""文案""门票""风景""自驾""拍照""三日游"
"氧气罐""东坡""穿搭""西藏""帐篷"等。有关珠峰关联笔记中的照
片、文案、拍照和穿搭体现了小红书主要用户群体为青年女性这一特点。小
红书中相关笔记间的跳转不必重新进行搜索，关键词在第一次搜索时就会分
类呈现，用户可自主点击感兴趣的关键词板块进行阅读。区别于其他社交媒
体，小红书珠峰图文笔记的封面多以"人像+风景"为主，这是对主要女性
使用群体的迎合。

　　小红书的图文笔记主要是种草分享，其中普通用户针对某一景点的笔记

内容会影响相关旅游地区的口碑。如果将带有"珠峰"关键词的笔记按照热度排序，可以看到热度前十的图文笔记中有6篇都来自粉丝量不高的普通用户，具体内容如表1所示。

表1　关于"珠峰"点赞量前十一的图文笔记

用户名	粉丝量	点赞次数（次）	发布日期	性别
铁＊子	150	22000	2022.07.06	女
小＊子	286000	20000	2021.07.11	女
麻＊学	368000	12000	2021.09.29	女
渡＊渡	1625	9912	2023.04.06	女
钱＊a	493	6584	2022.05.03	女
小＊跑	581000	5840	2021.10.16	女
N＊	148	5351	2022.06.03	女
超＊点	2139	5311	2022.06.17	女
w＊z	84000	4481	2022.10.10	女
西＊往	903	4087	2022.02.21	男
1＊儿	2863	1784	2023.03.07	女

从表1可以看出，小红书图文笔记的实时性较强，不会出现所在地与笔记内容完全不符的情况，分享笔记的用户也主要是使用小红书的女性群体，并且相较于网红，普通用户的种草分享类图文笔记流量同样十分可观。

（二）商品板块

小红书的内容随着时代的发展越来越多元化和大众化。在小红书上，许多用户都在分享日常生活，大到吃穿住行，小到消费单品。小红书拥有大量用户亲身体验的经验分享笔记，是全国最大的消费口碑集成平台。据统计，目前小红书平均每天更新笔记的记录已经突破了300万条，同时，60%的用户每日都会在小红书上进行高频搜索，日均搜索查询量接近3亿次，真正成为普通用户的生活搜索入口。

小红书作为分享类社交媒体，兼具电商功能，不同于抖音的直播形式电商，小红书商品售卖的主要形式也是图文，用户可以根据价格、品牌、分类和促销对商品进行筛选。搜索关键词"珠峰"，可以得到相关商品1361件，按照销量进行排序，得到的内容如表2所示。

表2 关于"珠峰"销量前九的商品

商品	成交量（单）	价格（元）
露营车	169	999
野营拖车1	45	199
营地车	37	559
珠峰日历	33	18
珠峰邮票	29	3.8
珠峰红包封面	24	6.8
珠峰洛卡纸	23	18
野营拖车2	22	559
户外手拉车	15	150

从表2中可以看出"珠峰"相关商品成交量不大且价格差异较大。此外，经搜索，部分相关商品实际上与"珠峰"关联性不强，这说明小红书虽然具备电商属性但用户较少选择直接在平台上购物。

五 微博平台珠峰相关内容分析

（一）有关珠峰的视频和图文

微博是在线沟通的平台，也蕴藏着许多为旅游业提供服务的机会。微博以在任何时间、任何地点都可提供旅行资讯、分享旅行经验等优势来增强用户黏性。同时，用户可以利用微博，随时获得想要的信息，分享旅行经历。微博的数据显示，截至2023年3月21日，微博日活跃用户达2.41亿，比上年同期增长3800万；月活跃用户达5.5亿，比上年同期增长8500万，微博的传播效率和实时性为人们的生活提供了极大的便利。

在视频、图片和文章三个板块，仅视频板块存在热门视频的选取，因此单独讨论视频板块，将图片和文章简称为图文进行综合讨论。微博有关珠峰的热门视频多是由微博大 V 发布的，极少有普通用户的微博视频成为热门，普通用户对于珠峰视频的讨论多是经大 V 发布后在其评论区进行小范围讨论，普通用户发布的相关视频很难得到反馈和引发讨论。

关于珠峰讨论度较高的图文也多是由大 V 或主流媒体发布的，普通用户关于珠峰旅游分享的图片和文章较少形成讨论度。借助微博平台，用户可以随时随地分享新鲜事，但随之而来的是用户间的互动性较差，输入"珠峰"关键词确实可以便捷地找到相关信息但用户间的讨论多局限于博主和粉丝的身份，信息间的交互性不强。

（二）珠峰微博话题

在微博搜索"珠峰"会出现综合、实时、用户、关注、视频、图片、文章、热门、话题、超话、地点、商品和主页 13 个板块，话题阅读次数 40402000，讨论次数 21000，最新有关"珠峰"的话题为 2023 年 5 月 1 日的#珠峰凌晨两点还在堵系误传#，话题阅读次数为 5359000，共有 23 家媒体曾发布过相关微博。不局限于仅搜索#珠峰#话题，将话题内带有"珠峰"的都加入讨论后，得到话题阅读量前十的微博内容如表 3 所示。

表 3 "珠峰"相关话题阅读量前十的微博

话题	阅读量（亿）	讨论度
骑着爱玛上珠峰	5.8	37000
珠峰高程测量登山队成功登顶	5.1	140000
2020 珠峰高程测量	3.5	76000
珠峰新身高 8848.86 米	3.0	42000
珠峰无限期关闭	2.6	32000
全民竞猜珠峰新高度	2.4	24000

话题	阅读量（亿）	讨论度
珠峰到底有多脏	2.4	16000
为什么非要人力给珠峰测身高	2.1	23000
运送珠峰遗体价格高达48万元	2.0	18000
珠峰遇难登山客最后的短信	1.7	9513

根据表3可知，微博话题的阅读量较高但用户讨论度相对较低，"珠峰"相关热门话题多讨论珠峰本身或者相关衍生信息，针对珠峰旅游开发的微博话题多为珠峰无限期关闭、珠峰到底有多脏、运送珠峰遗体价格高达48万元、珠峰遇难登山客最后的短信等谣言或负面信息。

六 珠峰旅游开发策略建议

（一）抖音旅游开发策略

在抖音上搜索旅游攻略相关话题可以看到播放量高达226.1亿次，短视频作为抖音内容的主要表现形式，重新构建了旅游开发的新方式，普通大众分享的旅游短视频更能激发网友的情感认同从而形成对视频拍摄地的向往，产生"到这看看"的旅游动机。本部分内容以"旅游Vlog"和"旅游攻略"两个方向为珠峰在抖音上的旅游营销提供建议。Vlog作为当代青年人最潮的记录生活方式，主要是以记录日常生活的方式拍摄视频，旅游Vlog就是以讲故事的方式记录旅游，抖音内发布的旅游Vlog大致分为两类，一是单纯记录博主个人的旅游日常，二是介绍旅游地的打卡点，前者是在日常生活内加入部分旅游内容，后者是以宣传旅游地的目的进行记录。

抖音旅游Vlog的短视频形式，更便于网友了解珠峰旅游的方方面面。网友可以直接在抖音搜索#珠峰Vlog进行观看，旅游Vlog相较于传统的旅游宣传片更贴近普通人的日常生活，更易激起网友的旅游欲望。抖音上有关珠峰的 Vlog 有纯干货介绍，还有部分青年人的"发疯"记录。纯干货的内容可以为打算去珠峰旅游的网友提供全方位的介绍和推荐，珠峰"发疯"Vlog 则更具趣味性，使得部分有好奇心的青年人将珠峰放在旅游清单的前列。

抖音上搜索有关珠峰的旅游攻略，只需输入"珠峰攻略"就会有相关内容呈现，网友若想要进一步了解珠峰旅游的真实情况不再需要去官网进行相关信息检索。不论是珠峰种草攻略还是珠峰避坑攻略，抖音内都有相关短视频内容，这在一定程度上促进了珠峰旅游开发，种草或避坑从来不是针对珠峰的单一评判，只要珠峰相关内容不断更新就对当地旅游有促进作用。

（二）小红书旅游开发策略

小红书的用户群体多为女性，使得珠峰旅游相关内容在小红书上呈现出平台特色，相较于其他社交媒体，小红书关于珠峰旅游的相关内容主要集中在拍照、打卡、路线和行李四方面。

与珠峰拍照有关的笔记有 6800 多条，关于拍摄的机位和设备均有推荐。当今，越来越多的人愿意拍照记录生活，小红书内关于珠峰拍照姿势和滤镜的图文笔记是在珠峰本身壮丽风景的基础上再次进行美化，人们大多对于美好事物都是喜爱的，这就进一步激发了人们对珠峰旅游的向往。

打卡是如今关于旅游的热门词，在去一个地方旅游时，大家会优先选择众人推荐的打卡地。小红书关于珠峰打卡有详细介绍，配有不同打卡点的优缺点及相关照片，图片和文字的结合可以让网友一目了然地了解到不同打卡点的面貌并便于网友进行对比。此外，网友可以根据心仪的打卡地有选择性地阅读相关内容，节省了大量时间。

对于去珠峰旅游的旅客来说，规划路线是必须的，合理的珠峰路线规划可以令旅客省时省钱省力。小红书针对不同旅游时间有针对性的旅游路线，不论是四天三夜还是五天四夜抑或是其他，每一天都有详细的路线规划，针对每天的路线，小红书内关于珠峰的笔记内容不是对地点的简单罗列而是详细到每天的路线时间段和行程必备清单。对比以往的珠峰旅游攻略，小红书的路线规划具有简单、明了和详细的特点。有些人不愿出门旅游除了因旅游需要大量开支外，还因旅游规划十分麻烦，小红书关于珠峰路线旅游的图文笔记就很好地解决了这一问题。

关于珠峰旅行的行李准备，有关服饰、生活和药品等均有相关笔记。针对服饰类，不是简单的衣服推荐而是侧重于不同景点的出片搭配，在保暖的同时增加了时尚感，这就进一步迎合了旅客心理。生活类除了充电宝和洗漱用品的相关笔记外还增添了防晒霜等特定地点的旅游必需品，防止旅客在珠峰旅游期间出现晒伤不适等情况。药品类针对爬山前的药物准备和爬山期间的药物准备均有推荐，此外，对于攀爬珠峰存在缺氧的人群也有推荐购买的医用氧气。

珠峰相较于其他旅游地点更需要提前做好准备，小红书诸多关于珠峰的详细笔记给旅客们出游前吃了一颗定心丸，这使得小红书区别于其他社交媒体，更具竞争优势。小红书应在此基础上加强相关旅游商品板块的运营，努力为用户提供更多的选择。

（三）微博旅游开发策略

微博有关珠峰旅游的相关词条主要由大 V 发布后再在话题下进行讨论，微博相对于抖音和小红书而言，社交属性没有前两者强但其平台内的微博热搜影响力是巨大的。现在微博的使用者大多会每天关注微博热搜并根据兴趣点击了解。微博热搜是每天实时更新的，方便用户及时获取信息。此外，微博平台有许多旅游大 V 会发布有关珠峰的照片和视频并配上相应的文字，由于大 V 都拥有一定规模的粉丝量，这在一定程度上保证了阅读量，对于珠峰旅游能起到一定的宣传作用。除个人账号外，旅游局也会在微博平台注册官方账号，官方账号的开通使得此账号中关于珠峰旅游的相关信息的真实性得到验证，令广大旅客可以放心出游。

微博更像是关于珠峰旅游的资讯平台，只是此平台内的相关热门话题主要由官方或大 V 进行发布。微博官方或微博大 V 进行珠峰旅游相关宣传时，可以通过转发、点赞和评论等方式与粉丝互动，必要时也可通过转发抽奖等形式进一步扩大珠峰旅游信息传播范围，以确保相关旅游信息发布后，可以得到较好的微博数据，从而推送给更多潜在的旅游者。向潜在的旅游者的推送往往伴随着新粉丝的加入，这就进一步提升了账号的信息影响力，使得该账号再次推荐的珠峰相关旅游产品或信息能获得更高的曝光度。此外，在"粉丝经济"的时代背景下，明星的粉丝众多，明星效应在微博平台显著，其信息传播力和影响力相较于普通意见领袖而言更大，明星的旅游宣传往往还会吸引一定数量的粉丝。因此，珠峰当地旅游局可以与明星合作，让其在微博平台上宣传珠峰，先发起#珠峰相关话题，再由明星为活动助力宣传，由此有关珠峰的相关信息会在一段时间内快速传播。

参考文献

魏来：《基于微博话语及地理标签的长沙市景点打卡时空特征研究》，中南林业科技大学硕士学位论文，2022。

王筱莉、张静、赵来军、夏志杰：《基于改进 SEIR 模型的微博舆情衍生话题传播研究》，《信息资源管理学报》2022 年第 4 期。

周瑶：《自媒体时代 KOL 营销模式分析——以小红书为例》，《淮南师范学院学报》2022 年第 1 期。

朱德锐：《环珠峰地区生态旅游可持续发展模式研究》，《现代商贸工业》2022 年第 12 期。

钱婧、王舒一：《新型分享式社交媒体在旅游目的地营销中的应用探究——以抖音和小红书为例》，《中国市场》2019 年第 23 期。

王月：《抖音"网红城市"的形成机理及传播效果刍议——以西安、重庆为例》，《西部学刊》2019 年第 2 期。

刘万昱、徐星明：《珠峰文化旅游产品开发》，《旅游纵览（下半月）》2019 年第 2 期。

邓良柳：《社交媒体时代民族文化旅游品牌营销的新路径：KOL 营销》，《贵州民族研究》2019 年第 1 期。

黄元豪、赖启福、林菲菲：《社交媒体对游客旅游意向的影响——基于目的地形象感知的实证研究》，《资源开发与市场》2018 年第 9 期。

吕映雪、陈媛媛：《短视频对城市旅游景点的呈现与传播——以"抖音"为例》，《视听界（广播电视技术）》2018 年第 4 期。

张补宏、周旋、广新菊：《国内外旅游在线评论研究综述》，《地理与地理信息科学》2017 年第 5 期。

杨涛：《西藏珠峰大本营旅游收益的共享机制研究》，《西藏研究》2017 年第 3 期。

陈宁、彭霞、黄舟：《社交媒体地理大数据的旅游景点热度分析》，《测绘科学》2016 年第 12 期。

平措卓玛、徐秀美：《珠峰登山旅游碳足迹及碳效用分析》，《西藏大学学报》（社会科学版）2016 年第 1 期。

陈晓磬、章海宏：《社交媒体的旅游应用研究现状及评述》，《旅游学刊》2015 年第 8 期。

叶春东、刘力：《浅谈数字时代旅游景区微博营销》，《商场现代化》2015 年第 17 期。

黄颖华：《后现代视角下的旅游者社交网络行为研究》，《旅游学刊》2014 年第 8 期。

孙莹：《微时代旅游营销的新模式——旅游微博营销》，《新闻知识》2013 年第 1 期。

彭敏、杨效忠：《微博在旅游网络营销和管理的应用初探》，《旅游论坛》2012 年第 4 期。

张树萍、王西荣、孙贤斌：《微博营销——数字时代旅游景区（点）营销的新途径》，《皖西学院学报》2011 年第 5 期。

短视频赋能珠峰旅游文化发展研究

王筱莉　姬青青*

摘　要： 在信息碎片化传播时代，短视频逐渐成为全民性话语表达和信息传播的方式，深入探究短视频对促进珠峰旅游文化发展的赋能作用具有重要意义。首先，本文基于经典的传染病模型，构建了短视频赋能的信息层和行为层双层网络传播模型；其次，通过动力学方程计算出模型平衡点，根据再生矩阵谱半径的方法计算出基本再生数；最后，从有无短视频赋能、模型关键参数和关键人群密度进行仿真分析。仿真实验表明：①短视频赋能情况下，能够激发更多的网络用户对短视频的传播欲望。②信息层中已知者转化为传播者的比率和已知者中存在有珠峰旅游史的人群转化为传播者的比率越大，传播者的密度也就越大。③珠峰短视频的已知者、传播者越多，珠峰旅游者密度也就越大。

关键词： 短视频　珠峰　旅游文化

一　引言

　　旅游文化是一种文明所形成的生活方式系统，是旅游者这一旅游主体借助旅游媒介等外部条件，通过对旅游客体能动的活动，碰撞产生的各种旅游文化现象的总和。① 珠穆朗玛峰作为世界第一高峰，其背后蕴藏着充满

---

* 王筱莉，博士，上海工程技术大学副教授，研究方向为信息管理；姬青青，上海工程技术大学在读研究生，研究方向为舆情管理。

① 陈国生、李运祥、周松秀主编《旅游文化学概论》，对外经济贸易大学出版社，2008。

物质和精神财富的文化内涵。通过旅游，珠峰的文化不仅仅只停留在文字、图片、视频等中，而是在实践过程中体验和感知文化，实现从文化认识到旅游实践，再从旅游实践到文化认识的两次飞跃。在快手、秒拍、抖音等短视频平台还没有问世之前，宣传珠峰旅游大多依靠传统媒体、互联网的文字和图片以及线下网络中人与人的接触，宣传效果微乎其微。而到了现今的短视频时代，通信技术快速更迭以及生活节奏加快，人们总是倾向于在更短的时间内做更多的事，简短凝练的短视频恰好满足了大众需求，"刷视频"成为人们接触信息、了解文化的实践性媒介。文旅行业的宣传依托于各类平台发布短视频，涵盖了旅行所需的"吃穿住行游购"六要素，为旅游文化发展赋能，吸引了大批网络用户，成就了各目的地旅游的快速发展。相比其他旅游胜地，珠穆朗玛峰的旅游活动虽然已经开展了很多年，但由于地域位置偏僻、地区经济条件落后以及旅游环境艰苦，除了一些专业登山队和登山爱好者外，珠峰旅游文化相关信息并没有被大范围的传播，而短视频的赋能在一定程度上能够促进珠峰旅游文化产业的发展。

二 文献综述

学者对珠峰旅游形成了一定的学术成果，但主要集中在生态旅游发展方面。平措卓玛等[1]运用碳足迹计算方法，对珠峰登山旅游的碳效用进行分析，探讨珠峰登山旅游环境管理绩效和生态属性。蒋益等[2]通过建立珠峰大本营生态旅游环境容量指标体系，计算出了珠峰生态旅游环境容量，基于计算结果提出珠峰生态保护策略。朱德锐[3]以珠穆朗玛峰为核心的环珠峰区域的环境特征为立足点，对环珠峰生态旅游可持续发展进行剖析并提出相应的

---

[1] 平措卓玛、徐秀美：《珠峰登山旅游碳足迹及碳效用分析》，《西藏大学学报》（社会科学版）2016 年第 1 期，第 145~149 页。

[2] 蒋益、李雪萍、刘嘉纬：《西藏珠峰大本营景区生态旅游环境容量研究》，《绿色科技》2021 年第 21 期，第 214~217 页。

[3] 朱德锐：《环珠峰地区生态旅游可持续发展模式研究》，《现代商贸工业》2022 年第 12 期，第 18~20 页。

策略。李艳红等①通过设计一套生态旅游 WebGIS 系统以期提高珠峰生态环境保护区的管理水平。何星等②依据自然生态旅游景观和人文生态旅游景观两大类型的指标，建立西藏生态旅游资源分类体系，界定西藏生态旅游资源的地域范围、数量和质量，阐明旅游线路沿途的生态景观格局，并在此基础上以珠峰自然保护区为示范进行高原特色生态旅游线路设计。

以往运用图片、文字的信息传播内容形式单一，视觉冲击力不够强，而短视频的诞生赋予了网络用户沉浸式的情感体验，各旅游地在短视频的加持下快速发展。王伯启③以抖音为例，分析了短视频的传播路径和传播机制，结合旅游短视频营销的典型案例，对旅游短视频营销决策提出建议。张可等④基于网红特质和心流体验建立结构方程模型，采用问卷调查的方式，得出网红特质会促使短视频受众产生心流体验，继而影响受众对相关旅游地的态度。路鹃等⑤基于抖音的田野观察，提出政府与基层干部相互协作，利用互联网技术提高乡村旅游短视频的传播效能。黄鸿业⑥分析抖音平台上的广西乡村旅游短视频现状，构建"直播+慢直播"的产业基本框架，提出个人品牌和乡村旅游品牌的整合营销传播是旅游业发展的关键。邓秀军等⑦将移动短视频平台的旅游目的地媒介形象作为中介变量，分析移动短视频平台社交可供性与旅游意向之间的相关性，探究移动短视频用户的旅游意向生成

———————————

① 李艳红、银正彤、郑文锋等：《珠峰自然保护区生态旅游 WebGIS 系统的设计规划》，《软件导刊》2007 年第 5 期，第 48~50 页。

② 何星、沈涛、肖怡然等：《西藏特色高原生态旅游资源分区及分类体系研究》，《西藏发展论坛》2021 年第 6 期，第 79~86 页。

③ 王伯启：《旅游短视频传播及营销模式分析——以抖音 App 为例》，《江苏商论》2023 年第 5 期，第 70~73 页。

④ 张可、许可、吴佳霖等：《网红短视频传播对消费者旅游态度的影响——以丁真走红现象为例》，《旅游学刊》2022 年第 2 期，第 105~119 页。

⑤ 路鹃、张樱馨、柳佳琳：《短视频赋能基层干部推广乡村旅游传播策略探析——基于抖音的田野观察》，《中国广播电视学刊》2022 年第 12 期，第 121~124 页。

⑥ 黄鸿业：《乡村旅游短视频的数字化生存与突围路径》，《青年记者》2023 年第 6 期，第 62~64 页。

⑦ 邓秀军、关越：《可供、可见与可接纳：移动短视频用户的旅游意向生成机制》，《现代传播（中国传媒大学学报）》2022 年第 12 期，第 136~145 页。

机制。

旅游文化作为一种文化信息，通过文字、图片、视频等形式在网络系统中进行传播，由于网络中的信息传播与人群中的病毒传播具有一定的相似性，基于传染病动力学原理研究网络信息的传播规律有一定的适用性。Daley 和 Kendall[1] 将谣言信息中的人群参照 SIR 模型划分为知道谣言信息并进行传播的人群、不知道谣言信息的人群和知道谣言信息但不进行传播的人群三类，构建了经典的 DK 模型。Maki 和 Thompson[2] 在 DK 模型基础上进一步优化，构建了 MK 模型。陈波等[3]基于用户的心理因素，构建了带有直接免疫率和潜伏者状态的 SEIR 传播模型。但随着信息传播研究的深入，单层信息传播网络模型并不能准确反映信息传播规律。因此，一些学者开始对多层网络传播动力学进行研究[4]。例如，Zhang 等[5]研究了新冠疫情，根据传染病传播和信息传播的特点，建立了政府防控下的多渠道网络 UFATSEIR 耦合传播

① Daley D. J., Kendall D. G., "Epidemics and Rumours," *Nature*, 1964, 204 (4963): 1118-1118.

② Maki D., Thompson M., *Mathematical Models and Applications: With Emphasis on the Social, Life, and Management Scienses*, Englewood Cliff New Jersey: Prentice-Hall, 1973.

③ 陈波、于泠、刘君亭等：《泛在媒体环境下的网络舆情传播控制模型》，《系统工程理论与实践》2011 年第 11 期，第 2140~2150 页。

④ Wang H., et al., "Effects of Asymptomatic Infection and Self-initiated Awareness on the Coupled Disease-Awareness Dynamics in Multiplex Networks," *Applied Mathematics and Computation*, 2021 (3): 400; Liu C. Y., et al., "Opinion Diffusion in Two-Layer Interconnected Networks," *IEEE Transactions on Circuits and Systems I-Regular Papers*, 2021, 68 (9): 3772-3783; Wang Z., Xia C., Chen Z., et al., "Epidemic Propagation with Positive and Negative Preventive Information in Multiplex Networks," *IEEE Transactions on Cybernetics*, 2020, 51 (3): 1454-1462; Li M., Jiang Y., Di Z., "Characterizing the Importance of Nodes with Information Feedback in Multilayer Networks," *Information Processing & Management*, 2023, 60 (3): 103344; Huo L. A., Gu J., "The Influence of Individual Emotions on the Coupled Model of Unconfirmed Information Propagation and Epidemic Spreading in Multilayer Networks," Physica A: Statistical Mechanics and Its Applications, 2023 (609): 128323; Huo L. A., Yu Y., "The Impact of the Self-recognition Ability and Physical Quality on Coupled Negative Information-behavior-epidemic Dynamics in Multiplex Networks," *Chaos, Solitons & Fractals*, 2023 (169): 113229.

⑤ Zhang J., Wang X., Chen S., "Study on the Interaction between Information Dissemination and Infectious Disease Dissemination under Government Prevention and Management," *Chaos, Solitons & Fractals*, 2023 (173): 113601.

模型。Xian 等①提出以一种社交平台为一层网络，基于舆情信息在多种社交平台中的跨平台传播，构建开放式和封闭式双层社交网络舆情信息传播模型。Zhang 等②提出了两层耦合的 SEIR 网络传播模型，按照舆情中产生的不同话题分为原始话题层和衍生话题层，采用控制变量法分析社会调节时间和话题衍生率对传播过程的影响。

综上所述，目前关于珠峰旅游的研究主要集中在生态旅游发展上，基本上没有对珠峰旅游文化发展的相关研究，并且针对短视频赋能旅游的研究大多是理论上的定性研究，很少运用动力学模型探究短视频赋能旅游过程中旅游文化信息的传播规律和演化过程。本文创新性地将短视频与珠峰旅游文化发展相结合，基于经典的传染病模型，构建信息层和行为层双层网络传播模型，探究短视频对珠峰旅游文化发展的赋能机制。

三 短视频赋能的双层网络模型

（一）模型描述

在短视频时代，无论是传统媒体还是互联网的文字、图片，对旅游地文化的宣传效果都微乎其微，而短视频用户群体庞大、覆盖面广，短、平、快的传播优势更使其成为珠峰文旅宣传中的利器，短视频在很大程度上促进了珠峰旅游文化发展。

由于短视频的赋能，本文将网络分为旅游文化信息层（以下简称"信息层"）和旅游行为层（以下简称"行为层"）。信息层主要是指以短视频为宣传载体的旅游文化信息传播网络，根据网络中节点状态的不同将节点分为四类：易感者（S）、已知者（E）、传播者（I）、免疫者（R）。其中，易感

---

① Xian J., Yang D., Pan L., et al., "Misinformation Spreading on Correlated Multiplex Networks," *Chaos: An Interdisciplinary Journal of Nonlinear Science*, 2019, 29 (11): 113123.

② Zhang Y., Y. Feng, "Two-Layer Coupled Network Model for Topic Derivation in Public Opinion Propagation," *China Communications*, 2020, 17 (3): 176-187.

者（S）是没有浏览过珠峰短视频并且没有接触到旅游文化信息的易感人群；已知者（E）是已经通过短视频或线下接触到旅游文化信息的潜伏人群；传播者（I）是指已经对珠峰旅游文化信息有所了解且借助发布短视频传播珠峰旅游文化信息的人群；免疫者（R）则是包括易感者、已知者及传播者在内进入免疫状态的人群。行为层是指用户群体关于珠峰旅游决策行为的线下网络，按网络中节点的状态分为：无珠峰旅游史人群（W）和有珠峰旅游史人群（V）。双层网络用户群体一一对应，短视频赋能的双层网络模型如图1所示。

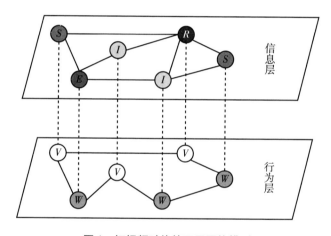

图1 短视频赋能的双层网络模型

如图2，在信息层中，当珠峰旅游短视频开始传播时，首先是珠峰当地政府或者本地居民为宣传珠峰旅游文化，或者是有珠峰旅游史的民众为分享旅游过程在平台上编辑短视频传递给网民，这些在网络上发布短视频的人群是最初始的传播者（I）；网络中的易感者（S）有α_1的可能在抖音、快手等短视频平台观看相关短视频，变为珠峰旅游文化已知者（E），也有可能直接以α_2变成免疫者（R）；已知者观看过珠峰宣传的短视频后会因对短视频有兴趣、对珠峰旅游及其文化有憧憬以β的概率转发相关短视频变为传播者（I），传播者（I）也可能由于对短视频遗忘、逐渐不感兴趣以μ的概率转化为免疫者（R）。而信息层用户状态的变化不仅仅局限于层内，还会受到行为层的影响。

易感者中存在一大部分无珠峰旅游史人群（W），这些人群不是通过阅读短视频而是以λ_1的概率通过线下网络了解到珠峰旅游文化信息，使得易感者（S）变为已知者（E）；易感者（S）中还存在一类人，即有珠峰旅游史人群（V），他们通过亲身前往珠峰旅游必然以百分百的概率转化为旅游文化信息的已知者（E）；已知者（E）中也存在无珠峰旅游史（W）和有珠峰旅游史（V）两类人群，这两类人群并没有观看珠峰旅游短视频，他们可能通过自制短视频的方式分别以λ_2和γ的概率变为信息层中的传播者（I）。

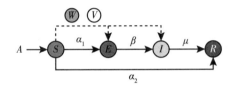

图2　信息层珠峰旅游文化信息传播模型

如图3，在行为层中存在两类人群，分别是无珠峰旅游史人群（W）和有珠峰旅游史人群（V）。无珠峰旅游史人群（W）有ρ_1的概率因出差等偶然因素前往珠峰旅游，或者以ρ_2的概率与有珠峰旅游史人群（V）接触，受其感染前往珠峰旅游，变为有珠峰旅游史人群（V）。受信息层的影响，无珠峰旅游史人群（W）中有在短视频平台中阅读和转发过珠峰旅游短视频的两类人群，他们分别有ρ_3、ρ_4的概率前往珠峰旅游。考虑到转发短视频比阅读短视频的人对珠峰旅游有更大的憧憬，设$\rho_3 < \rho_4$。模型中具体节点状态含义和参数含义见表1和表2。

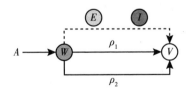

图3　行为层珠峰旅游决策传播模型

表 1　模型中节点状态的含义

节点	节点状态	节点说明
S	易感者	不了解珠峰旅游文化的人群
E	已知者	了解珠峰旅游文化的人群
I	传播者	发布或转发短视频传播珠峰旅游文化的人群
R	免疫者	包括易感者、已知者以及传播者在内进入免疫状态的人群
W	无珠峰旅游史人群	没有前往珠峰旅游的人群
V	有珠峰旅游史人群	有前往珠峰旅游经历的人群

表 2　模型中参数的含义

符号	符号含义
α_1	易感者转化为已知者的比率
α_2	易感者转化为免疫者的比率
β	已知者转化为传播者的比率
λ_1	易感者人群中的无珠峰旅游史人群转化为已知者的比率
λ_2	已知者人群中的无珠峰旅游史人群转化为传播者的比率
γ	已知者人群中的有珠峰旅游史人群转化为传播者的比率
μ	传播者转化为免疫者的比率
ρ_1	因出差等偶然因素前往珠峰旅游的比率
ρ_2	因与有珠峰旅游史人群接触受其感染前往珠峰旅游的比率
ρ_3	无珠峰旅游史人群中阅读过短视频前往珠峰旅游的比率
ρ_4	无珠峰旅游史人群中转发过短视频前往珠峰旅游的比率
A	系统中新增人数比率

（二）构建动力学方程

参照系统动力学的微分方程模型，短视频赋能双层网络传播模型中各用户状态的变化如下所示。

信息层用户状态的变化：

$$\frac{\mathrm{d}S(t)}{\mathrm{d}t} = A - \alpha_1 S(t)\ I(t) - \alpha_2 S(t) - \lambda_1 S(t)\frac{W(t)}{N(t)} - S(t)\frac{V(t)}{N(t)} \tag{1}$$

$$\frac{\mathrm{d}E(t)}{\mathrm{d}t} = \alpha_1 S(t) I(t) - \beta E(t) + [(\lambda_1 S(t) - \lambda_2 E(t))] \frac{W(t)}{N(t)}$$
$$+ S(t) \frac{V(t)}{N(t)} - \gamma E(t) \frac{V(t)}{N(t)} \tag{2}$$

$$\frac{\mathrm{d}I(t)}{\mathrm{d}t} = \beta E(t) + \lambda_2 E(t) \frac{W(t)}{N(t)} - \mu I(t) + \gamma E(t) \frac{V(t)}{N(t)} \tag{3}$$

$$\frac{dR(t)}{dt} = \mu I(t) + \alpha_2 S(t) \tag{4}$$

行为层用户状态的变化：

$$\frac{\mathrm{d}W(t)}{\mathrm{d}t} = A - \rho_1 W(t) - \rho_2 W(t) V(t) - \rho_3 W(t) \frac{E(t)}{N(t)} - \rho_4 W(t) \frac{I(t)}{N(t)} \tag{5}$$

$$\frac{\mathrm{d}V(t)}{\mathrm{d}t} = \rho_1 W(t) + \rho_2 W(t) V(t) + \rho_3 W(t) \frac{E(t)}{N(t)} + \rho_4 W(t) \frac{I(t)}{N(t)} \tag{6}$$

对于任意时间 t，$S(t) \geqslant 0$，$E(t) \geqslant 0$，$I(t) \geqslant 0$，$R(t) \geqslant 0$，$W(t) \geqslant 0$，$V(t) \geqslant 0$，$S(t) + E(t) + I(t) + R(t) = N(t)$，参数取值范围在 $[0, 1]$。

（三）基本再生数

令方程组式（1）～（6）中 $\frac{\mathrm{d}S(t)}{\mathrm{d}t} = 0$，$\frac{\mathrm{d}E(t)}{\mathrm{d}t} = 0$，$\frac{\mathrm{d}I(t)}{\mathrm{d}t} = 0$，$\frac{\mathrm{d}R(t)}{\mathrm{d}t} = 0$，$\frac{\mathrm{d}W(t)}{\mathrm{d}t} = 0$，$\frac{\mathrm{d}V(t)}{\mathrm{d}t} = 0$，可以得到短视频层网络中的零传播平衡点为 E_0（$\frac{A}{\alpha_2}$，0，0，0），得到行为层网络中零传播平衡点为 H_0（$\frac{A}{\rho_1}$，0）。借鉴 Diekmann 等[1]对基本再生数的定义，本文的基本再生数是指短视频层中传播珠峰短视频的人群成为易感者，在没有外力干预下可感染的二代传播者数量，基本再生数是衡量信息传播能力的重要参数。基本再生数 $R_0 = 1$ 为阈值，当 $R_0 < 1$

---

[1] Diekmann O., Heesterbeek J. A. P., Metz J. A. J., "On the Definition and the Computation of the Basic Reproduction Ratio R0 in Models for Infectious Diseases in Heterogeneous Populations," *Journal of Mathematical Biology*, 1990（28）：365–382.

时，信息传播不会形成扩散趋势，最终会消失在网络中；当$R_0 > 1$时，信息传播会在一定范围内形成扩散趋势。根据 Van den Driessche 和 Watmough[①] 采用的再生矩阵谱半径法，计算基本再生数 R_0。

令 $x_1 = [E(t), I(t), S(t), R(t)]'$，将模型式子（1）～（4）改写为：

$$\frac{dX_1(t)}{dt} = F(x) - V(x) \tag{7}$$

其中，

$$F(x) = \begin{bmatrix} \alpha_1 S(t) I(t) + \lambda_1 \dfrac{S(t)}{N(t)} W(t) + S(t) \dfrac{V(t)}{N(t)} \\ 0 \\ 0 \\ 0 \end{bmatrix} \tag{8}$$

$$V(x) = \begin{bmatrix} \beta E(t) + \lambda_2 \dfrac{E(t)}{N(t)} W(t) + \gamma E(t) \dfrac{V(t)}{N(t)} \\ -\beta E(t) - \lambda_2 \dfrac{E(t)}{N(t)} W(t) + \mu I(t) - \gamma E(t) \dfrac{V(t)}{N(t)} \\ -A + \alpha_1 S(t) I(t) + \alpha_2 S(t) + \lambda_1 S(t) \dfrac{W(t)}{N(t)} + S(t) \dfrac{V(t)}{N(t)} \\ -\mu I(t) - \alpha_2 S(t) \end{bmatrix} \tag{9}$$

当系统中信息传播不存在时，网络中仅有未知者，此时存在零传播平衡点 $E_0 (\frac{A}{\alpha_2}, 0, 0, 0)$，也就是说信息层网络中不存在了解或者传播珠峰旅游文化信息（包括短视频）的人群，前文已经假定有过珠峰旅游史人群必然对相关文化信息有所了解，也就意味着在零传播平衡点的条件下行为层网络中不存在有珠峰旅游史人群，在行为层网络中达到零传播平衡点 $H_0 (\frac{A}{\rho_1}, 0)$。

---

① Van den Driessche P., Watmough J., " Reproduction Numbers and Sub-threshold Endemic Equilibria for Compartmental Models of Disease Transmission," *Mathematical Biosciences*, 2002, 180 (1-2): 29-48.

$$f = \begin{bmatrix} 0 & \dfrac{A\alpha_1}{\alpha_2} \\ 0 & 0 \end{bmatrix} \tag{10}$$

$$v = \begin{bmatrix} \dfrac{A\lambda_2 + \beta\rho_1}{\rho_1} & 0 \\ -\dfrac{A\lambda_2 + \beta\rho_1}{\rho_1} & \mu \end{bmatrix} \tag{11}$$

$$fv - 1 = \begin{bmatrix} \dfrac{A\alpha_1}{\mu\alpha_2} & \dfrac{A\alpha_1}{\mu\alpha_2} \\ 0 & 0 \end{bmatrix} \tag{12}$$

$$|\lambda E - fv - 1| = \begin{bmatrix} \lambda_1 - \dfrac{A\alpha_1}{\mu\alpha_2} & -\dfrac{A\alpha_1}{\mu\alpha_2} \\ 0 & \lambda_2 \end{bmatrix} = 0 \tag{13}$$

$$R_0 = \max\{\lambda_1, \lambda_2\} \tag{14}$$

因此，信息层的基本再生数为$R_0 = \dfrac{A\alpha_1}{\mu\alpha_2}$，可以通过增大系统新增人数比率$A$和易感者转化为已知者的概率$\alpha_1$，减小传播者转化为免疫者的概率$\mu$以及直接免疫率$\alpha_2$来扩大信息层网络中短视频赋能珠峰旅游文化传播的范围。

四　仿真实验与分析

设定系统初始值为$N = 1$，$S(0) = 0.9998$，$E(0) = 0.0001$，$I(0) = 0.0001$，$R(0) = 0$，$W(0) = 0.9999$，$V(0) = 0.0001$；设定系统基准组参数为$A = 0.02$，$\alpha_1 = \alpha_2 = 0.2$，$\lambda_1 = 0.1$，$\beta = 0.25$，$\lambda_2 = 0.35$，$\gamma = 0.35$，$\mu = 0.1$，$\rho_1 = 0.01$，$\rho_2 = \rho_3 = 0.2$，$\rho_4 = 0.3$。使用matlab软件，通过控制变量法等方法对本文所构建的短视频赋能模型进行仿真分析，深入分析模型中有无短视频赋能、关键参数和人群密度对信息层中传播者密度以及行为层中旅行者密度的影响。

（一）短视频赋能仿真模拟

当系统中不存在珠峰旅游短视频传播，只存在少量文本、图片信息时，即无短视频赋能情况下，设定系统参数为 $A = 0.02$，$\alpha_1 = 0.2$，$\alpha_2 = 0.2$，$\lambda_1 = 0.1$，$\beta = 0.025$，$\lambda_2 = 0.35$，$\gamma = 0.035$，$\mu = 0.1$，$\rho_1 = 0.01$，$\rho_2 = 0.2$，$\rho_3 = 0.02$，$\rho_4 = 0.03$。图 4 展示了有短视频赋能和无短视频赋能两种情况下传播者密度随时间推移而变化的曲线。短视频赋能情况下，在 $t = 10$ 时，珠峰旅游文化相关信息传播者的密度为 0.32，传播者数量达到了顶峰。而无短视频赋能情况下，珠峰旅游文化相关信息传播者密度的最大值与短视频赋能时传播者密度的最大值相比缩小了 35%。例如，在 2023 年 1 月 27 日微博社交网络平台"新年珠峰上空的绝美彩云"的热搜话题中，对珠峰绝美彩云的宣传既有图片信息和文本信息，也有如入其境的短视频。统计发现，在"新年珠峰上空的绝美彩云"话题下，文本信息和图片信息的转发量共计 960 条，短视频的转发量 1974 条，具体统计信息如表 3 所示，说明图片、文字信息传播内容形式单一，视觉冲击力不够强，无法增强观众情感体验，相比之下，短视频简短而精炼，能够提升珠峰旅游宣传的沉浸感，激发更多的网络用户对短视频的传播欲望。

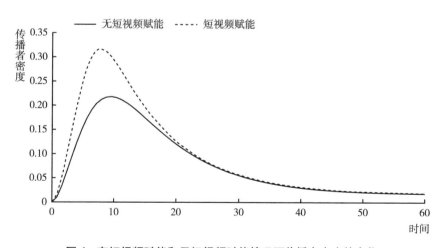

图 4　有短视频赋能和无短视频赋能情况下传播者密度的变化

表 3　文本图片信息与短视频的转发数量统计

单位：条

短视频发布者	转发量	文本图片信息发布者	转发量
@人民日报	1878	@旅少	166
@陕西微旅游	1	@Paulownia董书畅	620
@文旅山东	4	@Grace陈格爽	174
@双流发布	6		
@东北大学	3		
@大东发布	1		
@我苏特稿	7		
@中国气象局	11		
@环球网	35		
@成都商报	10		
@中国传媒大学	2		
@中国青年网	9		
@沈阳发布	7		

　　在信息碎片化传播时代，虽然相比传统的大众媒体、互联网的文本信息和图片信息，短视频的内容形式更易吸引用户，但是在珠峰旅游文化宣传方面，短视频的内容质量也是关键的影响因素。首先，短视频的内容呈同质化趋势，各媒体平台的短视频都存在重流量、轻创意的问题，当一个短视频"火"了之后，会有大量网络用户为了追求流量，对原视频进行模仿、照搬照抄，加上视频模板和信息茧房效应，加剧了同质化问题，使得短视频陷入"低质量、同质化"的漩涡，造成大众审美疲劳，甚至会引发厌恶情绪。珠峰短视频也同样存在内容同质化问题，只有发布有创意的珠峰短视频才能吸引人们前往珠峰旅游，有效传播珠峰旅游文化。如此看来，来自外部的严格监管和来自平台的主动引导显得十分必要。其次，海量短视频可能会出现浅表化问题，短视频的制作与宣传，不仅仅是展现美食与美景，更要融入旅游文化的内核精神。而攀登珠峰就是一种不畏艰

难、不惧挑战的精神力量的象征，也是国家科技进步的体现，珠峰旅游文化的宣传短视频只有体现这些精神品质，才是助推短视频发展与珠峰旅游文化发展的长久之计，吸引更多的人前往珠峰，促进珠峰文化事业和产业发展协同并进，实现线上反哺线下。

（二）关键参数仿真模拟

图 5 展示了在信息层中已知者转化为传播者的比率 β 的变化情况下，传播者密度随时间推移而变化的曲线。可以发现，β 值越大，传播者密度越大，并且能够较快地达到峰值。图 6 展示了在已知者中有珠峰旅游史人群转化为传播者的比率 γ 的变化情况下，传播者密度随时间推移而变化的曲线。可以发现，传播者密度随着 γ 值的增大而增大，γ 值越大，传播者数量密度也就越早达到峰值。通过增大 β 和 γ 的概率可以使得更多的珠峰旅游文化已知者向传播者转化，传播者不仅决定着传播活动的存在与发展，而且决定着信息内容的质量与数量、流量与流向。

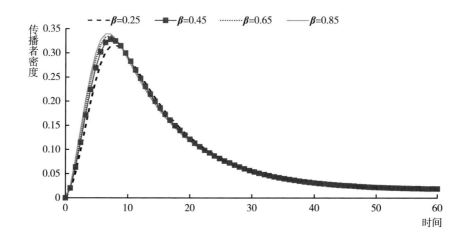

图 5　在概率 β 变化情况下传播者密度的变化

SIPS 模型于 2011 年由日本著名广告公司电通株式会社提出，主要用于创意营销、消费者行为分析与社交媒体传播效果研究，模式共分为共鸣、确

199

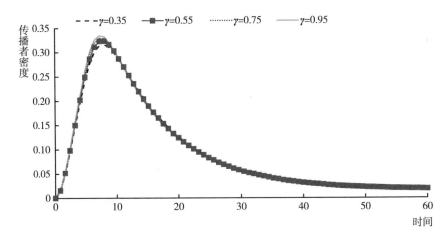

图6　在概率γ变化情况下传播者密度随时间的变化曲线

认、参与、分享四个部分。① 目前，SIPS 模型被广泛应用于短视频传播效果
与策略研究。从抖音平台来看，基于 SIPS 模型，珠峰短视频存在参与度不
高、分享欲不足两大问题，不同于共鸣和确认这种精神层面的用户体验，珠
峰旅游短视频参与和分享部分可以用抖音指标数据来计量，参与体现为抖音
短视频的评论、收藏数据，而分享体现为转发数据。如表 4 所示，以 "@
一脚油门儿" 在抖音平台发布的珠峰旅游视频为例，点赞数量为 151.5 万，
体现参与度的评论数量和收藏数量分别为 5.8 万和 1.3 万，体现分享欲的转
发数量为 2.1 万，点赞数量远超其他三个指标数据。这样的结果又进一步说
明了系统中存在大量的珠峰旅游文化信息已知者，已知者向传播者转化的动
力尤为不足，造成传播者数量小。如果想要加强短视频宣传，加速已知者向
传播者转化，一方面，可以发挥短视频平台中关键意见领袖的带头作用，积
极推广珠峰旅游短视频，宣传旅游文化，扩大群体影响力。另一方面，引
导、鼓励珠峰旅游文化传播者在多个短视频平台发布、转发珠峰旅游短视
频，促成用户扩散。例如，拥有 626 万名粉丝的冬奥冠军@ 王濛，其在抖音

① 姜玲：《图书馆 "爆款" 短视频特征分析及短视频平台运营策略研究》，《图书馆理论与实
践》2021 年第 6 期，第 128~136 页。

平台发布的视频《在东北充实的一天》以幽默诙谐的表达方式展现了东北的洗浴文化和洗浴爱好，得到了8.3万的转发量；在抖音平台拥有百万粉丝量的旅游网红@子芸芸、@潇潇的旅行在亲身体验日照金山的珠峰后通过自制旅程短视频宣传珠峰旅游文化，大约有12万的网络用户对其视频进行转发，促进了珠峰旅游文化传播。

表4　抖音平台珠峰旅游短视频指标数据

单位：万

用户名	@流浪Cookie	@一脚油门儿	@潇潇的旅行	@八戒说车	@史别别
点赞	255.2	151.5	52.8	39.2	32.4
评论	14.1	5.8	4.8	1.2	0.1
收藏	22.9	1.3	2.7	1.3	0.1
转发	26.1	2.1	8.7	1.6	0.1

（三）关键人群密度仿真模拟

图7展示了在已知者密度变化情况下，珠峰旅游者密度随时间推移而变化的曲线。已知者密度每增加0.1时，旅游者的密度随之增加，并且旅游者密度能够在较短的时间内进入平稳状态。图8是在传播者密度变化的情况下，珠峰旅游者密度随时间推移而变化的曲线。图8与图7呈现出相同的变化规律，旅游者密度随着传播者密度的增加而增加，传播者密度越大，旅游者密度趋于稳定的时间越早，说明珠峰短视频的观看者以及传播者越多，前往珠峰旅游、了解珠峰旅游文化的人就越多。例如，2018年发布的《我是敦煌》短视频使用可爱憨萌的童声配音，以"我家的院子"介绍晚上"伸手就能摘星星"的雅丹国家地质公园，以"我家的后花园"讲述月牙泉"像笑起来的眼睛"，以"我家的书房"比喻"有好多好多壁画"的莫高窟，以"我的宠物"指代鸣沙山沙漠上的骆驼。[1] 这种生活化、动感化的表

①　唐俊、黄雅萍：《整合传播视角下地域视听文旅产品的多元体系构建——以敦煌的实践为例》，《中国电视》2022年第10期，第68~74页。

达拉近了与观众的距离，塑造了一个别样的"抖音敦煌"，生动形象地宣传了敦煌文化，激发了不少用户实地前往打卡体验敦煌文化的欲望。2019 年春节期间"西安年·最中国"活动与抖音平台合作，利用抖音短视频的推广机制提升了西安城市的旅游热度，西安市接待旅游人数增长率达到 66.56%、旅游收入增长率达到 137.08%。2019 年五一假期西安城市共接待游客 1302.49 万人次，增长 28.38%；旅游业总收入 66.34 亿元，增长 47.46%。① 由敦煌和西安旅游短视频对旅游文化和旅游产业赋能的成功案例可知，短视频宣传在珠峰旅游发展中至关重要，需要结合优质新颖的短视频内容和平台推送机制为珠峰旅游文化发展助力。

由此看来，想要吸引更多的游客前往珠峰旅游，促进珠峰旅游文化发展，相关部门应该把着重点放在信息层，增加信息层中珠峰旅游文化短视频的已知者和传播者数量。在增加珠峰旅游文化短视频的已知者数量方面，媒体平台可以利用推荐算法机制，针对性地将珠峰旅游短视频推荐给有类似兴趣的用户，与此同时，也要使珠峰旅游短视频覆盖到所有普通用户，吸引潜在用户，避免由信息茧房效应造成已知者局限在一小部分人群内，信息无法在更大的人群范围中扩散。而传播者数量又在一定程度上决定了已知者数量，传播者数量越多，珠峰旅游文化短视频的已知者数量就越多，因此，珠峰旅游短视频的传播者数量成为主要矛盾的主要方面。在增加珠峰旅游短视频传播者数量方面，珠峰旅游短视频的传播者大多是旅行博主，虽然如抖音这样去中心化的平台，人人都可以在平台中发布视频，但是珠峰旅游短视频普通用户中传播者少之又少，而且缺少一些官方媒体充当珠峰旅游文化的传播者。想要增加传播者数量，一方面，有关部门可以和短视频平台合作，增加珠峰旅游短视频传播者中的普通用户和官方媒体数量。另一方面，相关媒体平台可以赋予珠峰旅游短视频传播者用户"珠峰旅游大使"标签，吸引更多的用户传播珠峰旅游短视频。

---

① 秦文晶、计雨涵：《当城市旅游营销遇到短视频：城市文化价值何以被放大——以"西安年·最中国"与抖音的合作为例》，《经济研究导刊》2022 年第 13 期，第 78~82 页。

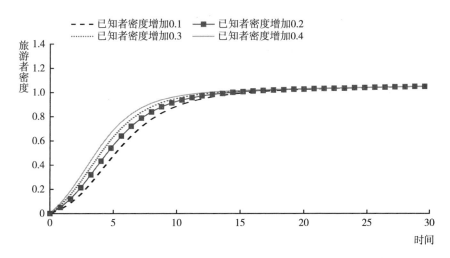

图 7　在已知者密度变化情况下旅游者密度的变化

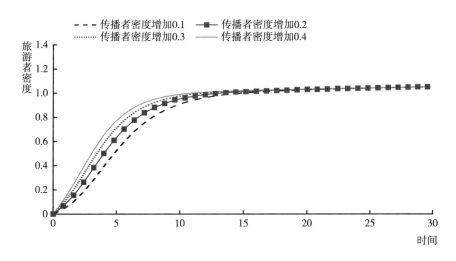

图 8　在传播者密度变化情况下旅游者密度的变化

五　小结

在信息碎片化传播时代，不同于传统媒体和互联网模式下的文字、图片传播形式，短视频逐渐成为全民性的话语表达和信息传播方式，提升了珠峰旅游宣传的沉浸感。首先，本文基于经典的传染病模型，构建了信息层和行为层双层网络传播模型，将短视频与珠峰旅游相结合，探究短视频对珠峰旅游文化发展的赋能机制；其次，通过动力学方程计算出模型平衡点，根据再生矩阵谱半径的方法计算出基本再生数；最后，从有无短视频赋能、模型关键参数和关键人群密度等角度进行仿真分析。

研究结果表明：①短视频赋能情况下，相比单一的文字传播和图片传播，短视频能够提升珠峰旅游宣传的沉浸感，激发更多的网络用户对短视频的传播欲望。②信息层中已知者转化为传播者的比率 β 和已知者中存在有珠峰旅游史人群转化为传播者的比率 γ 越大，传播者密度越大，并且能够较快地达到峰值。③已知者、传播者与旅游者密度成正比，珠峰短视频的已知者及传播者越多，前往珠峰旅游、了解珠峰旅游文化的人就越多。

为促进珠峰旅游文化发展，需注意以下几点：其一，在珠峰旅游文化短视频赋能方面，短视频的内容质量是关键的影响因素。为避免短视频内容呈同质化和浅表化趋势，短视频的制作与宣传要融入旅游文化的内核精神，发布有创意的珠峰短视频，以便吸引人们前往珠峰旅游，传播珠峰旅游文化。其二，为解决已知者向传播者转化的动力不足问题，需要发挥短视频平台中关键意见领袖的带头作用，引导、鼓励珠峰旅游文化传播者在多个短视频平台发布、转发珠峰旅游短视频，增加珠峰旅游文化传播者数量。其三，媒体平台可以利用推荐算法机制，针对性推荐和普遍性覆盖并举，避免由信息茧房效应造成已知者局限在一小部分人群内，促使信息在更大的人群范围中扩散。有关部门可以和短视频平台合作，增加珠峰旅游短视频传播者中的普通用户和官方媒体数量。

珠峰旅游对区域产业多维发展的推动作用

周 瑛 吴明远*

摘 要： 珠峰旅游是珠峰地区（以定日县为核心区）旅游活动和体系的简称，是以珠峰国家公园为核心，涉及喜马拉雅山脉的主峰珠穆朗玛峰，以及邻近地区高山草甸、湖泊、森林，涵盖藏族文化、民俗风情体验等的旅游活动。珠峰旅游以巨大的产业延伸性、产业集成性和品牌号召性逐渐成为当地产业发展的"火车头"，带动和促进体育、文化、农牧业、交通、餐饮、食品加工等产业快速发展，其影响表现为相关产业类型叠加、产业链条延伸、技术水平升级、产业人才聚集等诸多效应。

关键词： 珠峰旅游 区域产业 多维发展

一 珠峰地区（定日县）旅游产业概况

珠峰景区内纯净的自然风貌和悠久的历史文化，吸引了众多国内外游客前来旅游体验，由此，催生出珠峰旅游产业群，包括交通运输、住宿、餐饮、导游、登山装备租赁、医疗救援、生态研究、文化体验等。珠峰旅游正在向"自然探秘旅游+生态考察旅游+藏族文化感知旅游"综合化、多元化发展。自然生态探索、文化古迹参观、雪山攀登荒野徒步、民俗观光等珠峰旅游选项，为游客提供了更加丰富、多样、有意义的特殊体验。

---

* 周瑛，上海锋迎文化传播发展有限公司；吴明远，教授，上海技术工程大学，研究方向为旅游管理。

（一）珠峰旅游产业概况

珠峰地区涉及的产业类型较多，包括旅游、畜牧、矿产资源开发、水电能源开发、文化、体育、医疗、食品加工等（见表1）。

表1　珠峰地区产业概况

大类	行业	内容	备注
第一产业	畜牧业	牦牛、藏羊等	气候寒冷、高海拔,适合发展藏羊、牦牛等畜牧业
	种植业	主要种植高原作物,如青稞、油菜等	青稞酒是特色饮品,是珠峰旅游文化体验的重要产品
	矿产业	有铅、锌、锑、钨、煤、石墨、水晶、萤石、白云母、黄石等	珠峰地区有丰富的矿产资源,是珠峰旅游的潜在推动力
第二产业	医药业	主要有当归、黄芪、胡黄连、雪莲花、麻黄、大黄、虫草、党参、天麻、参三七等草本植物	草本植物中的药用植物有望成为重要的医疗项目
	轻工业	纺织、制鞋、制药等	轻工业规模较小,近些年逐渐发展
	食品加工业	青稞酒、牦牛肉制品等	农业和畜牧业为食品加工提供了一定的基础
	手工艺业	藏毯、藏银饰品等	居民以藏族为主,具有悠久的手工艺传统,这些手工艺品成为当地的文化特色产品
第三产业	旅游业	旅游接待、住宿、餐饮、交通等	旅游业是珠峰地区的支柱产业之一
	体育业	登山、徒步、滑雪等户外运动和旅游体验	每年吸引了大量的登山爱好者和游客
	文化业	藏族文化、宗教文化等	悠久的历史和灿烂的文化成为当地旅游文化的重要组成部分

（二）珠峰旅游核心地域定日县

定日县是西藏自治区日喀则市下辖的一个县，位于珠峰北坡，辖区内的珠峰大本营是前往珠峰北坡登山的必经之地。定日县还有许多自然风光和人文景观，如定日独特的藏式村寨、雅鲁藏布江大峡谷、纳木错湖等。

得天独厚的旅游资源和环境对珠峰旅游起到了支撑作用，首先，丰富了珠峰旅游的内容和体验。其次，为珠峰旅游提供了便利的条件，如交通、住宿、餐饮、医疗等，为珠峰旅游提供了保障。最后，带动了当地经济的发展，促进了农业、手工业、食品加工业等的发展。

二　珠峰地区的产业结构

定日县近年来积极拓展产业发展新路子，一是推动高原农业发展，二是积极探索珠峰旅游产业发展之道，三是积极引导群众发展手工艺业。依据各产业发展的相对成熟程度及其对其他产业的影响，可分为主力产业和潜力产业两大类。

（一）主力产业（比较成熟产业）

定日县的主力产业包括农业和旅游业等，对当地经济发展的引领性最强。其中农业包括养殖业（畜牧业）和种植业。由于气候条件的限制，定日县农业以养殖业中的畜牧业为主，种植业也有一定程度的发展（见表2）。

表2　珠峰地区（定日县）农业结构

农业	内容	规模	形式	特点
畜牧业	牦牛、羊、马等，畜牧业以其肉、毛、奶等副产品为主	小规模农户以养殖为主	草原牧场和户养	以藏族、土族等少数民族为主藏南牦牛是一大特色羊品种丰富，阿克巴尔黑山羊、巴吉黑山羊、波洛羊和岗巴羊等为主要品种
种植业	粮食作物有青稞、小麦等种植白菜、萝卜、油菜、蒜、洋葱等蔬菜	种植面积仅占农业总面积的很小一部分	农户与合作社	包括少量粮食种植；蔬菜种植也占很小一部分，有一定难度。由于海拔高，农业生产周期较长，果树种植业尚未得到有效的发展

珠峰旅游包括体验旅游和文化旅游，是当地最具有成长性和引领性的产业，不仅塑造和提升了定日县品牌知名度和美誉度，更成为当地产业发展的"火车头"（见表3）。

表3 珠峰地区（定日县）旅游业结构

旅游业	类型	内容	规模及形式	特点
体育旅游	徒步	喜马拉雅登山徒步穿越嘎玛沟徒步旅游活动环珠峰跨国旅游线路	近百人的国内外徒步旅游	珠穆朗玛徒步大会、喜马拉雅徒步穿越大会成为品牌活动
	登山	珠穆朗玛峰攀登	每年达数百人的团队及个人	珠穆朗玛峰作为世界上最高的山峰，吸引了来自世界各地的登山爱好者
	山地自行车	旅游和探险	数百人	珠峰地区有许多山地自行车道，可以进行山地自行车骑行活动
生态旅游	生态体验	高原森林、湖泊考察或体验	数百人	定日县拥有着高原绝美的草原风光等自然景观，吸引了不少生态旅游爱好者
探险旅游	冰川体验	曲登尼玛冰川、珠峰西坡冰川等	达数百人，观赏与考察	定日县拥有许多壮观的冰川景观，适宜探险和科学考察
文化旅游	民俗体验	珠峰文化旅游、藏族文化旅游、宗教文化旅游、民俗文化旅游和古迹文化旅游等	游学、考察、体验、研究	定日县悠久的历史文化活动是当地人民生活的一部分，也吸引着游客

（二）潜力产业（发展中产业）

珠峰地区的文化资源和体育资源具有独特性，目前主要是与旅游融合发展（见表4）。

表4 珠峰地区（定日县）潜力产业构成

类别	类型	重要代表	规模及分布	特点
文化产业	宗教寺院	协格尔曲德寺	4个殿堂、40名僧人	位于日喀则市定日县城内，建于1385年，距定日县珠峰宾馆7公里，位于协格尔金刚山（也称孜加山）山上，寺庙依山而筑。协格尔金刚山形如度母跏趺姿态，其独特的墙体系采用石块与土坯砌筑，经过4次不同规模的复修、扩建
		森嘎曲德寺	格鲁派的"四大名寺"之一	距离县城约40公里。始建于公元8世纪，是藏传佛教格鲁派寺庙。坐落在海拔5200米的珠峰脚下，地理位置独特，寺庙周围环境优美。此外，寺内还有一些珍贵的文物，如唐卡、壁画等。每年的藏历新年期间，举行盛大的庆祝活动，吸引了大量的信徒和游客
		曲嘎寺	绒辖沟最著名的人文景观	位于定日县绒辖乡，在绒辖乡仓木坚村以南、左木德村以东。地处绒辖曲东岸每年藏历三月十一日，举行纪念米拉日巴圆寂日的宗教仪式
		绒布寺	海拔最高寺庙	海拔5100米左右，距定日县90公里，僧尼混居寺。距珠峰顶约20公里，北坡攀登珠峰大本营。从这儿向南眺望，是观赏拍摄珠峰的绝佳地点，门外的玛尼石堆和佛塔通常会被摄影者作为拍摄珠峰的前景
	宗教节日	藏历新年、萨嘎巴节、松赞林巴节等	全县各地	可以通过参与寺庙之旅和宗教节日活动，更深入地了解当地宗教文化
	唐卡艺术	宗教寺院	宗教寺院及家庭	唐卡制作工艺是西藏手工艺中的翘楚，由天然矿物颜料、金属箔等制作，定日县唐卡具有鲜艳明亮、线条流畅、构图精细等特点，是展现藏族文化、宗教节日和民俗风俗的重要物品
	藏族生活	民居与饮食	全县各地	可到藏族家庭寄宿，体验当地人的生活习惯和传统饮食文化
		建筑与服饰	全县各地	穿戴有长袖且颜色鲜艳的袍子、披肩、帽子等，亲身感受藏族服饰之美
		手工艺品	全县各地	在当地的纪念品店，可以看到许多手工制作的藏族艺术品，如羊毛制品、手工织品、各种珠宝和木雕制品等
		歌舞艺术	全县各地	定日洛谐，西藏自治区定日县传统舞蹈，国家级非物质文化遗产之一，是集歌、舞、乐、弹唱于一体的综合艺术形式，是藏族群众游牧耕田、祭天等生产生活的产物
		文化生态	全县各地	自然生态有草原、青山碧水、苍山雪岭等 放牧生态有草原牧羊 生态保护展现高原生态环境保护的成果等

续表

类别	类型	重要代表	规模及分布	特点
体育产业	雪峰登山	珠穆朗玛峰及其他雪峰	雪峰地区	资源特点：山峰高耸、山势险峻、气候凉爽等 主要活动：登山赛事以及探险旅行 世界第三极地的独特地位
	高原徒步	特定线路	规划地域	有许多位于高海拔的自然资源，如山峰、洼地、湖泊
	山地自行车	特定线路	规划地域	有许多位于高海拔的自然资源，如山峰、洼地、湖泊
	自驾旅行	高原地区	全县各地	定日县独特的地理位置和地形环境，能使爱好自驾的游客们可以感受到无限的趣味性
特色轻工业	手工艺品	手绣	全县各地	因厚重的裝帽和装束、大胆精湛的刺绣、复杂华丽的彩线和细致入微的刻画而著称
		超善银饰	主要集镇	是传统手工艺品，超善银饰样式多，精美绝伦
		雕刻、铁器等	主要集镇	定日县有丰富的手工工艺资源，如陶瓷、木雕、铁器、香包等
	藏医药业	黑牦牛血液、藏红花等药材	主要集镇	当地的藏药种类多，有着独特的制药工艺和方法
	食品加工	牦牛奶制品、青稞酒、野生蘑菇、果脯、藏式面条等	主要集镇	定日县有着一定数量的草原牧场和种植基地，有助于发展特色食品加工业

三 珠峰旅游促进当地产业发展的维度

（一）产业类型叠加

珠峰旅游业对当地经济发展的拓宽效应体现在以下几个方面：随着珠峰旅游业发展，游客对珠峰特色农产品的需求增加，带动农家乐、农业观光旅游、绿色农产品等发展。农民也通过旅游业接触到更广阔的市场，增进了对市场的了解，提高了产业效益。珠峰旅游对当地文化产业发展的推动作用显而易见。藏族传统手工艺品等不仅是当地人的生活用品，而且成为旅游纪念品。珠峰旅游业更使得当地的食品加工、银饰品加工、唐卡制作等增添了新的身份。

（二）产业链条拉伸

珠峰旅游业对当地产业链条的拉伸主要体现在以下几个方面。

农业延伸，如藏族农家乐、生态农业等。这些项目的开发与当地农业产业相结合，不仅可以为游客提供休闲娱乐体验，同时也可以创造更多的就业岗位。珠峰旅游将带动传统农业走向"一产+二产""一产+二产+三产"的发展道路。

珠峰旅游业推动了本土文化产业延伸，如传统手工艺品向文化符号产品延伸，不仅满足了游客对文化旅游的需求，也为当地文化的保护和传承作出了积极贡献。定日县的传统文化与旅游融合将促进文化展演、文化体验、文化输出、文化资源加工等发展。

餐饮住宿业延伸方面，随着珠峰旅游发展，餐饮住宿业逐步成为当地旅游产业链的重要环节。珠峰地区的餐饮住宿，不仅可解决当地居民的食宿问题，更是藏族文化的传播中介。

物流配套延伸方面，随着珠峰地区体育旅游、文化旅游、生态旅游的持续发展，物流配套产业的发展空间进一步拓展。

（三）发展阶段提升

产业发展阶段可以分为初始阶段、成长阶段、成熟阶段和后市场阶段，在每个阶段提升的重点不同。

初始阶段：珠峰旅游业将促进当地一些潜力产业快速起步，从无到有，为珠峰旅游提供产品与服务，如生态、文化、食品加工业。

成长阶段：珠峰旅游将促进该阶段产业更加成熟，市场容量不断扩大，服务质量逐步提升。定日县的这类产业包括农业（种植业+养殖业）、体育产业（登山、自驾、徒步）等，在珠峰旅游的发展带动下，将越加注重产品多元化，提升服务水平。在促进珠峰旅游发展的同时，这类产业也不断转型升级。

成熟阶段：该阶段市场已经相对饱和，并且投资规模与技术水平有了较大提升，旅游市场分工与协作有了新的变化。珠峰旅游将加快定日县现有产业中的重要类别加速进入成熟阶段，形成特定的珠峰品牌，推动各产业协同发展。

后市场阶段：珠峰旅游业与当地其他产业尚未进入该阶段。当地的产业已经成为地区经济发展的重要支柱，但仍需要继续发力。可以在珠峰旅游业的带领下不断创新。关注旅游消费者的需求变化，在改善基础设施的基础上进一步推进产业的信息化和智能化，不断提升旅游业与其他产业的复合形态，形成核心竞争力。

（四）技术水平改进

不同地区的产业技术水平不同，有的拥有领先的技术和设备，有的则技术水平相对落后。伴随珠峰旅游业的发展，各产业的技术水平将不断提升。

智能化管理方面，为了满足旅游高峰期的需求，旅游业需要使部分管理智能化，如应用人工智能技术掌握游客流动信息，通过大数据了解游客数量、游客分布、设施使用率等情况，为旅游经营决策提供依据。

虚拟现实技术方面，旅游业可以利用虚拟现实技术创建 3D 模型和虚拟环境，让游客可以沉浸式体验旅游景点的魅力和特色，同时也可以为游客提供更安全的游览方式，降低因安全问题而引发的纠纷。

互联网技术方面，互联网技术对旅游业的促进作用是显而易见的，旅行社和酒店可通过建立网站或使用应用程序为客户提供实时预订、航空票务、旅游产品等信息，提高旅游业务的效率并增加销售额。

移动支付方面，随着移动支付的普及，旅游业也应该跟上潮流。在旅游目的地提供各种移动支付方式，如支付宝和微信，让游客消费更加便捷、安全，增加旅游场所和服务提供商的营收。

环保科技方面，随着全球环保问题的增多，旅游景点更应该使可持续发展与业务运营相结合，减少环境污染和资源浪费。推广使用太阳能发电和节能灯、循环使用瓶子、减少塑料餐具的使用等，将环保科技与旅游业务相结合，使得旅游业在更环保的前提下，健康快速发展。

这些技术的不断应用，一方面需要硬件和软件的投入，另一方面更需要人力资源，而这些技术和人力资源也会逐步影响定日县的其他产业。可见技术水平的提升不仅能够提高珠峰旅游业发展水准，为珠峰旅游业提供更安全、更环保的环境，同时也将使技术和人才不断流向定日县的其他产业，形成定日县的"技术迁移中心"。

（五）创新能力形成

不同地区的创新能力不同，有的注重科技创新，有的注重管理创新，有的则注重营销创新。

前瞻性方面，旅游业需要前瞻性的预测未来旅游市场的发展趋势，注重分析客户需求和消费特点，掌握产业发展动向。同时，积极关注和应用科技创新成果，抓住新的发展机遇。

研发能力方面，旅游业需要具备强大的研发能力，不断开发出具有竞争力的产品和服务，提高核心竞争力，包括通过提供新的线路、活动，使服务增值，满足更高层级的需求。

协同创新方面，旅游业需要加强内外合作，积极与相关领域建立合作关系，将各方面的创新资源整合起来，建立公共的创新平台，推动创新资源的共享和互惠。例如，合作建立多元文化体验、科技创新等平台，推动旅游业与各产业融合发展。

管理创新方面，旅游业需要在企业管理和运营方面注重创新。要通过优化服务流程和管理模式进一步提升行业效率，从而更好地满足旅游市场的需求。同时，还需加强人力资源管理创新、信息技术创新、营销创新等。

珠峰旅游发展过程中形成的这些创新意识、观念、资源、产品和体系，正是当地创新动能形成的强大源泉。

（六）产业人才聚集

区域产业发展需要吸引和培养一批高素质的人才，推动产业的技术进步和创新发展。旅游业是充满活力和发展潜力的产业，吸引人才、留住人才和打造人才队伍是至关重要的。

提供优厚待遇方面，提供有竞争力的薪酬待遇，为员工创造良好的发展机会，包括培训机会、晋升机会、职业发展规划等，吸引、留住和发展优秀人才。提供良好的工作环境方面，为员工提供优质的工作环境，创造健康、平等、公正、创新、包容的公司文化，增强员工的创新意识。建立职业发展通道方面，建立完善的职业发展通道和制度，为优秀员工提供职业发展机会。注重技能培训和职业素质提升方面，注重对员工的技能培训，丰富员工的知识和技能储备，使其能够胜任更高层次的岗位。公益属性方面，积极践行社会责任，发挥旅游业的公益属性，吸引有志于为社会做贡献的人才加入旅游业。

人才是发展的基础，人才是发展的核心，人才是发展的终极竞争力。珠峰旅游业持续发展所造就的人才模式、人才培养模式、人才管理模式，将影响其他产业，基于专业人才形成强大的同频共振。

（七）产业品牌文化

产业文化可以增强企业的文化认同感，有助于提高企业的凝聚力和竞争力，同时也为区域产业发展提供精神动力和文化支撑。产业文化是旅游业发展中不可或缺的重要因素。

旅游文化景观方面，珠峰旅游业将文化作为主要元素之一，文化景观是产业文化的重要构成部分。珠峰旅游文化景观包括历史古迹、民俗文化、艺术文化、自然景观等，反映了定日县的历史文化和特色。

文化产品呈现方面，文化产品是珠峰旅游业的基本产品之一，如旅游节庆、文化演出、美食、手工艺品等。这些产品是吸引游客的重要手段和旅游业的重要收入来源。

行业标准建立方面，行业标准是旅游业发展的基础之一，有效的行业标准能提高旅游产业的规范化水平和服务质量，从而提升旅游业的整体形象。珠峰旅游是特定旅游，应该早日制定珠峰旅游标准与规范。

文化氛围营造方面，文化氛围是影响珠峰旅游业发展的因素之一，包括当地的社会习俗、文化品位、生活方式等，会影响游客的体验感。

产业服务体系方面，旅游业是服务型产业，服务质量是行业发展的核心之一，如提供各类旅游服务、接待游客、安保服务等。珠峰旅游业的产业文化构成包括文化景观、文化产品、行业标准、文化氛围、产业服务等，这些都是影响珠峰旅游业发展的核心因素。旅游业需要注重文化特色，创新旅游文化产品和服务，促进旅游业的标准化、规范化，实现可持续发展。

四　珠峰旅游对区域产业的推动作用

珠峰旅游对区域产业的推动作用体现在两个板块，一是对主力产业（农业+旅游业）的赋能与升级；二是对潜力产业的助力与增效。

（一）对主力产业的促进

珠峰旅游具有世界上独一无二的旅游特殊价值，对当地产业发展有着较大的影响力，对主力产业农业的推动作用尤为明显。

1.对农业的推动

对农业的赋能和升级效应，涉及畜牧业、种植业和其他三个板块，具体表现各不相同（见表5）。

表5　珠峰旅游对主力产业农业的推动作用

农业	原有内容	旅游赋能	产业功能
畜牧业	草食动物养殖	牧民生活转化为牧民文化体验	游客体验牧民生活：骑马、放牧、摄影、研究
	畜产品加工及销售	本地食品转化为旅游商品	游客体验牧民日常生活：食物加工、品尝
	饲草种植	农牧业转化为旅游景观	游客体验放牧之地、丰收之地

续表

农业	原有内容	旅游赋能	产业功能
种植业	斯康蔬菜种植农民专业合作社	农村生活转化为旅游体验	游客了解青稞、油菜、土豆、萝卜、饲草种植
	冲萨青稞生产农民专业合作社	农村种植转化为旅游体验	游客了解油菜、青稞、萝卜、土豆种植
	玛仓娃农作物种植农民专业合作社	农村生活转化为旅游体验	游客了解青稞、油菜、土豆、萝卜、饲草种植
	拉新油菜种植农民专业合作社	旅游帐篷经营服务、旅游宾馆经营服务（住宿、餐饮、洗浴等）	游客了解油菜、青稞、萝卜、土豆等种植
其他	农旅结合	农业转化为观光业	藏民农业体验：采摘、观光、品尝
	水产养殖	养殖转化为旅游食品与旅游景观	珠峰地区有许多江河湖泊，可以发展冷水渔业，为游客提供新鲜的地方特色鱼类

2. 旅游业的提升与拓展

从旅游业角度分析珠峰旅游发展方向，包括体育旅游、生态旅游和文化旅游三个方面。

体育旅游方面，珠峰旅游可以吸引大量体育爱好者前来挑战攀登珠峰的极限，这将产生大量体育旅游的需求，包括攀山装备的购买、旅行社组织的探险活动以及户外运动的相关服务等。同时，珠峰还可以作为全国及国际性的户外体育比赛场地，吸引专业运动员和观众。

生态旅游方面，珠峰是一个充满原始天然景观的地方，拥有丰富的生态资源。这些自然景观包括高山雪峰、冰川湖泊、草原荒漠、森林动植物等，可以催生大量生态旅游需求，包括野生动植物观察、徒步旅游、露营、骑马、划船等。同时，当地的自然资源还可以用于开发生态度假村、野生动植物保护基地等生态旅游项目。

文化旅游方面，珠峰地区拥有悠久的历史和文化遗产。文化遗产包括佛教文化、藏医药文化等，可以吸引来自全国乃至全球的文化爱好者。同时，还可以开发一些涉及文化体验的旅游项目，如民俗风情表演、藏族手工艺制作、佛学讲座等，创造商业价值。

综上所述，珠峰旅游业未来的发展将在体育旅游、生态旅游和文化旅游三个方面进行深化。同时，这些旅游需求的增长也将带动周边产业的发展，提高当地的就业率和经济发展水平。

（二）对潜力产业的促进

1. 文化产业

珠峰旅游对文化产业的促进作用表现在宗教体验、艺术体验、文化体验等方面（见表6）。

表6　珠峰旅游对潜力产业文化产业的推动作用

维度	原有内容	旅游赋能	产业功能
宗教体验	宗教日常活动 宗教经院生活	宗教生活转化为文化旅游	旅游者可以到当地的寺庙、喇嘛学经院等进行宗教体验和佛教文化的学习，领略佛教文化的魅力。同时，可以使宗教文化资源与旅游产业深度融合，开发一系列与佛教相关的旅游产品和服务，如佛教朝拜、祈福仪式、寺庙住宿等
艺术体验	音乐舞蹈	本土艺术转化为旅游艺术	旅游者可以欣赏藏族音乐舞蹈表演，了解藏文化的独特艺术魅力
文化体验	民俗文化	生活习俗转化为旅游艺术文化	旅游者可以前往当地的农村地区，感受藏族传统的民俗文化，如节日庆典、羌笛、卡嘎尔等特色活动。同时，将当地的民俗文化与旅游业相结合，推出与藏族文化密切相关的旅游产品和服务，如民族风情小吃、藏式服装体验等
	生态文化	自然与人文转化为旅游资源	生态环境保护与旅游产业发展相结合，实行可持续性发展模式，为游客提供更多徒步、骑马等生态旅游项目。同时，也可以让游客了解生态保护的重要性，促进生态旅游的可持续发展

2. 体育产业

珠峰旅游对体育产业的促进作用主要体现在登山、自驾和徒步三个方面。

登山方面，珠峰是世界最高峰，能吸引大量登山爱好者。为了保护环境和登山者的安全，政府和登山组织设立了许多限制条件，如登山许可证、登山指南、固定绳系等，既保障了登山者的安全，也维护了珠峰的圣洁与生态的可持续性，更进一步提升了珠峰发展高端体育旅游的吸引力。在安全可控的前提下，珠峰可开展多种登山活动，吸引更多登山爱好者。

自驾方面，自驾旅游逐渐成为中国居民旅游的一种重要方式。在珠峰地区，旅游者可以通过自驾车游览珠峰周边的各个景点，将湖泊河流等美景尽收眼底。此外，旅游者也可以在当地租借越野车、摩托车等交通工具，开启更加刺激和个性化的自驾之旅。

徒步方面，珠峰地区的山水自然景观资源丰富，是中国徒步旅游的重要目的地。游客可以选择参加徒步旅游，探索珠峰地区的自然风光和人文历史，感受大自然的磅礴与伟大。此外，徒步旅游也是珠峰旅游中较为环保、可持续的旅游方式，能够发挥珠峰生态旅游的优势。

3. 其他产业

此外，珠峰旅游还可以促进手工艺业、藏医药业、特色食品加工业和其他轻工产业等发展。

手工艺业方面，作为世界文化遗产地，珠峰地区拥有丰富的手工艺品文化，如唐卡、铜雕、陶制、剪纸、彩绸等。将手工艺品与旅游结合起来，可以为旅游者提供独特、有艺术价值的文化旅游产品，吸引更多游客来到珠峰旅游。

藏医药业方面，藏医药是珠峰地区独特的医药文化，其在药材、方剂、理论等方面具有独特性。可以通过互联网、旅行社等各种渠道，向游客介绍藏医药文化，增加旅游的文化色彩，并将藏药打造成为珠峰旅游的特色产品之一。

特色食品加工业方面，珠峰地区的农产品资源丰富，如青稞、牦牛肉、山羊奶、松茸、黄杨果等。通过在当地设立农产品加工厂，可以将当地本地特色食材加工成为旅游纪念品、特色伴手礼，为旅游者提供独特的食品体验，并增加当地居民收入。

其他轻工产业方面，珠峰地区还可以发展其他轻工产业，如纺织、皮毛加工、木工制品、石材制品等。通过开发出独特、精美的手工艺品和纪念品，为旅游者提供更加多样、个性化的选择，丰富当地的旅游产品和服务。总之，通过各种创新举措，展现当地的文化资源、自然资源和人文特色，为旅游者提供丰富、多彩的旅游体验，也为当地的经济发展作出贡献。

五　珠峰旅游对区域产业多维推动模式

珠峰旅游对区域产业的多维推动模式主要包括以下几个方面：农业（种植业+养殖业）、体育产业（登山+自驾+徒步）、生态环境保护产业、文化产业、食品加工业等。这些产业要素的相互融合，将有力促进生产力和生产关系的协调，实现旅游产业和区域其他产业的互促共赢。

（一）"旅游+农业"模式：形成加工+服务+人才效应

珠峰旅游推动当地农业发展，形成"旅游+农业"模式。将当地的农副产品加工成为各种纪念品、特色食品、手工艺品等，成为旅游的重要消费品，不仅推动当地居民收入增长，让当地居民有了多元化的收入来源，更重要的是，形成旅游带动采摘、农家乐等形式，形成加工、服务、人才等多重效应的叠加。

珠峰旅游对当地服务业的发展也有着非常重要的推动作用。在服务方面，珠峰旅游带动餐饮、住宿、零售、保洁、导游等相关服务业发展，让当地居民从中受益。

珠峰旅游需要大量的专业人才，这会推动当地人才培养和人才招聘机制的完善。通过聘请专业的导游、厨师、保洁人员等，提升当地服务业水平。同时，也为当地的年轻人提供就业机会，旅游业成为当地吸引青年人的重要行业。

（二）"旅游+生态"模式：形成生态+创新+品牌效应

珠峰旅游对区域产业的多维推动模式之一是"旅游+生态"模式，不仅突出生态保护的重要性，还倡导创新与品牌的发展。珠峰旅游通过制定生态保护措施和规划，加强对环境的保护和修复。遵循生态旅游的理念，推动环保旅游发展。珠峰旅游聚焦科技和服务领域。例如，珠峰景区内推出的"珠峰 AR 校园"，通过虚拟现实技术展示珠峰的自然景观和文化历史，提升游客的体验感。推动区域产业的品牌化建设。例如，珠峰景区打造"珠峰精品"和"珠峰国礼"系列产品，推广"珠峰"这一地域品牌，提高珠峰旅游的知名度和吸引力。同时，珠峰旅游还通过加强区域合作、推广旅游线路、拓展市场渠道等方式，推动当地产业的跨界整合和品牌价值的提升。

（三）"旅游+文体"模式：形成链条+技术水平+人才培养效应

珠峰旅游对区域产业的多维推动模式之一是"旅游+文体"模式，不仅提高了当地文化和体育产业发展水平，而且加强了对旅游服务质量和人才培养的关注。

在链条方面，珠峰旅游通过拓展旅游产业链，促进当地文化和体育产业发展。例如，珠峰旅游将珠峰登山活动、珠峰长滑板赛等作为文体旅游的亮点，吸引了大量的旅游者，提高了景区的知名度和吸引力。

在技术水平方面，珠峰旅游推动了区域产业的技术升级和创新。例如，利用先进的技术手段，珠峰旅游实现了景区的信息化管理，推出了珠峰自助导游系统、珠峰旅游 App 等，大大提升了旅游服务的质量，同时也促进了当地相关产业的技术创新。

在人才培养方面，珠峰旅游注重培养当地文化、体育等方面的专业人才，提升景区文化和体育活动的品质，同时为旅游产业提供更优质的服务。此外，珠峰旅游还积极开展旅游人才培训，提高从业者的专业素养和服务意识，促进旅游业的健康有序发展。

（四）"旅游+村镇"模式：形成文化+产业+品牌效应

珠峰旅游对区域产业发展提供的多维推动模式之一是"旅游+村镇"模式，通过文化、产业和品牌等的推动，促进了当地经济发展，提高了旅游区的商业价值和竞争力。

（1）文化

充分挖掘当地特色文化，建设一系列具有文化特色的旅游项目，进一步提升景区的吸引力和知名度。同时，积极发展文化旅游，将当地文化融入旅游产品设计和运营，促进文化遗产的保护和传承，也为当地人民提供发挥自身文化优势的机会。

（2）产业

珠峰旅游促进村镇经济发展的路径很多，例如，通过建设特色餐饮、旅游购物等商业街区，增加就业机会；通过开展特色农产品和手工艺品等文化产品销售，促进当地特色产业发展。

（3）品牌

珠峰旅游通过多种举措促进品牌建设，首先，将"珠峰"作为品牌打造的核心元素，凭借珠峰的独特性、神秘性和高度等特点，打造系列有品牌价值的旅游产品和项目，提升品牌的知名度和美誉度；其次，珠峰旅游不断提升服务品质，坚持以顾客为中心，推动旅游服务品牌的建设。

（五）"旅游+加工"模式：形成创新+人才+类型效应

珠峰旅游对区域产业的多维推动模式之一是"旅游+加工"模式，通过引入创新、人才和不同类型的加工方式，为当地的产业提供了新的发展方向，并推动了产业结构转型升级。

首先，在创新方面，鼓励当地加工业技术升级，引进新的生产工艺和设备，提高产品质量；同时，鼓励企业自主研发，开发新产品和服务，拓展产业链，提高经济效益。其次，在人才方面，积极引进高素质的专业人才，注重促进人才流动，提高当地人才的自主创新能力。此外，珠峰旅游的持续发展也有利于培养一批高技能人才和技术工人，提高产业管理水平，推动当地产业发展。最后，在加工类型方面，通过多种加工方式的引入和创新，促进当地产业发展。例如，通过加强品牌建设和加工工艺创新，为当地红茶、藏药等传统工艺开拓新的发展空间；通过加工旅游商品和纪念品，提升当地传

统产业的附加值；通过发展工艺文化，加工和销售手工艺品，保护和传承当
地的传统文化。

参考文献

扎西顿珠、汪纯、旦增嘎瓦：《珠峰昂首迎宾朋　雅江欢腾庆盛会》，《西藏日报（汉）》2023 年 6 月 28 日。

蒋益、李雪萍、刘嘉纬：《西藏珠峰大本营景区生态旅游环境容量研究》，《绿色科技》2021 年第 21 期。

刘万昱、徐星明：《珠峰文化旅游产品开发》，《旅游纵览（下半月）》2019 年第 2 期。

《山东日喀则共办第十五届珠峰文化旅游节》，《走向世界》2017 年第 36 期。

杨涛：《西藏珠峰大本营旅游收益的共享机制研究》，《西藏研究》2017 年第 3 期。

《第八届珠峰文化旅游节》，《日喀则日报》2009 年 12 月 22 日。

王杰、巴乔：《日喀则珠峰文化旅游节物交会开幕》，《西藏日报》2009 年 8 月 26 日。

巴乔、金美南杰：《定日县旅游助推新农村建设》，《西藏日报》2009 年 6 月 8 日。

孟钰钏：《把珠峰文化旅游节打造成世界文化品牌》，《日喀则报》2006 年 8 月 16 日。

胥森、温婵娟、巴乔：《珠峰自然保护区被评为国家 4A 级旅游景区》，《西藏日报》2006 年 2 月 20 日。

杨正林：《"珠峰旅游"成为定日农牧民致富"金钥匙"》，《西藏日报》2004 年 7 月 16 日。

杨正林：《打造"珠峰旅游"品牌》，《西藏日报》2003 年 8 月 13 日。

治理研究篇

基于应急管理大数据和 WebGIS 技术的珠峰旅游安全预警信息系统设计与构建研究

陈 珂*

摘　要： 目前，国内外对旅游安全预警方面的研究成果较为丰富，但针对山地景区的相关研究仍然有待拓展。本文以珠峰旅游安全预警信息系统为研究主题，分析了旅游安全预警总体状况与现存的问题，结合应急管理大数据及其应用，基于 WebGIS 技术完成了系统的设计与构建，并从体系结构、功能模块、业务扩展、主要设备等方面进行了较为详尽的介绍，同时，也对未来的珠峰旅游安全管理工作作出了展望，以期为当地旅游部门提供一定的参考。

关键词： 珠峰旅游　安全预警　应急管理大数据　WebGIS 技术　信息系统

---

* 陈珂，博士，无锡学院大气与遥感学院地理遥感系讲师，研究方向为风险管理与 GIS 大数据智能化应用。

一直以来，党中央、国务院高度重视旅游业发展。旅游业是现代服务业的重要组成部分，对社会经济发展的带动作用大。加快旅游业发展，是适应人民群众消费升级和产业结构调整的必然要求，对于扩就业、增收入，推动中西部地区和贫困地区经济稳定增长与生态环境保护而言意义重大，对于提高人民生活质量、践行社会主义核心价值观也具有重要作用。

安全是旅游业的生命线，加强应急管理，是关系人民群众生命财产安全和旅游业发展全局的大事。《旅游法》以法律的形式明确"县级以上人民政府及其有关部门应当将旅游安全作为突发事件监测和评估的重要内容"，并规定"县级以上人民政府应当依法将旅游应急管理纳入政府应急管理体系，制定应急预案，建立旅游突发事件应对机制"。

我国山地面积约占国土总面积的2/3，众多名山极具多样化的形态美学特征，也由此造就了类型多样、复合多面的山地旅游资源。当前，我国已形成一批优质山地旅游景区。作为一种独特的旅游形式，山地旅游愈发受到大众的青睐。近年来，山地旅游发展态势总体向好，山地旅游在旅游市场中占据的地位愈发凸显。随着山地旅游的热度快速上升，作为山地旅游活动主要载体的山地景区也呈现出多元化、特色化的发展态势。由于山地景区地理环境与旅游环境的特殊性，景区安全管理水平参差不齐，旅游安全和预警信息发布问题成为各方关注的焦点。

珠穆朗玛峰是世界海拔最高的山峰，吸引着全世界的游客，游客的到来也为当地民众提供了改变生计的重大机会。[①] 环珠峰地区以珠峰所在的定日县为核心区，面积为7.8万平方公里，东及东北起于定结县和萨迦县，西及西北至聂拉木县和吉隆县，整个区域内的自然景观丰富且品位极高，人文景观独特且多样化。但其环境脆弱，保护要求高，旅游开发必须适度，不宜发展追求数量的大众旅游项目，适合布局特色观光、专业考察、休闲体验、探

① 杨涛：《西藏珠峰大本营旅游收益的共享机制研究》，《西藏研究》2017年第3期。

险自驾游等自助旅游业态。① 从现阶段来看，整个区域基础设施和服务保障条件尚不完备，尤其是旅游安全预警方面的相关建设还比较薄弱。

一　旅游安全预警总体状况与现存的问题

（一）国际旅游安全预警发展概况

国际旅游安全预警是指通过监测、评估和发布旅游目的地的安全状况和风险信息，提供给旅游者和相关机构的警示和指导。这种预警系统的发展可以追溯到 20 世纪 70 年代末期，当时开始出现一系列的恐怖袭击和政治动荡事件，给旅游业带来了严重冲击。

早期的旅游安全预警系统主要由各国政府和旅游业界组织自行建立，以应对各种安全威胁。随着全球旅游业的蓬勃发展，国际间旅游合作和信息共享变得更为重要。因此，国际旅游组织等机构开始推动建立跨国界的旅游安全预警系统。在 20 世纪 90 年代，一些地区和国际组织开始探索建立全球旅游安全预警网络，如由澳大利亚主导的亚太旅游协会（PATA）的"旅游安全指南"和由美国国务院领导的"海外安全通报"，推动了旅游安全预警系统的国际化和标准化。

当前，世界各地都在建立旅游安全预警机构。例如，"旅行警示"系统（Travel Advisories）提供全球各旅游目的地安全状况的信息，并根据威胁级别进行分类和评估。欧盟建立了"欧洲安全预警信息系统"（SAEI），针对欧洲旅游目的地提出警示。此外，国际旅游组织也致力于促进国际间旅游安全合作，与各国政府、旅游业界和其他国际组织合作，开展旅游安全研究和信息交流，制定旅游安全行动计划，旨在增强旅游目的地的安全性。

随着全球化的推进和互联网信息技术的创新，国际旅游安全预警系统进

---

① 陈云川：《川藏旅游论坛论点辑要——环珠峰自驾游》，《四川旅游学院学报》2021 年第 1 期。

一步升级，主要表现在以下几个方面。

1.技术应用

随着信息技术的发展，国际旅游安全预警越来越多地利用互联网、移动端应用程序和社交媒体等工具来传播安全信息。旅游者可以通过手机 App 获得实时的旅游安全警示和建议，以便合理地做出决策。

2.风险评估方法

现代国际旅游安全预警系统采用更加科学和综合的方法来评估旅游目的地可能存在的风险。除了考虑传统的恐怖袭击和政治动荡风险外，还会考虑自然灾害、疫情、交通安全等因素，以提供更全面的安全信息。

3.跨部门合作

国际旅游安全预警系统越来越重视跨部门和跨国界的合作。政府、旅游业界、执法机构、医疗机构等各方共享信息，加强培训和应急准备，以确保旅游者的安全。

4.可持续旅游安全

随着可持续旅游的兴起，国际旅游安全预警系统也开始关注环境和社会责任，在实际应用中，不仅强调游客的人身安全，还考虑目的地的可持续发展、文化保护和社区参与等因素。

总的来说，国际旅游安全预警相关工作和研究，在过去几十年取得了显著的进步。从保护旅游者安全的角度出发，致力于提供准确的预警信息。然而，随着新型安全威胁的出现，预警系统需要不断更新，以应对新的挑战。

（二）国内旅游安全预警发展概况

目前，国内的旅游安全预警制度是基于国家旅游局颁布的《旅游者安全保障办法》，从旅游者的角度，以"旅游者安全保障"为旅游安全工作的切入点，通过明确旅游者、旅游产品或服务提供者、各级旅游行政主管部门的权力和义务，共同做好旅游者安全保障工作，提高旅游安全预警工作水平。《旅游者安全保障办法》规定，各级旅游行政管理部门应建立旅游安全预警信息发布制度，依据对旅游目的地旅游安全状况的评估，向旅游者发布前往目的地旅游的安全预警信息，主要分为如下四个等级。

①旅游红色预警[①]：建议不要前往该目的地旅游。

②旅游橙色预警：建议重新考虑前往该目的地旅游的必要性，避免不必要的旅游。

③旅游黄色预警：建议高度关注旅游目的地已经发生或可能发生的影响旅游安全的因素。

④旅游蓝色预警：建议关注旅游目的地已经发生或可能发生的影响旅游安全的因素。

我国旅游安全预警系统的发展可以追溯到 20 世纪 80 年代末期。当时，旅游业迅速发展，但同时也面临着一些安全挑战，如交通事故、自然灾害和旅游服务质量问题。为了保障游客安全，推动旅游业可持续发展，政府开始建立旅游安全预警系统。国家旅游局（现文化和旅游部）负责协调和推动国内的旅游安全预警工作，收集、分析和发布有关旅游目的地的安全信息，并与相关部门和地方政府合作，或利用各种媒体平台（电视、广播、报纸和互联网新闻网站等）进行广泛宣传，确保对旅游安全问题的及时警示和处置。

预警内容一般包括恐怖袭击和政治动荡风险的警示和建议；自然灾害，如地震、台风、洪水、暴雨等的警示和应对措施；道路交通事故和公共交通工具的安全风险；食品安全和旅游服务质量的监测和评估。随着信息技术的发展，国内的旅游安全预警系统也开始利用互联网和移动端应用程序等工具，以提供更为及时、准确的安全信息。游客可以通过手机主动订阅旅游安全预警信息，并接收实时的安全警示和建议。

近年来，我国在旅游安全预警方面与其他国家和国际组织保持着密切的合作与交流，依托国际旅游组织，共享安全信息和实践经验，持续提升旅游安全水平，旅游安全预警系统不断完善。利用大数据和人工智能技术分析旅

---

① "红色旅游预警"有歧义，所以把"旅游"两字放在了前面。

游安全风险，通过对海量数据进行研判，更准确地评估旅游目的地的安全状况，并提供个性化的安全建议。与此同时，政府将旅游安全纳入全域旅游发展的战略规划。在推动旅游业发展的同时，注重提升旅游目的地的整体安全水平，鼓励公众参与旅游安全预警工作，并加强旅游安全宣传和教育。通过帮助公众掌握旅游安全知识和技能，留意各类预警信息，从而提高旅行者的安全意识和自我保护能力。

总体上，国内正在积极提升旅游安全预警水平，政府和相关部门也在努力提高监测和预警能力，通过信息技术的应用进一步丰富旅游安全信息数据库。然而，随着旅游业的发展，新的挑战不断出现，我国的旅游安全预警系统建设工作依然任重道远。

（三）旅游安全预警现存的问题分析

1.旅游安全预警的信息化程度低

较多县市级旅游部门的安全预警信息化程度低，甚至没有专门的应急监管信息化管理系统。部分已经建立的旅游安全预警信息系统功能不完善，信息没有得到充分发掘和利用，没有建立统一的突发事件数据库，信息共享程度低，信息融合程度也很低。旅游安全预警信息体系不完善，已有的应急预案不够详尽，可执行程度有待提高。

2.旅游安全预警的调度指挥手段单一

相关职能部门使用的通信系统单一，技术比较落后，影响预警信息的及时发布与传达。在针对旅游安全的应急调度指挥过程中，多系统融合能力较弱（视频监控、视频会议、集群、移动单兵等），缺乏统一的应急指挥平台和移动应急装备，无法满足事件现场与指挥中心的信息交互需求。应急会商和决策体系不完善，限制了旅游安全事件的全过程管理及效能评估。

3.旅游安全预警的常态化应急机制欠完善

面对突发的旅游安全事件，景区与主管部门之间预警信息渠道不畅，应对事件往往需要层层汇报，不利于事件的快速有效处理。缺乏统一的预警指挥部门，容易产生各自为战的现象，可能造成预警信号的混淆与重叠，严重影响疏散、救援、紧急安置等工作的效率。常态化应急机构建设比较薄弱，权责划分不明确，无法得到辅助部门或社会组织的有效支持。

4. 旅游安全预警的专项工作机制尚不成熟

一是预警信息的发布渠道过多，既有文旅部、外交部、卫健委、地震局、气象局等官方机构，又有旅游企业、网友等民间组织或个人散布的消息，旅游者往往无所适从。二是预警信息来源比较复杂，既有官方正式文件，又有官方网站发布的公告，还有新闻媒体的报道，以及微博等新兴自媒体的信息，旅游企业和旅游者短时间内难证真伪。三是预警信息时效性差，官方发布的消息具有权威性但相对滞后，民间渠道发布信息迅速快捷但可信度存疑，对旅游企业和旅游者的指导性偏弱。①

二　应急管理大数据及其应用

应急管理大数据是指利用大数据技术和方法，对应急管理领域的海量、多样化和实时数据进行采集、存储、处理和分析，从而实现对应急事件的全过程管理和决策支持。在应急管理的事前准备、事中响应和事后救援与恢复的每一阶段都可以应用大数据，每个阶段对大数据的应用程度也会因实际需要而有所差别。大数据的应用有助于提高应急管理效率、节省成本和减少损失。② 因此，在现代应急管理中，对于大数据应用的研究也越来越广泛，有比较广阔的发展前景。③

（一）应急管理大数据的主要特征

1. 数据采集与整合

数据采集与整合是应急管理大数据的基本特征。应急管理大数据需要从

---

① 孔令学：《旅游安全预警信息系统构建探讨》，https：//ctssr. hqu. edu. cn/info/1008/1418. htm，2016 年 6 月 4 日。
② 马奔、毛庆铎：《大数据在应急管理中的应用》，《中国行政管理》2015 年第 3 期。
③ 杨波丽：《大数据在应急管理中的应用》，《中国管理信息化》2018 年第 23 期。

多个来源获取数据，包括传感器、监测设备、社交媒体、舆情信息、应急通信等渠道。数据采集与整合聚焦如何高效地获取多源异构数据，并将其整合成结构化的数据集，以满足应急管理的需要。

2. 数据存储与管理

数据存储与管理是应急管理大数据的关键特征。大数据的存储和管理面临着数据量大、速度快、多样化、不确定性高等挑战。必须建立高效、可扩展的存储系统，包括分布式存储、云存储和数据仓库等，才能满足应急管理大数据的存储需求。

3. 数据处理与分析

数据处理与分析是应急管理大数据的核心特征。大数据技术和方法可以从庞大的数据集中发现模式、趋势和关联性，以支持应急决策和响应，包括数据清洗、数据挖掘、机器学习、人工智能等，以实现对应急事件的智能化分析和预测。

4. 可视化与交互

可视化与交互是应急管理大数据的重要特征。通过可视化技术，将复杂的大数据转化为可理解和可操作的图形、图表、地图等形式，以便应急管理人员直观地理解和分析数据。交互技术可以让用户灵活地探索和操作数据，以满足个性化的需求。

5. 隐私与安全

隐私与安全是应急管理大数据的普遍特征。大数据涉及的数据源和应急管理信息可能包含个人敏感信息，有必要强调如何保护个人隐私，防止泄露和滥用数据，并确保应急管理数据的安全性和可信度。

6. 协同与共享

协同与共享是应急管理大数据的典型特征。应急管理涉及多个部门、层级和地区的协同合作，应当实现数据共享与交流，以避免不同部门和地区之间的信息不对称情况，联合开展相关工作。

7. 决策支持与应用

决策支持与应用是应急管理大数据的终极特征。应急管理大数据的最终价值在于为决策者提供科学、精准的决策支持。将大数据的分析结果应用于应急管理决策的制定和执行中，有助于提高应急管理的实际效能和快速响应能力。

（二）应急管理大数据的基本技术框架

应急管理大数据的技术起点在于数据获取，包括传感器网络、数据爬取、API 接口等。采集到的数据可以是结构化数据（如传感器数据、监测数据）和非结构化数据（如文本数据、图像数据）。运用分布式处理技术可以实现大规模数据的并行存储和访问，保证数据的高可用性和可扩展性。数据处理和分析的技术包括数据清洗、数据挖掘、机器学习、人工智能、数据可视化工具、交互式分析工具、地理信息系统等。这些技术可以帮助应急管理人员实现数据的分类、聚类、预测、关联分析等操作（见图1）。

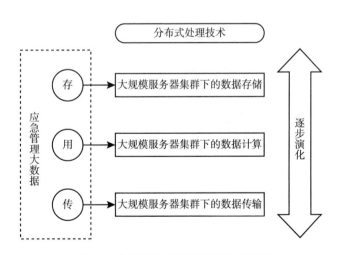

图 1 应急管理大数据的基本技术框架

在此基础上，要制定合规的数据隐私政策和数据安全策略，确保数据的安全和合法使用。数据安全和隐私保护的技术包括数据加密、访问控制、身份认证等。另外，协同和共享技术也不可或缺，包括数据集成、数据标准化、数据共享平台等。不同部门和地区可以共享数据资源，提高应急管理的协同处置能力。最终应用层面的技术主要体现在决策支持，包括数据可视化、数据分析、预测模型等，应急管理人员可以基于大数据的分析结果制定决策并执行应急响应方案。

（三）应急管理大数据的应用

1. 社会安全事件数据模型

近年来，每年因各种社会矛盾而发生的群体性事件增多。群体性事件对社会的稳定发展造成冲击，影响巨大。伴随大数据时代的到来，信息的传播速度更快、更敏捷。因此，在信息时代，危机处理存在特有的复杂性，必须引起政府的重视。如何有效地抑制信息失控与危机升级，对政府的危机管理提出了新的挑战。

2009 年，中国科学院建立了以 GIS 系统为基础的群体性事件数据库，不仅能够选取、管理、整合大量的群体性事件数据，而且能够将种类繁多的数据资料加以综合分析，实现在纷繁复杂、看似孤立的群体性事件中，挖掘和寻找到其内部规律，以达到研究群体性事件的目的。群体性事件数据库建立在 GIS 专业软件平台之上，有效地展现了群体性事件的时间属性、空间属性和专题属性，符合当前国内外社会科学发展形势。[①]

大数据技术在社会突发安全事件治理过程中的关键作用是建立起相关模型，但在实践中还需要加入数量行为模型，考虑众多外界因素的影响。针对应急管理的大数据分析，要先建立特定模型，再对数据进行分析，将各项参数代入运算，进而得到结果。

2. 监测预警措施

在监测预警工作实际开展过程中，应当对应急管理大数据进行科学合理的应用，以便获得更加准确的信息。首先，利用大数据模型，可有效监测应急管理中相关敏感数据，及时发现安全问题，通过实施动态化监测，及时发送预警信息。互联网中相关信息较多，造成搜索难度有所增加，因而通过对

---

① 付艳、刘晓洋：《应急管理中的"大数据秘笈"》，《决策》2017 年第 Z1 期。

大数据挖掘方式进行动态修正，对各项系统进行实时设置，全面开展数据运算，构建专门的监测机制对其进行调用。

其次，相关部门应当促进应急事件及运算工作有效结合，确保能够在第一时间获取安全预警信息，对于紧急情况进行合理掌控，使工作成效能够得到有效提升。此外，在应用大数据的过程中，积极开展数据采集及分类处理工作，及时清除冗余数据，使监测预警系统的运行效率始终保持在较高水准。与此同时，还应当依据相关规定及要求，建立健全数据挖掘及分析机制，对于各个部门的工作职责必须明晰，进一步优化管理工作，从而加强监测预警措施的落实，取得更加理想的效果。

3. 地域信息分析措施

大数据服务于地域信息分析，能发挥十分重要的作用，对于相关应用部门而言具有很高的科学价值和实践意义。首先，在实施地域分析的过程中，可将其与语义分析联动，积极引进人工智能逻辑判断技术进行融合，使大数据应用效果得以提升，更好地满足应急管理工作的实际需求。其次，在大数据实际应用过程中，针对相关突发事件，可实行事前、事中及事后全面管理，在系统化分析的基础上，合理采取响应措施。最后，在进行语义分析的过程中，应构建专门的识别系统，从而更精确地判断监测数据信息，有利于构建安全管控机制，有效提升效益。此外，应构建舆论检测系统，对正确舆论方向进行引导，使应急管理部门的权威性得以巩固，获得公众的支持，使应急管理工作能够平稳推进。

4. 旅游安全评价

通过数据的不断积累，建立更完善的大数据分析系统，从局部和整体上建立健全应急管理大数据应用机制，指导旅游安全评价工作的开展，从根本上保证旅游安全，为解决旅游活动过程中的各种安全问题提供了大方向。要规范和约束旅游从业人员的行为，增强旅游从业人员的安全意愿和防控能力，提高游客的旅游安全防范意识，制止旅游过程中的各种不端行为。这是旅游安全的重要基础，是旅游业稳定发展的保障和前提。

为了做好旅游安全评价，解决应急管理大数据应用中的实际问题，可以建立旅游安全数据分析系统，这不仅关系到人民生命财产的安全，而且事关旅游资源和旅游环境安全。① 精准的数据分析系统能有效地减少经济损失，从某种意义上讲，及时掌握风险数据也是一种安全保障。旅游安全数据分析系统也可用于预测和估算某一旅游区在未来一定时期内的发展趋势，从而达到最佳的旅游开发与运营效果。同时，旅游安全数据分析系统还是预防旅游活动过程中发生危险的复杂系统，负责旅游安全信息的收集、分析、对策制定和信息发布。

三　WebGIS 技术的基本架构与最新动向

随着计算机技术、网络技术、空间数据库技术、信息技术的飞速发展，地理信息系统（GIS）的发展进入崭新的时代，开始触及社会和大众。GIS 技术经历了传统 GIS、WebGIS、分布式 GIS、3D GIS 等发展阶段。通过 Web 的扩展，GIS 的触角遍及各个角落，从为单用户提供空间数据服务拓展为利用遍及全球的计算机网络为多用户提供实时的多元空间数据服务和功能服务，真正成为一种普及化的时空分析工具。②

WebGIS 利用互联网发布和传播地理信息，并向用户提供空间数据浏览、分析功能，进一步提高了地理信息和空间数据的共享程度。③ 通过在 GIS 系统中引入 HTTP 标准体系，进行多主机、多数据库分布式设计，基于 B/S（浏览器/服务器）结构，在互联网中实现互利，并通过服务器终端与客户终端获取所需信息服务与系统应用功能。

在实践应用中，WebGIS 技术涉及的关键技术主要有以下三种：一是 GI（Common Gateway Interface，通用网关接口）技术，用以在服务器中进行用户请求的处理，实现用户请求在服务器与用户终端之间的有效传输；二是

---

① 方丹辉、孙仲洋：《大数据技术在旅游安全问题方面的应用研究》，《数字技术与应用》2021年第1期。
② 张莹莹、郑建功、赵锋：《基于开源框架的 WebGIS 设计与实现》，《测绘与空间地理信息》2013年第12期。
③ 谢鹏珠：《开源 WebGIS 平台的研究和基本功能实现》，《哈尔滨师范大学自然科学学报》2021年第1期。

DCOM/Active X 技术或 CORBA/Java 技术，用以满足多主机、多数据分布式设计需求，实现服务对象的跨平台运作，平衡客户端负载；三是 Plug-in 技术，用以获取地理信息数据相关的矢量图形，实现图形在服务器中的显示与处理，满足 WebGIS 技术应用的数据可视化需求。[①] 具体系统研发时，还涉及层次结构、功能模块、工具、管理、标准体系等环节（见图 2）。

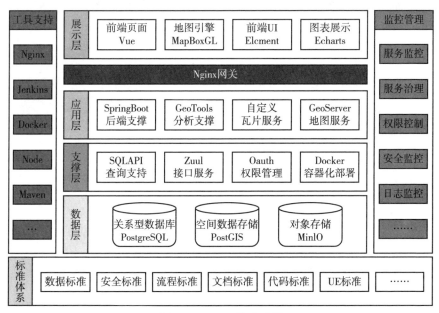

图 2　WebGIS 技术路线

（一）WebGIS 技术的基本架构

WebGIS 技术的基本结构体系由数据层、服务层和应用层组成。数据层用于存储和管理地理信息数据，服务层用于提供地理信息的查询、分析和可视化服务，应用层用于开发和构建各类地理信息应用。这一结构体系使得地理信息能够通过 Web 平台进行高效的管理、分析和共享，为各类用户提供

---

① 张艺馨、王龙：《WebGIS 技术在消防远程监控系统中的应用探讨》，《电子世界》2018 年第 22 期。

多样的地理信息服务。

1. 数据层

（1）空间数据

空间数据是地理信息的核心，包括地图、影像、矢量数据等。地图数据是地理信息的可视化表达，如栅格地图、矢量地图或混合地图。影像数据是地球表面的遥感图像，如卫星图像、航空影像或无人机影像。矢量数据是基于几何形状和拓扑关系描述的数据，如点、线、面等。

（2）属性数据

属性数据是与空间数据相关联的非空间属性信息，包括地理实体的属性特征、属性值、统计数据等。属性数据可以存储在关系型数据库中，与空间数据通过关联字段进行关联。

数据层的组织和管理可以采用传统的数据库技术，如关系型数据库（MySQL、Oracle 等）或空间数据库（PostGIS、Oracle Spatial 等）。

2. 服务层

服务层是 WebGIS 技术的中间层，通过定义和实现一系列地理信息服务接口，将数据层中的地理信息数据以标准化的方式提供给应用层。

（1）地图服务

地图服务是最基础的 WebGIS 服务，具有地图数据的查询和可视化功能。地图服务可以通过 WMS（Web Map Service）标准提供。客户端可以通过请求地图服务接口获取地图数据，并在浏览器或其他应用程序中渲染显示。

（2）地理处理服务

地理处理服务具有地理信息数据的分析和处理功能，如缓冲区分析、空间叠加分析、路径规划等。地理处理服务可以通过 WPS（Web Processing Service）标准提供。客户端可以通过请求地理处理服务接口提交分析任务，并获取分析结果。

（3）地理编码服务

地理编码服务是将地理位置描述转换为地理坐标的过程，如将具体地址转换为经纬度坐标。地理编码服务可以通过 Geocoding API 提供。客户端可以通过请求地理编码服务接口实现地址的地理编码。

（4）地理搜索服务

地理搜索服务具有基于关键词的地理信息搜索功能，如搜索附近的餐馆、酒店等。地理搜索服务可以通过 Geocoding API 结合关键词搜索功能来实现。

（5）其他服务

除了上述基本服务，还可以根据需求提供其他订制化的地理信息服务，如地形服务、天气服务、交通服务等。

服务层的实现可以基于不同的 Web 服务标准，如 OGC（Open Geospatial Consortium）发布的 WMS、WPS 等标准，或使用 RESTful API 进行开发。

3. 应用层

应用层是 WebGIS 技术的最顶层，根据用户需求和业务场景，利用服务层提供的地理信息服务，实现地图显示、地理查询、空间分析、数据编辑等功能。

（1）地图显示应用

地图显示应用是 WebGIS 应用的基础，用于在 Web 浏览器或移动设备上显示地图数据。用户可以浏览、缩放、漫游地图，进行地图图层的控制和显示，实现地图的交互浏览。

（2）地理查询应用

地理查询应用通过地理信息服务进行地理数据的查询和检索，用户可以通过关键词、地理位置等方式查询感兴趣的地理实体和属性信息。

（3）空间分析应用

空间分析应用利用地理信息服务提供的地理计算功能，进行地理数据的空间分析和建模。用户可以进行网络分析、统计分析、核密度分析等空间分析操作，获取分析结果。

（4）数据编辑应用

数据编辑应用允许用户对地理信息数据进行编辑和更新操作。用户可以添加、修改、删除地理实体的属性信息，实现地理数据的维护和更新。

应用层的开发可以使用各种 Web 开发技术和框架，如 JavaScript、HTML5、CSS、Vue.js、React 等，结合地理信息服务接口进行功能实现。

（二）WebGIS 技术的主要软硬件

1. 软件

（1）Web 服务器软件

WebGIS 技术依赖于 Web 服务器软件来存储和提供地理信息服务。常用的 Web 服务器软件有 Apache、Nginx、IIS 等，可以提供对静态和动态网页的访问和响应，支持 HTTP 和 HTTPS 协议。

（2）地理信息系统软件

地理信息系统软件是 WebGIS 技术的核心，用于管理和处理地理信息数据。常用的地理信息系统软件有 ArcGIS、QGIS、MapServer、GeoServer 等，提供了丰富的地理数据处理和分析功能，支持地图服务、地理处理服务等。

（3）数据库管理系统软件

用于存储和管理地理信息数据。常用的有 MySQL、Oracle、PostgreSQL等，支持空间数据类型和空间索引。

（4）前端开发工具和框架软件

WebGIS 技术的前端开发通常使用 HTML、CSS 和 JavaScript 等技术来实现地图显示、数据查询、交互等功能。常用的前端开发工具和框架软件有 JavaScript 库（如 Leaflet、OpenLayers）、前端框架（如 Vue.js、React）、CSS框架（如 Bootstrap），提供了丰富的地图可视化和用户界面开发功能。

（5）数据处理和分析工具

在 WebGIS 技术中，需要使用一些数据处理和分析工具来进行地理数据的清洗、转换和分析。常用的数据处理和分析工具有 Python（使用地理信息库如 GDAL、Fiona）、R 语言、ArcGIS 工具箱等，提供了丰富的地理数据处理和分析函数。

2. 硬件

（1）服务器

服务器是 WebGIS 技术的关键硬件，用于存储和提供地理信息服务。服务器可以是物理服务器或云服务器，具有足够的存储容量和计算能力来处理大量的地理信息数据和请求。

（2）网络设备

网络设备是 WebGIS 技术的基础设施，用于连接服务器和用户终端设备。网络设备包括路由器、交换机、防火墙等，保障了地理信息数据在服务器和用户之间的快速、安全传输。

（3）终端设备

终端设备是用户访问和使用 WebGIS 服务的工具，包括个人计算机、笔记本电脑、平板电脑和智能手机等。终端设备需要具备足够的计算和显示能力，以支持地图显示、交互操作和数据查询等功能。

（4）传感器和采集设备

在某些应用场景下，WebGIS 技术需要与传感器和采集设备配合使用，以实时获取地理信息数据。常见的传感器和采集设备包括 GPS 接收器、遥感传感器、工作站等，可以采集地理信息数据并通过网络传输到服务器进行处理和分析。

（三）WebGIS 技术的最新动向

1. 移动化和跨平台

随着智能手机和平板电脑的普及，移动设备成为人们获取地理信息的主要工具之一。因此，WebGIS 技术正朝着移动化和跨平台的方向发展。开发人员正在开发适用于移动设备的 WebGIS 应用程序，以满足用户在移动环境中获取地理信息的需求。同时，跨平台开发工具和框架的出现使得开发人员可以更方便地在多个平台上构建统一的 WebGIS 应用程序。

2. 云计算和大数据

云计算和大数据技术对 WebGIS 技术的发展产生了深远影响。云计算提供了弹性的计算和存储资源，使得 WebGIS 应用程序可以更好地应对数据量的增长和访问量的波动。大数据技术则可以帮助 WebGIS 系统高效处理和分析海量的地理信息数据，实现更复杂的空间分析和模型建立。未来，随着云计算和大数据技术的进一步发展，WebGIS 技术将能够更好地支撑大规模、实时的地理信息处理和分析需求。

3. 3D 和虚拟现实

WebGIS 技术正在朝着更加真实和沉浸式的方向发展。近年来，3D 地图和虚拟现实技术的发展使得用户可以更直观地感受地理信息。WebGIS 应用程序正逐渐引入 3D 地图的功能，使用户可以更好地理解地理空间关系。此外，结合虚拟现实技术，WebGIS 技术还可以提供更加沉浸式的地理信息体验，使用户能够身临其境地探索地理空间。

4. 社交化和协同工作

社交化和协同工作是 WebGIS 技术的另一个发展方向。用户希望能够与他人分享地理信息，并在地理信息系统中进行协同工作。因此，WebGIS 应用程序正引入社交化功能，使用户可以方便地共享地理信息、评论、标注等。此外，WebGIS 技术还支持多用户同时协同编辑地理信息数据，促进团队合作和信息共享。

5. 人工智能和机器学习

人工智能和机器学习技术对 WebGIS 技术的发展提供了新的机遇。通过应用人工智能和机器学习算法，WebGIS 系统可以从大量的地理信息数据中提取知识和模式，实现智能化的地理信息分析和决策支持。例如，通过机器学习算法可以实现地理信息数据的自动分类和预测，从而提供更准确的地理信息服务。

6. 物联网和传感器网络

物联网和传感器网络的发展为 WebGIS 技术创造了新的数据来源和应用场景。通过将传感器和设备与 WebGIS 系统连接，可以实时获取和分析各种环境参数、位置信息等。WebGIS 技术可以通过整合物联网和传感器数据，实现更精准的应急管理。

四 珠峰旅游安全预警信息系统设计与构建

（一）珠峰旅游安全预警信息系统概况

珠峰旅游安全预警信息系统的总体设计思路为收集景区运行的实时状况，整合各类旅游数据与安全信息，真实反映现场情景，以"智能化+人工"的方式进行科学研判分析和预测，针对突发危险或紧急事件，第一时间发出预警，通过统一调配资源，实现快速响应，力求将影响控制在最小范围，尽可能减少不必要的损失。

具体来说，珠峰旅游安全预警信息系统是应急事件处置的重要支撑系统，有助于构建旅游局应急指挥体系，推进旅游日常监管调度及应急指挥数字化、网络化、自动化、标准化。将景区各种信息用影像、视频、文字、语音、图片等方式快速汇集到指挥中心，全面掌握旅游景区和旅行者的情况。系统的建立，能够及时、有效地整合各景区旅游信息，为日常管理、辅助决策提供服务；可以下达指令，统一调配和部署各种资源，快速响应；全面提高各类旅游突发事件应急处置能力，保障游客的生命财产安全；提高旅游品质的同时，降低旅游突发事件发生的概率。

系统开发时，需要通过标准的互联接口和先进的软件技术，对旅游行业应用中常见的视频监控、景点出入口的人流统计、报警监测、SOS 接警、物联网数据、通信系统等进行集中管理与调控，实现信息流之间的融合和联动。基于智能协同和智能联动，实现景区的集中监控管理、客流统计、报警监测、指挥调度等业务应用，以最短时间提供危险事件的预警，同时启动应急资源，以便旅游局和各景点的监控人员对景区内的实时情况进行全面的掌握和处置。

（二）体系结构

珠峰旅游安全预警信息系统采用 OpenLayers + Tomcat + GeoServer + PostGIS/PostgreSQL 的多层开源体系架构支撑整个空间地理信息 WebGIS 平

台建设。其中，客户端采用 OpenLayers，实现与服务器端 GeoServer 的实时交互和动态显示。服务器采用 TomCat，地图服务应用软件采用 GeoServer，响应客户端的请求，并发送相应的结果。使用 GeoWebCache 作为瓦片缓存服务，以 TileCache 为备选。同时，数据库服务器软件采用开源数据库 PostGIS/PostgreSQL，另有 Quantum GIS 可用来实现数据转换、数据编辑和地图样式设计，Ajax 组件可用来实现与数据库的异步交互等（见图3）。

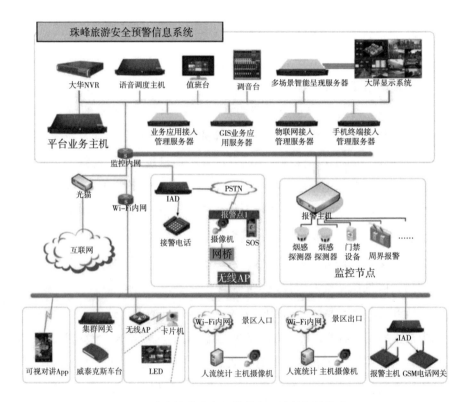

图3 珠峰旅游安全预警信息系统的拓扑构成

系统具有资源整合、即时共享、多级联动、扁平指挥、可视可控、平战结合的特点。旅游局可以对下辖景区信息化系统进行集中接入管理，实现语音、视频、数据业务的交互融合和综合调用，并能够对物资、人员、车辆等资源集中调控，实现应急时的灵活管理。统一的界面实现了跨系统间的指挥调度,便于整个通信系统的集中管理、统一指挥、整体显示、信息共享。云架构设计,多级分布式部署,实现了跨区域跨景区的协同工作。提供基于WebGIS 的友好操作界面,支持各接入系统的智能化联动,支持应急预案,实现一键式触控调度整个系统。具体布设时,旅游局指挥中心需要部署一套触摸屏调度台,通过网络可实时访问查看各景区的视频监控、物联网等报警装置,各旅游景点监控中心需要部署一台系统业务主机、一台管理服务器和一套触摸屏调度台,方便管理人员对景区安全进行实时监控(见图4)。

(三)系统功能

珠峰旅游安全预警信息系统应实现各种设备、数据、系统的协同联动,将各独立功能模块融合到一起,实现声音、文字、图像、数据信息的全面综合展示,提升当前系统的应用能力和价值,大大提高旅游安全预警信息系统的运行效率,达到智慧安全管理和综合指挥的目的(见图5)。

1. 多业务融合功能

多业务融合功能支持视频(监控系统、视频会议系统)、语音(数字会议系统、集群对讲系统、广播系统等)、GIS 系统、预案系统等的接入及联动。

2. 语音功能

语音功能包括单呼、组呼、选呼、强插、强拆、呼叫保持、转接、监听、点名、组呼通知、一键同振、加入会场、会场视图切换、踢出会场、发言与禁言、会场锁定、增加会场等功能。

3. 视频功能

调度视频监控、可视电话、单兵/手机视频,以及视频会议的会场画面,应具备不同视频终端的双方及多方视频通话功能。支持视频推送功能,可将任一路视频推送至任意可视终端。视频图像支持1/4/9/16 分屏显示。

4. 图形功能

(1)二维 GIS 调度

具备与二维 GIS 系统的对接能力,并实现基于 GIS 地图的展示与联动,

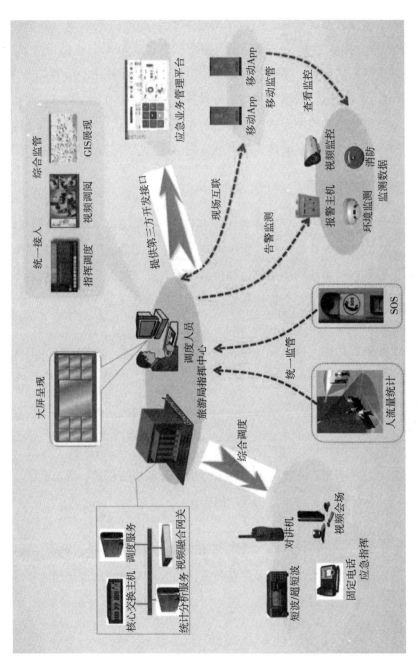

图 4 珠峰旅游安全预警信息系统的应用场景

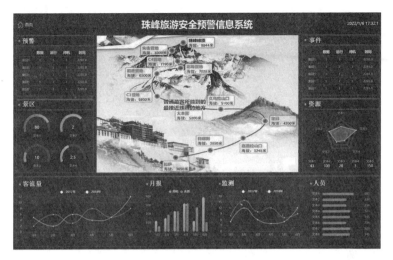

图 5　珠峰旅游安全预警信息系统主界面

如地图查看标注用户信息，进行语音交互；具备 GPS 定位的设备，可以追踪目标在一段时间内的运动轨迹并在电子地图上显示，可以设定活动范围及活动路线，当设备离开活动区域或路线时，GIS 界面显示报警位置及出界后的活动路线；计算任意图形的面积，显示区域内设备类型及数量，进行一键调度。

（2）3D 实景调度

对重点区域进行 3D 展示，从整体到局部，支持全手势的 360 度自由视角进行查看；各设备状态和报警信息完整显示，报警设备位置和现场实景在监控画面中能得到清晰表现。

5. 手机可视对讲功能

手机可视对讲功能包括视频对讲、集群对讲、视频/图片采集、回传、IM 协同工作处置、加入视频会商等，正常情况下画面无卡顿、声音无延迟。

6. 通讯录管理功能

通讯录管理功能可分为平时应用通讯录和基于特定项目的战时通讯录，且每个联系人的联系方式可以同时显示在不同的通讯录体系中。

7. 短信功能

短信功能内嵌于调度台界面，可实现短信收发、群发、答复、转发、查询等；发送短信时可从通讯录添加收件人，可添加附件，可预览发送内容。

8. 电子传真功能

电子传真功能内嵌于调度台界面，可实现创建传真、答复、转发、查询等。以电子化的方式，实现重要文件接收与发布，可进行传真群发，大大缩减操作时间，确保及时通知到位。

9. 录音录像功能

对通话、会议、决策、预警、调度等环节进行实时录音/录像，并做好记录与资料备份。

10. 大屏呈现功能

实现视频调度、语音调度、图形调度在大屏幕上的呈现，为相关人员提供直观、科学的决策依据。应支持图像分割显示，支持大屏呈现与调度台操作相互独立。

（四）业务扩展

随着旅游安全预警工作的深入开展，系统也需要定期维护和升级，并积极进行功能调整与优化，以便满足用户未来更加细分的要求。在现有基础上，珠峰旅游安全预警信息系统还可以衍生出一系列新的功能和业务模块（见表1）。

表1　珠峰旅游安全预警信息系统的业务扩展

业务模块	功能
综合管理	值班管理、通讯录管理、公文管理、电话录音管理、传真管理、信息接报、GIS 信息管理、预案管理、报表管理、信息发布、系统监控、系统维护
监测防控	监测信息、风险汇总、特征识别、风险评估
预测预警	信息汇总和获取、模拟预测、综合研判、预警分级核定、预警结果输出、模型管理、预警信息管理、预警指标管理
智能辅助	预案数字化、方案生成、方案调整、方案查询、方案要素配置
应急保障	应急资源跟踪、应急资源分布、应急资源的状态、资源储备、资源配置、资源编码管理
应急评估	应急过程再现、事后评估、应急能力评估、应急指标管理、评估模拟管理
培训演练	应急培训、模拟演练

1. 事前监测预警、预案响应

负责辖区内的防护目标、重大危险源、关键基础设施等监控目标的动态监控，掌握监控目标的空间分布和运行状况信息，并实现监测数据的接入和上报，完成隐患分析和风险评价。可对相关信息进行查询或筛选，对其中一些数据进行特征识别，判读信息内涵或其标志的状态，对照安全预警分级标准和应急预案事先拟定的准则发出响应的信号。

2. 事中指挥调度、资源保障

各专业部门有效协同，实现全社会应急资源的统一指挥调度，包括情况综合、情况接收、情况处理、情况综合显示、综合分发、应急指挥、任务分析、跟踪计划、方案推演、生成命令、命令的执行与行动掌控、效果评估等功能。

3. 事后总体评估、培训演练

实现安全预警的环节再现，对整个应急过程进行综合评估、对比分析，对评价结果进行详细统计，依据现有网络指挥调度环境，针对专项预案做好实践性验证。

（五）主要设备清单

珠峰旅游安全预警信息系统包含核心模块、GIS 模块、3D 模块、地图模块、大屏模块、监控模块、操作台模块、预警模块等众多组成部分。为了使系统正常运转，各项功能无报错，需要大量软硬件的支撑，主要设备如表 2 所示。

表 2　珠峰旅游安全预警信息系统的主要设备清单

设备名称	技术指标
数据库服务器	19" 标准机框,定制系统,安装基础信息库、事件信息库、预案库、文档库等数据存储
数据库软件	数据的采集、整理、加工、入库,数据查询、更新、事务管理、索引、高速缓存、查询优化、安全及多用户存取控制等业务功能
移动业务服务器	19" 标准机框,定制系统,安装预置单兵、手机、PAD 等移动终端接入管理软件、第三方接入客户端、SDK 对接口,主要负责实现手机、PAD 等移动终端的接入管理服务

续表

设备名称	技术指标
移动业务管理软件	支持手机、PAD 等移动终端的视频、音频、图片、GPS、报警数据的存储和转发；支持移动终端对讲模式；支持 NET 穿越、信令防火墙、呼叫接纳控制（CAC）、拓扑隐藏、媒体流监控等业务功能
地图服务器	19" 标准机框，加载电子地图、3D 业务软件，实现联动功能
存储服务器	19" 标准机框，最大 128 路并发录音；支持 ADPCM（32Kbps）高质量录音文件存储；支持循环存储设置及存储容量告警设置；支持录音文件的自动异机备份功能；采用无磁盘碎片存储工作机制
多场景智能呈现服务器	支持多场景多模块任意呈现或同步显示至大屏，图像分割显示功能，支持 4 路 1080P 解码，配合 SmartView 操作台支持手势操作
多场景综合操作台	支持 10 点触控、全手势操作模式及全角度调节，提供报警数据监控、视频监控、电子地图，集话音、视频、数据通信调度于一体

五　珠峰旅游安全管理工作的未来展望

（一）强化人员安全管理

人员主要包括旅游者、景区从业人员、旅游地居民。根据三者的影响因素分析，旅游者的因素影响程度大且有直接影响，其中安全意识与不安全行为因素尤为重要，珠峰景区可通过扩大安全知识宣传范围，包括入园安全须知手册的发放、安全提示广播、完善安全标识系统等，增强游客安全意识，从而减少游客不安全行为的发生。针对珠峰景区内出现的一些不安全行为，应当及时制止并实施相关处罚制度。针对景区从业人员，其安全业务能力对珠峰景区安全的影响显著，可通过定期开展安全知识、安全技能的培训，提高从业人员安全业务能力，进而提高珠峰景区的安全管理水平。旅游地居民作为珠峰景区人流之一，其安全法制观念会影响珠峰景区安全，可通过建立相关安全管理规章制度，对旅游地居民进行普法教育、安全教育以提高其安全法制观念，从而减少其违法、违规行为，保持和谐的主客关系，营造良好的治安环境。

（二）加强设施设备安全管理

景区设施设备通常包括景区游览设施设备、安全设施设备。其中，景区安全设施设备至关重要，主要涉及安全标识系统、安全防护设施、安全救援设施等。珠峰景区一方面可通过定期检查，对存在安全隐患的设施进行修缮、更换，以保证安全设施设备正常运行；另一方面可通过引入软件、硬件，如建立安全管理互联网平台和安装红外感应设备、动态监控设备来提高珠峰景区安全设施的智能化水平，进而提高安全运行效率。景区游览设施设备主要包括索道缆车、观光车、游客大巴、景区游步道等，针对交通运输工具，应严格开展安全运营，做到行进前后常规安全检查，禁止存在安全隐患的交通运输工具上路。同时，加强对公共交通运营司机的管理，针对珠峰景区内部游步道、登山栈道等道路，应定期进行维护，设置道路安全护栏、防滑装置等，保证道路安全。

（三）优化景区安全管理

景区安全管理主要包括安全制度完善程度、安全重视度、安全宣传覆盖度、安全管理方式的科学性，这些都是影响景区旅游安全的基础性因素且影响程度大。景区安全问题的产生，归根结底是缺乏管理或管理不当。珠峰景区应加强对旅游安全管理工作的重视度，加大旅游安全管理的人力、物力、财力投入，建立珠峰景区安全管理规章制度，使得安全管理有章可循。同时，扩大对旅游者、景区从业人员、旅游地居民的旅游安全宣传覆盖度，增强各类人员的安全意识，提高珠峰景区管理人员的安全管理能力。景区安全管理方式的科学性主要涉及景区安全管理组织架构、安全管理方针、安全管理流程等，珠峰景区安全管理人员应加强对安全管理知识的学习，树立科学的安全管理理念，建立良好的安全文化氛围，坚持以人为本、系统化、动态化、全方位的安全管理原则，并利用现代智能化安全管理设备支撑珠峰景区安全管理。

（四）健全安全管理制度

根据景区旅游安全管理的影响因素分析，政府部门的安全管理制度是否健全、安全政策执行力属于根源性因素，且对其他因素的影响较大。健全的安全管理制度是保障旅游安全的基础，是景区实施安全管理的主要依据。因此，各级政府部门应建立健全安全管理制度，出台针对旅游安全问题的相关制度，打击旅游行业的违法犯罪行为，使得珠峰景区安全管理有法可依。此外，对于安全政策制度的执行力会直接影响其落实效果。各相关部门应积极配合安全管理部门进行安全检查、安全执法等，提高安全管理部门执行力，从而有效地约束个人、景区、旅游企业等主体的行为。

（五）创新旅游安全预警信息等级制度

一是由旅游安全管理部门对批准发布的旅游安全预警信息进行分级，并根据不同的等级进行旅游安全提示和禁止出游劝告，如可分为正常、关注、危险、高度危险和禁止五个等级，并用绿、蓝、黄、橙、红五个颜色相应地进行标示。正常、关注和危险三个等级为提示性等级，提示旅游企业和旅游者关注旅游目的地的不同危险程度；高度危险和禁止两个等级为劝告性等级，劝导旅游企业和旅游者慎重考虑组织或实施到该旅游目的地的旅游行为。二是立法明确规定，旅游安全预警信息系统确认为高度危险和禁止两个等级的旅游目的地，旅游企业和旅游者个人可以要求变更旅游合同。对旅游安全预警信息系统确认为禁止等级的旅游目的地，旅游企业和旅游者个人解除旅游合同的，不构成违约。

（六）对接旅游安全预警信息系统与旅游安全应急救援系统

旅游安全预警信息系统可以有效地防范或减少旅游安全事故发生及其带来的损失，但由于技术水平限制，不可能预警所有的旅游安全风险，也无法完全阻止重大损失的发生。因此，需要实现旅游安全预警信息系统与应急救援系统的有效对接，以便最大限度地减少事故损失。一是在实现旅游安全预警信息系统与旅游安全应急救援系统有效对接的基础上，同消防、地震、卫生等部门的应急救援系统进行对接，通过预警信息提示相关部门做好应急救援系统启动准备。二是实现已发生旅游安全事故信息与应急救援系统的对接，涵盖地方政府安全应急救援系统、消防、地震、卫生等部门应急救援系统的对接，帮助其全面了解情况，提高救援效率，减少人身和财产损失。

参考文献

岑乔、魏兰：《山地旅游安全预警与应急救援体系的构建——以四川省山地旅游为例》，《云南地理环境研究》2010 年第 6 期。

陈兴、覃建雄、李晓琴、史先琳：《川西横断山脉高山峡谷区旅游特色化开发战略——兼论中国西部山地旅游发展路径》，《经济地理》2012 年第 9 期。

方丹辉、孙仲洋：《大数据技术在旅游安全问题方面的应用研究》，《数字技术与应用》2021 年第 1 期。

贺小荣、秦俊娜、张明雪：《山地旅游景区旅游安全保障体系构建研究——以华山景区为例》，《四川旅游学院学报》2021 年第 5 期。

李锦宏、曾雪、曹庆瑶、姬杨：《喀斯特山地旅游生态系统安全评价及趋势预测——以贵州国际山地旅游目的地为考察样本》，《生态经济》2022 年第 9 期。

刘勇、何丽：《旅游标准化建设促进我国山地旅游高质量发展研究——以西部藏族聚居区四姑娘山景区为例》，《广西社会科学》2022 年第 8 期。

罗恒超：《山地旅游安全制度探究》，《法制博览》2017 年第 32 期。

马奔、毛庆铎：《大数据在应急管理中的应用》，《中国行政管理》2015 年第 3 期。

田瑾、明庆忠：《中国近 30 年山地旅游研究进展与展望》，《云南地理环境研究》2018 年第 6 期。

王辉：《山岳型旅游景区登山活动安全问题实证研究——以泰山景区为例》，《泰山学院学报》2020 年第 1 期。

谢鹏珠：《开源 WebGIS 平台的研究和基本功能实现》，《哈尔滨师范大学自然科学学报》2021 年第 1 期。

杨波丽：《大数据在应急管理中的应用》，《中国管理信息化》2018 年第 23 期。

银元、李晓琴：《山地旅游业态影响因素及规划实证研究——以贡嘎山风景名胜区为例》，《热带地理》2012 年第 6 期。

张艺馨、王龙：《WebGIS 技术在消防远程监控系统中的应用探讨》，《电子世界》2018 年第 22 期。

张莹莹、郑建功、赵锋：《基于开源框架的 WebGIS 设计与实现》，《测绘与空间地理信息》2013 年第 12 期。

张云、柳光磊：《黔西南州山地旅游景区的安全评价研究》，《花炮科技与市场》2018 年第 1 期。

Duglio S. , "Tourism Development in Inner Mountain Areas: The Local Stakeholders' Point of View Through a Mixed Method Approach," *Sustainability*, 2019, 11 (21).

Stefan Applis, "On the Influence of Mountain and Heritage Tourism in Georgia: The Exemplary Case of U-shguli," *Erdkunde*, 2019, 73 (4).

珠峰旅游景区突发事件应急管理研究

肖文海　曹丹妮*

摘　要： 经济高速增长带动旅游业快速发展，而旅游业发展能够促进经济进一步增长，珠峰作为中国享有"世界之巅"美誉的山峰，是重要的国内旅游景点之一。而珠峰地理环境独特、气候变化莫测，容易诱发景区突发事件。本文首先根据珠峰景区突发事件信息传播建立 UFAT 模型，通过分析不同群体旅游状态，建立 SEIR 模型。其次，针对应急管理的不同阶段，提出应完善智能决策系统，建立基于数据挖掘的智能决策监测体系，为突发事件的紧急预测和相应的反馈机制提供算法依据。最后，对建立的双模型进行仿真分析，针对具体算法拟合管理现状提出对策建议，为政府应对珠峰突发事件提供定量化的决策参考。

关键词： 珠峰旅游　突发事件　应急管理　挖掘技术　信息需求

一　引言

　　旅游业迅速发展，成为国民经济的第三产业支柱，具有流动性、开放性、环境复杂多样性等特点，这些特点使得旅游突发事件应急管理面临极大的挑战。旅游突发事件应急管理在对旅游业提供基本的安全性保障的同时，更是随着经济的发展面临越来越多的挑战。本文从珠峰旅游角度出发，深入分析珠峰旅游景区应急管理中存在的问题，并提出相应的对策，特别是提出

---

* 肖文海，定日县文旅局局长；曹丹妮，上海工程技术大学在读研究生，研究方向为信息管理、危机管理。

三种技术应对算法，以期提高珠峰地区的应急管理水平，更好地应对珠峰景区突发事件，对打造服务型政府而言有着重要意义。

位于西藏的珠穆朗玛峰海拔约 8848.86 米，是喜马拉雅山脉的主峰，也是世界第一高峰，由于地壳运动构成的巍峨挺拔的峻峰位于北纬 27°48′~29°19′、东经 84°27′~88°之间，总覆盖面积约 3.38 万平方公里。① 珠峰自然保护管理局成立于 1989 年，而后依次成立了定日、聂拉木、吉隆和定结四个管理局，分别负责各自管辖的保护区的自然资源和相关的管理工作。1994 年珠峰获批为国家级自然保护区，2004 年珠峰被联合国教科文组织列为"世界生物圈保护区网络"，由于独特的地形地貌，珠峰自然保护区具有典型性、稀有性、脆弱性和自然性等特点。2023 年第一季度，全区共接待国内外游客达到 255.74 万人次，同比增长 39.63%；实现旅游总收入 20.3 亿元，同比增长 42.89%，地处于日喀则，珠峰风景区每三年都会举办珠峰文化节，吸引世界各国的游客，在提升文化影响力的同时，促进该地区旅游业迅速发展，同时传统和优势项目的开发有助于提升该地区独特的品牌知名度、美誉度和影响力。

伴随着人类社会的发展突发事件贯穿始终，人类一直在与突发事件做斗争。随着互联网和新媒体的发展，信息技术日益完善，人与人之间的联系更为紧密，突发事件相关信息也在线上和线下广泛传播，但由于谣言等不实信息以及大众认知水平有限，对于突发事件持错误观点、采取错误的预防措施的群体仍然存在，造成了极大的负面影响，增加了危害人民群众生命财产安全的不稳定性，因此对于突发事件信息传播和群体的划分、探究其内在规律尤为重要。

应急管理能力随着时代变迁而不断提升。1949~2002 年是以议事协调机制为主的单灾种管理时期，特点是专业化、单一化，对于特定的灾种具有较高的应对效率，奠定了新中国成立初期应急管理体制的基础，但是应对突发事件的管理效率较低，部门之间缺乏联系，多以地方政府应对灾害为主，中

---

① 范维澄：《国家突发公共事件应急管理中科学问题的思考和建议》，《中国科学基金》2007 年第 2 期，第 71~76 页。

央政府发挥协调和服务作用。2006 年 4 月，国务院办公厅发布《关于设置国务院应急管理办公室（国务院总值班室）的通知》，部门管理的权责关系得到厘清，"一案三制"体系的嵌入使得不同部门的行动指南和标准得以确立。2008~2017 年是对于我国应急管理机制在实践中逐渐完善的时期，2013年 3 月，《国务院机构改革和职能转变方案》发布，启动了新一轮的大部制改革，我国在应急管理方面取得进展，但仍然存在缺乏事前预警问题。2018年以后迎来了中国特色现代应急管理体系建设时期，应急管理部门进一步升级，编制国家应急预案和规划以及对于应急管理状况设置演练，对于灾害管理工作进行指挥和监督救援工作。

当今世界正在经历百年未有之大变局，伴随着智能时代的到来，应急管理要进一步转型升级，从而科学地应对突发事件，提高有关部门的管理效率。

二 相关研究综述

我国关于应急管理的现代化系统建立工作是在 2003 年"非典"之后才开始的，随后 2018 年在机构改革中组建了中华人民共和国应急管理部。为了满足人民群众的安全需要，还存在许多亟待解决的问题与挑战，相关研究在政府的推动下需要深入开展。应急管理是社会管理的重要组成部分，也是当今社会经济发展和平稳运行的重要保障，同时由于其复杂性和不确定性，涉及多学科的研究，具有重要的现实意义，国内外对于应急管理进行了深入的研究并取得丰富的成果。

1. 突发事件的研究综述

公共安全问题是国家安全问题的重要议题，对于突发事件的应急管理是公共安全的核心问题，也是保障社会经济稳定运行和国家管理工作良性发展的基石。[①] 伴随着全球化进程的加快，我国经济发展进一步转型升级，对突发事件的应急管理进一步复杂化，公共安全问题的复杂度和发生频率进一步提

---

① 范维澄：《国家突发公共事件应急管理中科学问题的思考和建议》，《中国科学基金》2007年第 2 期，第 71~76 页。

高。[①] 突发事件的应急管理涉及公共安全能否得到保障的问题，涵盖社会安全、自然灾害、公共卫生和事故灾害等领域。突发事件应急管理系统是一个复杂开放且多变的系统，具有多主体、跨学科、多因素、多变性等特点，涵盖范围广，涉及风险评估、危机预测、防范监控、决策指挥和善后管理等多个环节，这导致突发事件的应急管理存在多种复杂的科学性问题。[②]

有关旅游突发事件，葛立杰认为要在管理的过程中建立健全体制机制，完善风险评估和危机预警机制，加强对突发事件的应对，做好善后管理和恢复建设工作，重塑品牌，增强游客对品牌的信心。[③] 范虎认为应该从完善旅游应急管理和信息预警平台的角度提高地方政府的管理水平，对于游客的生命财产安全、旅游市场秩序保障和社会稳定有着重要的意义。[④] 李寒梅通过分析美国旅游突发事件应急管理案例、国内四川省九寨沟旅游景区突发事件应急管理案例、丽江市旅游突发事件应急管理案例，总结国内外经验，针对青海省旅游景区突发事件应急管理在事前阶段的保障工作提出相关建议。[⑤]

2. 应急管理的研究综述

党的十八大以来，习近平总书记高度重视应急管理工作，我国加强应急管理体系和能力建设。应急管理是国家治理体系和治理能力的重要组成部分，对于保护好人民群众的生命财产安全和维持社会稳定具有重要意义。[⑥]应急管理是一项复杂的工作，涉及多部门、多区域、跨时空，而应急管理的主体参与范围广、管理幅度大，是一个复杂的科学系统，同时也是一个可以随着突发事件的演进而不断调整的系统。[⑦] 大型应急管理不仅内部具有复杂

[①] 科技部、国家发改委：《国家"十一五"科学技术发展规划》，2006年8月。

[②] 范维澄：《国家应急平台体系建设》，全国应急管理工作会议专题讲座，2006年7月7~8日。

[③] 葛立杰：《日照市旅游突发公共事件应急管理案例研究》，曲阜师范大学硕士学位论文，2020。

[④] 范虎：《都江堰市旅游突发事件应急管理问题研究》，电子科技大学硕士学位论文，2022。

[⑤] 李寒梅：《青海省旅游景区突发事件应急管理研究》，青海师范大学硕士学位论文，2022。

[⑥]《习近平主持中央政治局第十九次集体学习》，https://www.mem.gov.cn/xw/ztzl/xxzl/201911/ t20191130_ 341797. shtml，2019年11月30日。

[⑦] 范维澄：《国家突发公共事件应急管理中科学问题的思考和建议》，《中国科学基金》2007年第2期，第71~76页。

性，同时也具有系统的整体性。① 不同于一般的管理工作，应急管理需要的是统筹协调和系统控制，区别于传统"分而治之"的还原论思想，当代应急管理工作面临的形势更为复杂多变。② 彭亚洁认为旅游景区突发事件应急管理是关乎国家经济社会发展和人民群众生命财产安全的大事，是当下旅游热阶段政府必须正视和思考的问题，是全面建设社会主义和谐社会的重要内容，是社会管理体制创新的必然要求。③ Jensen 等认为通过建立首席复原官制度可以促进社区应对灾害，当地应急管理人员可以促进应急实践的开展。④ Wu 等通过对案例进行研究，分析应急管理各个部门的职责与表现，总结和归纳出应急管理中存在的问题，为加强应急管理、保障公共安全提供参考。⑤ 卢文刚通过对景区容量超载情况下发生的旅游突发事件进行研究，以四川九寨沟的"10·2"旅客严重滞留事件为例，分析事件中的承灾载体系统和机理，揭示九寨沟景区管理方在应急管理中存在的问题。⑥ 王山磊运用危机管理生命周期六阶段模式，通过分析 Y 景区在"非典"旅游危机中的应对管理措施，构建预防与应急并重和常态与非常态、静态与动态相结合的旅游景区突发事件应急管理模式。⑦

① 钟开斌：《国家应急管理体系：框架构建、演进历程与完善策略》，《改革》2020 年第 6 期，第 5~18 页；郭雪松、朱正威：《跨域危机整体性治理中的组织协调问题研究——基于组织间网络视角》，《公共管理学报》2011 年第 4 期，第 50~60、124~125 页。
② 张海涛、栾宇、周红磊、张鑫蕊、庞宇飞、刘伟利：《总体国家安全观下重大突发事件的智能决策情报体系研究》，《情报学报》2022 年第 11 期，第 1174~1187 页。
③ 彭亚洁：《旅游景区突发事件应急管理中政府作用研究》，长春工业大学硕士学位论文，2017。
④ Jessica Jensen, Sarah Kirkpatrick, "Local Emergency Management and Comprehensive Emergency Management (CEM): A Discussion Prompted by Interviews with Chief Resilience Officers," *International Journal of Disaster Risk Reduction*, 2022, Volume 79: 103-136.
⑤ Qian Wu, Jingwen Han, Changqun Lei, Wei Ding, Bing Li, Lu Zhang, "The Challenges and Countermeasures in Emergency Management after the Establishment of the Ministry of Emergency Management of China: A Case Study," *International Journal of Disaster Risk Reduction*, 2021, Volume 55, 102075.
⑥ 卢文刚：《景区容量超载背景下的旅游突发事件应急管理研究——以"10·2"九寨沟游客滞留事件为例》，《西南民族大学学报》（人文社科版）2015 年第 11 期，第 138~143 页。
⑦ 王山磊：《旅游景区突发事件应急管理研究》，郑州大学硕士学位论文，2008。

三 理论背景和假设

（一）基于珠峰特殊环境的突发事件简介

根据尼泊尔政府的公布数据，自从 1953 年人类首次登上珠峰至 2019 年，共有 4400 多人登顶，其中共有 250 人遇难。据报道，2021 年，两名来自美国和瑞士的登山者在珠峰遇难，因体力不支致死。2023 年 4 月 12 日，珠峰南坡昆布冰川地区发生雪崩，致使 3 名夏尔巴向导遭遇雪崩后被掩埋。因自然灾害等导致的珠峰突发事件屡屡发生。

珠峰风景区的突发事件涉及游客的生命财产安全，且珠峰的高原地貌、气候及其导致的自然地质灾害增加了突发事件的发生频率和不稳定性。由于游客的身体健康状况各不相同，珠峰自然环境引起的危及游客自身安全的突发疾病有高原反应、高原脑水肿、高原肺水肿、冻伤和雪盲，以及因对于高海拔地区的环境难以适应而导致水土不服、头晕眼花、过敏反应和精神不振等，因饮食不当或者误食景区有毒的动植物而导致的食物中毒、昏迷、腹泻和腹痛等其他症状。此外，还可能有一些由自然和事故灾害引发的突发事件。珠峰地形地貌和气候复杂致使道路崎岖，交通状况复杂多变，通信信号较差，很容易出现交通意外情况，如发生车祸、坠崖导致扭伤和骨折以及迷路走失；旅游途中涉水导致溺水事件；自然情况导致的森林火灾，同时在驾游过程中车辆碰撞和加油导致的车辆火灾；珠峰景区内跋涉途中可能游客会被毒虫或者毒蛇叮咬事故。

（二）突发事件及应急管理假设

舆情具有生命周期已经成为共识。[①] 依据舆情生命周期理论，突发事件从产生到消亡也存在生命周期。如图 1 所示，将突发事件生命周期分为五

---

① 王光辉、刘怡君：《网络舆论危机事件的蔓延扩散效应研究》，《中国管理科学》2015 年第 7 期，第 119~126 页。

个阶段：酝酿期、爆发期、高峰期、波动衰退期和平息期。在酝酿期，突发事件的影响比较小，在社交媒体中的信息量也相对较小；在爆发期，由于越来越多的媒体争相报道，网民讨论量和转发量也越来越多，突发事件开始引起广泛的关注和讨论，信息量不断增加；在高峰期，突发事件的社会关注量和影响力达到最高点；在波动衰退期，政府通过对突发事件造成的基础设施破坏等负面影响进行修复和建设，社会关注量也逐渐减少；在平息期，由于突发事件造成的财产损失和给社会群体带来的心理创伤等负面影响仍然会产生一定的反响，但整体趋于平缓。

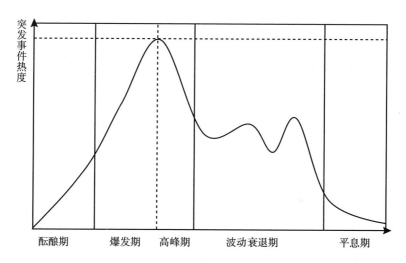

图 1　突发事件生命周期

　突发事件一旦发生，可能会对当地的基础设施造成破坏，危及当地正常的经济社会秩序，从而破坏当地经济环境，而不恰当的政策、管理失误、政府对危机缺乏有效的回应、政府和民众间缺乏有效的沟通等，会对政府的形象造成损害，引发信任危机。基于此，突发事件的应急管理模式尤为重要。通过对应急管理模式进行分析，将应急管理划分为四个阶段，可以概括为4R，[①] 即 "Reduction" "Readiness" "Response" "Recovery"，分别是预防、

──────────

① 范虎：《都江堰市旅游突发事件应急管理问题研究》，电子科技大学硕士学位论文，2022。

准备、响应、恢复，每个阶段对应着不同的工作内容和解决手段，可以用于规范应急管理。

表 1　应急管理 4R 模型

4R	内容
Reduction	评估和分析风险等级，并确定应对风险的方式和形式，如果不可行则降低风险等级，从灾害的根源去解决问题
Readiness	构建有效的风险管理应对系统，拟定事前计划、确定流程和程序、准备相应的资源以开展应急管理工作，提高对风险的管控能力
Response	灾害发生的第一时间进行快速评估，并迅速调动资源，以最大限度地保护人民群众的生命财产安全，将损失降低至最小
Recovery	制定相应的短、中、长期计划以应对事后恢复和重建工作，以最快的速度使其恢复至原来的状态

（三）信息传播 UFAT 与群体状态转化 SEIR 模型

互联网的飞速发展使得网络信息传播范围逐渐广泛，线下突发事件会吸引媒体和意见领袖的争相报道，使得突发事件在线上被广泛传播。突发事件一旦发生，在线下会对其周围群体的生命财产安全造成影响，而媒体工具的频繁使用加上网络信息传播的便捷性和开放性，使得突发事件在网络上引发强烈的关注和热烈的讨论。基于此，构建突发事件线上和线下信息传播双层社交网络突发事件传播模型。

突发事件信息传播在人群之间的扩散可通过线上网络和线下网络两种渠道实现。线上网络代表在线社交网络中信息传播的平台，节点表示在线社交网络中的用户，节点与节点的连接代表用户之间的虚拟的网络社交关系；线下社交网络则代表现实社会中的人际社交关系，节点表示个体，节点之间的连接对应真实世界的人际关系。在线社交网络中，信息主要通过国内微博、知乎、小红书等以文字为主的信息传播平台，或者抖音、哔哩哔哩、腾讯等以视频为主的信息传播平台，国外如 Facebook、Twitter 等在线社交网络平台进行传播；而在线下网络中，信息主要通过个体之间的交流等方式被传播。

　　针对珠峰突发事件，在复杂网络的基础上提出了 UFAT 模型和 SEIR 模型。UFAT 模型代表突发事件信息在线上与线下传播，包括四类人群：U 代表不知道珠峰突发事件信息状况的个体；F 表示个人对珠峰突发事件状况了解不够，在珠峰旅游中采取的预防措施无效，甚至增加了突发事件发生的概率；A 代表个体知道正确的突发事件状况，采取了正确措施预防突发事件，并将信息传播给邻近节点；T 代表个体知道正确的突发事件相关信息并采取预防措施，但不将信息传播给邻近节点，即免疫状态。SEIR 模型代表群体的转化状态，包括四类人群：S 代表没有去珠峰旅游的个体；E 代表没有去珠峰旅游但有意愿去的个体；I 代表去珠峰旅游的个体；R 表示已经去过珠峰旅游但是从突发事件中幸存或者没有经历突发事件的个体。

　　根据 Zhang 等[①]的研究，结合群体的实际状态和信息传播的特点和规律，建立 UFAT 模型和 SEIR 模型，如图 2、图 3 所示。

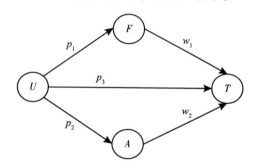

图 2　UFAT 模型网络示意

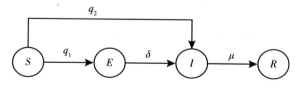

图 3　SEIR 模型网络示意

---

① Jing Zhang, Xiaoli Wang, Shuqin Chen, "Study on the Interaction between Information Dissemination and Infectious Disease Dissemination Under Government Prevention and Management," *Chaos, Solitons & Fractals*, 2023, Volume 173：113601.

根据信息传播的特点和规律，未知状态 U 分别以 p_1、p_2 和 p_3 的概率转化为虚假信息传播状态（F）、真实信息传播状态（A）和信息免疫状态（T）。将虚假信息传播状态（F）和真实信息传播状态（A）分别以 w_1 和 w_2 的概率转化为信息免疫状态（T）。根据群体状态的特点和规律，没有去珠峰的个体（S）分别以 q_1 和 q_2 的概率转化为没有去珠峰旅游但有意愿去的个体（E）、去珠峰旅游的个体（I）。没有去珠峰旅游但有意愿去的个体（E）以 δ 的概率转化为去珠峰旅游的个体（I），去珠峰旅游的个体（I）以 μ 的概率转化为珠峰突发事件中幸存或者没有经历突发事件的个体（R）。

8 类群体在 t 时刻所占数量分别为 $U(t)$、$F(t)$、$A(t)$、$T(t)$、$S(t)$、$E(t)$、$I(t)$、$R(t)$，假设各状态用户数量为连续可微，因此，可通过微分方程表示各类主体数量随时间推移而变化的动力学方程，对应的 UFAT 模型的微分方程组可表示为：

$$\frac{\mathrm{d}U(t)}{\mathrm{d}t} = -(p_1 + p_2 + p_3)U(t) \tag{1}$$

$$\frac{\mathrm{d}F(t)}{\mathrm{d}t} = p_1 U(t) - w_1 F(t) \tag{2}$$

$$\frac{\mathrm{d}T(t)}{\mathrm{d}t} = p_3 U(t) + w_1 F(t) + w_2 A(t) \tag{3}$$

$$\frac{\mathrm{d}A(t)}{\mathrm{d}t} = p_2 U(t) - w_2 A(t) \tag{4}$$

对应的 UFAT 模型的微分方程组可表示为：

$$\frac{\mathrm{d}S(t)}{\mathrm{d}t} = -q_1 E(t) - q_2 I(t) \tag{5}$$

$$\frac{\mathrm{d}E(t)}{\mathrm{d}t} = q_1 S(t) - \delta E(t) \tag{6}$$

$$\frac{\mathrm{d}I(t)}{\mathrm{d}t} = \delta E(t) + q_2 S(t) - \mu I(t) \tag{7}$$

$$\frac{\mathrm{d}R(t)}{\mathrm{d}t} = \mu I(t) \tag{8}$$

四　突发事件的应急管理智能决策
情报体系逻辑框架

（一）情报传播：突发事件群体与信息传播路径仿真

为分析突发事件信息在线上和线下社交网络中的传播过程，以及群体的状态转化过程，探索其规律，对构建的舆情传播模型进行仿真模拟。根据UFAT 模型和 SEIR 模型的传播动力学方程和已有研究结果[①]将主参数设置为 $p_1 = 0.21$，$p_2 = 0.3$，$p_3 = 0.14$，$w_1 = 0.12$，$w_2 = 0.1$，$q_1 = 0.3$，$q_2 = 0.14$，$\mu = 0.89$，$\delta = 0.21$。

采用 MATLAB 对所建立的模型进行仿真，并结合珠峰的实际情况分析验证模型的有效性，仿真结果如图 4 和图 5 所示。如图 4 所示，随着珠峰突发事件的相关信息传播，不知道珠峰突发事件信息状况的个体 U 减少；对珠峰突发事件状况了解不实，知道正确的突发事件状况，采取了正确措施预防突发事件，并将信息传播给邻近节点的 A 的数量多于在珠峰旅游中采取的预防措施无效甚至增加了突发事件发生的概率的个体 F；知道正确的突发事件相关信息并采取预防措施，但不将信息传播给邻近节点的个体 T 数量较多。如图 5 所示，没有去珠峰旅游的个体 S 数量最多；有意愿去的个体 E 数量少于 S；国家统计局数据显示，珠峰旅游突发事件中登山坠落发生概率为 14.8% 左右，仿真结果图 5 幸存者 T 数量少于去珠峰旅游的个体 I 数量。

---

① 王家坤、王新华：《双层社交网络上的企业舆情传播模型及控制策略研究》，《管理科学》2019 年第 1 期，第 28~41 页；Han Shen, Lilan Tu, Yifei Guo, Juan Chen, "The Influence of Cross-platform and Spread Sources on Emotional Information Spreading in The 2E-SIR Two-layer Network," *Chaos*, *Solitons & Fractals*, Part 2, 2022, Volume 165: 112801; Jing Zhang, Xiaoli Wang, Shuqin Chen, "Study on the Interaction Between Information Dissemination and Infectious Disease Dissemination under Government Prevention and Management," *Chaos*, *Solitons & Fractals*, 2023, Volume 173: 113601.

通过对模型的仿真结果结合实际情况进行分析，证明 UFAT 模型与 SEIR 模型的有效性。

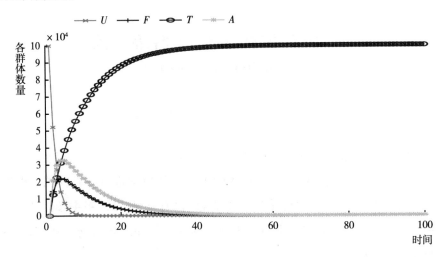

图 4　UFAT 模型的仿真结果

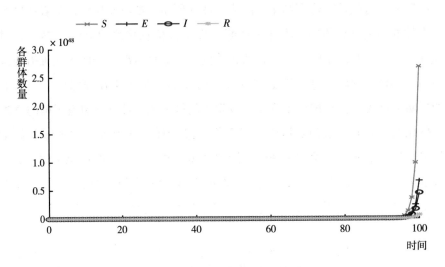

图 5　SEIR 模型的仿真结果

（二）情报智慧：融合人工智能应对复杂管理问题

人工智能的发展为人们解决了很多难题。通过从巨大的数据集中学习并理解自然语言文本，ChatGPT 成为一种强大的知识库和信息检索工具，可以帮助人们解决问题。利用智能挖掘技术可以解决突发事件的有效获取数据问题，有效解决应急管理各个阶段面临的问题。可以采用 K-近邻算法、关联规则算法和决策树等智能算法挖掘海量数据并对数据进行具体分析，从而能够得到精准的解决方案。

应急管理分为不同的阶段，在应急管理预警阶段应用数据挖掘技术去收集有用的信息，即在大数据中撷取有用的数据资源并采用词云图、Gephi 等软件利用图片形式将数据结果进行直观展现，整合并提取关键信息有助于减少决策者的决策延迟时间，加快反应速度。在应急管理中期，即突发事件发生阶段，应用数据挖掘技术对突发事件进行管控，具体可以通过特定的算法分析有用的策略和应对方案，从而对于突发事件的有效信息和方案选择提供依据，同时做好突发事件恢复阶段的资源调度。在应急管理后期，对于预防突发事件的再次发生开展有效的智能预防和监测。

1. K-近邻算法

K-近邻（K-Nearest Neighbors，KNN）是一种既可以用来做分类又可以用来做回归的线性分类法。它的特点是理论成熟、逻辑清晰，可以用于非线性分类；运算时间较支持向量机之类的算法短；与朴素贝叶斯之类的算法相比，对于数据没有假设，准确度高，对于异常点不敏感；适合样本容量较大的类域的自动分类，而样本较小的类域采用这种算法比较容易产生误分类情况。

KNN 对不同特征之间的距离进行分类。如果一个样本在特征空间中的 K 个最相似的样本中的大多数属于同一类别，则该样本也属于这一类别，其中 K 通常是不大于 20 的整数。如图 6 所示，K-近邻算法遵循少数服从多数原则且将离小圆最近的所在的大圆区域作为近邻范围，因此未分类的小圆应与三角形的数据类似。

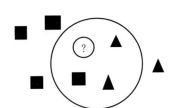

图 6   K-近邻算法模型

在突发事件的预测和防范中，相关部门可以将当前事件与以往事件作对比，找出其中的相似特征，利用 K-近邻算法，预设 K 值并得到与当前突发事件相似特征最多的案例，以这些案例作为参考，指导当前突发事件的应对工作。

2. 关联规则算法

关联规则算法是一种基于规则的机器学习算法，可以在大数据库中发现感兴趣的关系，目的是利用一些度量指标来分辨数据库中存在的强规则。关联规则是属于无监督的机器学习方法，用于知识发现而非预测。Apriori 算法是一种挖掘关联规则的频繁项集算法，其核心思想是通过候选集生成和情节的向下封闭检测两个阶段来挖掘频繁项集。

关联规则的三个主要关键词分别是支持度（S）、置信度（C）和提升度（L）。其中支持度是集合 A 与集合 B 在总项集 N 中同时出现的概率，公式是：

$$S(A \cap B) = \frac{Frep(A \cap B)}{Frep(A)} \tag{9}$$

置信度表示在先决条件 A 发生的条件下，同时有 B 的概率；并且与 B 总体发生的概率做比值，公式是：

$$C = \frac{Frep(A \cap B)}{Frep(A)} \tag{10}$$

提升度表示有 A 的条件下，同时有 B 的概率；并且与 B 总体发生的概率做比值，公式是：

$$L = \frac{S(A \cap B)}{S(A) \times S(B)} \qquad (11)$$

在突发事件中使用关联规则算法对数据进行挖掘，可以用于判断当前事件与历史事件之间的关联性，存在则可以将之前有关联的案例作为参考的依据，再对比发生的新问题进行决策，制定有效的方案，提高应急管理部门的工作效率。

3. 决策树算法

决策树是预测模型，代表的是对象属性和对象值之间的映射关系。树中每一个节点表示某个对象，而每个分叉路径则代表某个可能的属性值，而每个叶节点则对应从根节点到该叶节点所经历的路径所表示的对象的值。由数据形成决策树的机器学习技术称作决策树学习，通俗来说就是决策树。

决策树可以处理一些非数值性问题，同时可以用于较大量的数据分析，其核心算法包括熵（Entropy，E）、信息增益（Gain，G），公式是：

$$E(S) = \sum_{i=1}^{c} p_i \, log_2 \, p_i \qquad (12)$$

$$G(S,A) = E(S) - \sum_{v=Value(A)} \frac{S_v}{s} E(S_v) \qquad (13)$$

$$G(S,A) = \frac{G(D,A)}{H(D)} \qquad (14)$$

对于突发事件的分析，可以用决策树算法分析和预测事件的规模与进程，将危机事件的前因后果都通过决策树列举出来，为应急管理的决策和方案选择提供定量的依据。

（三）信息需求：应急管理与突发事件双需求牵引

可以利用挖掘技术和智能决策系统有效解决针对突发事件的应急管理问题，为应急方案的制定提供技术支持。突发事件对社会秩序和人民群众的生命财产安全造成威胁，政府和管理部门在应对的同时，信息公开也起到了相当重要的作用。社交媒体和互联网技术的发展使得公民对于突发事件的发生和处理的相关信息需求意识也随之被唤醒，因此信息公开显得尤为重要。信息的公开化和透明化不仅能够满足公民的信息需要，减少持有错误信息的群体 F，扩大持有正确信息的群体 A 和 T，同时也可以减轻公民围绕突发事件发生而产生的负面情绪。但与一般的信息公开不同，突发事件的信息公开工作需要有的放矢，同时在不同的应急管理阶段采取不同的信息公开策略，提高对于突发事件的应对能力。

五　总结和建议

本文以珠峰景区为研究对象，分析珠峰可能发生的突发事故状况、应急管理所面临的挑战。基于突发事件的生命周期理论，针对突发事件信息传播和群体状态转化，分别建立 UFAT 和 SEIR 模型，并对模型进行仿真分析；针对应急管理在不同阶段面临的问题与挑战，提出算法和挖掘技术的不同作用，为政府在应对突发事件的应急管理中提供决策依据，具体包括：首先要重视突发事件中信息公开的重要性，完善信息公开标准体系，做到有的放矢；对于应急管理工作要不断改进，采用挖掘技术对突发事件进行数据分析，参考过去的类似案例和经验。其次在完善部门体系、应急管理指南和政策的同时，重视发挥智能系统对应急管理决策等的辅助作用，提高政府应急管理工作的效率。

在"双碳"背景下珠峰生态旅游
可持续发展影响因素研究

马晓琳　孙燕燕　刘　颖*

摘　要： 作为全球海拔最高的山峰，珠穆朗玛峰以壮丽的景色和丰富的生态旅游资源而闻名，其生态旅游的可持续发展已成为全球关注的问题。本文以珠峰生态旅游可持续发展为研究对象，构建珠峰生态旅游可持续发展的影响因素指标体系，选取8个相关因素，利用 ISM 模型分析这8个相关因素的相互关系、影响路径，并绘制多层递阶结构图，探究各因素的影响关系，研究表明，经济支持、社区福利、环境保护是影响珠峰生态旅游可持续发展的表层影响因素，教育宣传、文化保护、管理规范是中间层影响因素，游客数量、政策支持是深层影响因素。

关键词： "双碳"政策　珠峰　生态旅游　可持续发展

随着全球工业化进程的加快，温室气体排放量的迅猛增长，海平面上升，不仅对全球农业及生态系统造成威胁，也对人类生存和发展产生深刻影响，气候变化问题俨然已经成为全人类必须面临的挑战。在该背景下，中国提出"双碳"目标，即在 2030 年前实现碳达峰，2060 年前实现碳中和。碳达峰就是碳排放量达到峰值后无增长，碳中和即"排放的碳"与"吸收的碳"平衡相等。"双碳"政策通过控制二氧化碳排放量，减少碳排放带来的污染。

　＊　马晓琳，上海工程技术大学在读研究生，研究方向为旅游管理；孙燕燕，博士，上海师范大学讲师，研究方向为生态旅游；刘颖，博士，浙江旅游职业学院副教授，研究方向为旅游管理。

旅游业是温室气体排放的重要领域之一。我国旅游业发展快、规模大，其能源消耗、碳排放和绿色低碳发展问题一直备受关注。① "双碳"政策为我国旅游业的可持续发展带来了新机遇。如今，生态环境的重要性不断提高，旅游业要实现长期发展必须与生态环境保护相协调。生态旅游已经成为旅游业可持续发展的必选之路，也是环境可持续发展的具体实践。因此，如何协调生态环境和旅游业的发展已成为学界研究的重要课题。② 作为全球海拔最高的山峰，珠穆朗玛峰以壮丽的景色和丰富的生态旅游资源而闻名，珠峰生态旅游的可持续发展已成为全球关注的问题。然而，随着旅游业的不断发展，珠峰生态环境面临严峻的挑战，如环境破坏等。因此，在"双碳"背景下探讨珠峰生态旅游可持续发展的影响因素具有重要意义。

一　文献综述

对于生态旅游，学者们的研究主要集中在生态旅游影响、生态旅游模式、生态旅游利益相关者及社会参与等方面，并由此引申出对生态旅游环境承载力以及生态旅游可持续发展等方面的研究。

邹影、施东琦认为社区参与对于民俗村寨旅游的可持续发展具有重要意义。③ 他们以云南少数民族地区社区参与的民俗村寨生态旅游可持续发展为研究对象，分析了社区参与的民俗村寨生态旅游发展现状及存在的问题，并对其社区参与的态度、意愿和旅游发展模式选择偏好进行分析。Sangpikul以泰国生态旅游为研究对象，通过访谈法和观察法收集生态旅游经营者相关数据，考察了生态旅游经营者为促进生态旅游和当地社区的经济、社会发展

---

① 唐承财、章杰宽、查建平：《专栏序言——"双碳"目标下中国旅游绿色低碳发展》，《中国生态旅游》2022 年第 4 期，第 581~582 页。
② 朱德锐：《环珠峰地区生态旅游可持续发展模式研究》，《现代商贸工业》2022 年第 12 期，第 18~20 页。
③ 邹影、施东琦：《社区参与的云南民俗村寨生态旅游模式研究》，《生态经济》2023 年第 4 期，第 139~143 页。

而作出的贡献。① 辛竺珊、李松青以南岳衡山为研究对象，采用 AHP 和综合评价法进行研究，首先构建评价指标体系，然后进行生态旅游可持续发展评价指标权重计算，最终得出南岳衡山生态旅游可持续发展综合得分为87.948，处于良好阶段。② 刘锋、刘波认为生态旅游对自然和文化之间的异质性给予了充分的重视，提倡人们认识自然、享受自然、保护自然，是实现旅游业可持续发展的有效方式。以漓江生态旅游为例，从理论、技术到实践应用进行了改善生态旅游环境承载力的对策研究。③ 贾艳云以钱江源国家公园试点为案例地，利用能值理论，结合生态足迹模型，对案例地 2005~2017年的生态旅游承载力进行了计算，结果显示：人均生态足迹整体呈下降趋势，从 2005 年的 2.579ha/cap 下降到 2017 年的 2.003ha/cap，而人均生态承载力整体呈上升趋势，从 2005 年的 3.45ha/cap 上升到 2017 年的 4.51ha/cap。人均生态旅游足迹和人均生态旅游承载力均呈上升趋势，人均生态旅游足迹从 2005 年的 0.270ha/cap 上升到 2017 年的 1.122ha/cap，人均生态旅游承载力从 2005 年的 0.36ha/cap 上升到 2017 年的 2.528ha/cap。④ 徐少癸等认为生态旅游产业稳步发展的同时也存在一些问题，通过对生态旅游可持续发展路径的相关文献进行梳理，从生态旅游资源、交通区位以及旅游市场三个角度分析了陕西省生态发展优势，提出陕西省生态旅游可持续发展路径，并基于此提出陕西省生态旅游可持续发展的保障机制。⑤ 王瀛旭等从我国东、中、西三个地区选取了 30 个国家森林公园作为研究案例，从生态旅游资源、生态旅游社区、生态旅游环境、生态旅游发展、开发利用条件五个维度，

① Sangpikul A., " Ecotourism Impacts on the Economy, Society and Environment of Thailand," *Journal of Reviews on Global Economics*, 2017 (6): 302-312.
② 辛竺珊、李松青：《宗庙文化景区生态旅游可持续发展评价研究——以南岳衡山为例》，《林产业》2022 年第 4 期，第 64~68 页。
③ 刘锋、刘波：《生态旅游环境承载力评价体系与对策措施》，《环境工程》2022 年第 3 期，第 277 页。
④ 贾艳云：《钱江源国家公园试点区生态旅游承载力测度及影响机制研究》，苏州大学硕士学位论文，2019。
⑤ 徐少癸、方世巧、甘永萍：《精准扶贫视角下陕西生态旅游可持续发展路径研究》，《生态经济》2019 年第 5 期，第 140~145 页。

建立了国家森林公园生态旅游发展评价指标体系。运用层次熵分析法和多目标线性加权函数法，确定了指标权重，并与生态旅游综合计算模型相结合，在评估结果的基础上，对 30 个国家森林公园展开了分类研究。[①] Adom 通过非参与式观察、个人访谈和焦点小组讨论对加纳 Brong Ahafo 地区的 Tanoboase 神圣自然遗址进行了案例研究，以评估如何将对文化和传统的关注以及当地社区的参与转化为促进生态旅游发展的催化剂。[②] 闫守刚通过梳理生态旅游理论和生态旅游评价的相关文献，结合对天津蓟县风景区相关负责人及相关专家的采访，建立了一套生态旅游可持续发展的评估体系。在此基础上，运用 AHP 方法确定各指标的权值，并以天津蓟县风景区为例，提出了可持续发展指标体系。[③]

通过对生态旅游及其可持续发展相关研究的梳理，可以发现相关文献成倍增长。尽管如此，现有研究多集中在宏观层面，主要关注生态旅游发展现状及存在的问题并提出对策，对生态旅游可持续发展的影响因素较少研究。

因此，本文在借鉴已有研究成果的基础上，以珠峰生态旅游可持续发展为研究对象，利用 ISM 方法建立珠峰生态旅游可持续发展的影响因素指标体系，分析不同影响因素之间的关联关系和层次结构，明确珠峰生态旅游可持续发展的表层、中间层和深层影响因素。为珠峰生态旅游产业的可持续发展提出可行性建议。

二 珠峰生态旅游可持续发展影响因素指标体系构建

通过阅读相关文献，对目前珠峰生态旅游可持续发展影响因素进行搜索，结合文献检索结果与专家访谈建议，最终提取了影响珠峰生态旅游可持

---

① 王瀛旭、郭燕茹、陈东杰：《基于层次熵分析法的森林公园生态旅游发展研究——以 30 个国家森林公园为例》，《林业经济》2021 年第 1 期，第 68~82 页。

② Adom D. ，" The Place and Voice of Local People, Culture, and Traditions：A Catalyst for Ecotourism Development in Rural Communities in Ghana," *Scientific African*, 6（C）：e00184.

③ 闫守刚：《生态旅游可持续发展评价指标体系及评估模型研究》，天津师范大学硕士学位论文，2006。

续发展的8个因素，分别为游客数量、环境保护、政策支持、经济支持、教育宣传、社区福利、管理规范、文化保护等（见表1）。

表1　珠峰生态旅游可持续发展的影响因素

影响因素	编号
游客数量	S1
环境保护	S2
政策支持	S3
经济支持	S4
教育宣传	S5
社区福利	S6
管理规范	S7
文化保护	S8

三　珠峰生态旅游可持续发展影响因素
ISM 模型构建与计算

解释结构模型法（Interpretative Structural Modeling，简称"ISM 模型"），由美国华菲尔德教授于1973年提出。该工具适用于分析因素众多、关系复杂的系统，是分析复杂社会经济系统的常用工具之一。它可将一个系统分解成几个子系统，通过使用矩阵等工具和计算机技术，处理其要素及相互关系，最后形成一个多层次递阶结构模型。通过该模型，可以直观地了解各要素之间的关联。① ISM 模型的具体建模步骤如图1所示：

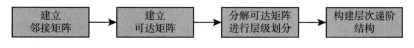

图1　ISM 模型的具体建模步骤

---

① 汪应洛主编《系统工程理论、方法与应用》（第二版），高等教育出版社，1998。

（一）建立邻接矩阵

邻接矩阵是用以表示各个影响因素间逻辑关系的矩阵。邻接矩阵 A 为 8 阶矩阵，其构成元素定义如下：

$$A = \left[a_{ij} \right]_{8 \times 8}$$

$$a_{ij} = \begin{cases} 1 & S_i \text{ 与 } S_j \text{ 有直接影响} \\ 0 & S_i \text{ 与 } S_j \text{ 直接影响} \end{cases} \quad i,j = 0,1,2,\cdots,K$$

通过参考征求相关专家意见以及过往相关研究，得到邻接矩阵 A，如表 2 所示。

表 2　邻接矩阵 A

编号	S_1	S_2	S_3	S_4	S_5	S_6	S_7	S_8
S_1	0	1	0	0	0	1	1	1
S_2	0	0	0	0	0	1	0	0
S_3	0	1	0	1	1	0	1	1
S_4	0	0	0	0	0	1	0	0
S_5	0	1	0	0	0	0	0	1
S_6	0	0	0	1	0	0	0	0
S_7	0	1	0	0	1	0	0	1
S_8	0	0	0	0	1	1	0	0

（二）建立可达矩阵

可达矩阵 R 是指运用矩阵的形式，展示要素之间是否存在连接路径，如果数字为 1 则表示某要素到另一要素之间存在路径；如果数字为 0 则表示某要素到另一要素之间不存在路径。邻接矩阵 A 属于布尔矩阵，根据布尔矩阵运算规则，0 与 0 相加为 0，0 与 1 相加为 1，1 与 1 相加为 1，1 与 0 相乘为 0，0 与 1 相乘为 0，1 与 1 相乘为 1。基于此规则，对邻接矩阵 A 进行幂运算，直到 $A^{k-1} \neq A^k = A^{k+1}$，得出可达矩阵 $R = A^k$。[①]

基于此，将邻接矩阵 A 进行幂的运算，直至满足 $A^{k-1} \neq A^k = A^{k+1}$，则 $R = A^k$，从而得到可达矩阵 R，如表 3 所示。

表 3 可达矩阵 R

编号	S_1	S_2	S_3	S_4	S_5	S_6	S_7	S_8
S_1	1	1	0	1	1	1	1	1
S_2	0	1	0	1	0	1	0	0
S_3	0	1	1	1	1	1	1	1
S_4	0	0	0	1	0	1	0	0
S_5	0	1	0	1	1	1	0	1
S_6	0	0	0	1	0	1	0	0
S_7	0	1	0	1	1	1	1	1
S_8	0	1	0	1	1	1	0	1

（三）分解可达矩阵并进行层级划分

依据 ISM 模型方法，对可达矩阵 R 进行分解，如表 4 所示。可达集合 $R(S_i)$ 是从因素 S_i 出发能到达的因素集合，对应于可达矩阵 R 中包含 1 元素的行集合；而先行集合 $Q(S_i)$ 是能够到达因素 S_i 的全部因素集合，对应于可达矩阵 R 中包含 1 元素的列集合。

它们的交集：

$T(S_i) = R(S_i) \cap Q(S_i)$。

表 4 可达集合与先行集合及其交集

编号	可达集合 R	先行集合 Q	交集 A=R∩Q
S_1	1,2,4,5,6,7,8	1	1
S_2	2,4,6	1,2,3,5,7,8	2

---

① 白思俊主编《系统工程导论》，中国电力出版社，2014；孙永浩：《农村老年人参与社区互助养老意愿的影响因素研究——基于 ISM-AHP 的分析》，《福建行政院学报》2019 年第 5 期，第 98~109 页。

编号	可达集合 R	先行集合 Q	交集 $A=R\cap Q$
S_3	2,3,4,5,6,7,8	3	3
S_4	4,6	1,2,3,4,5,6,7,8	4,6
S_5	2,4,5,6,8	1,3,5,7,8	8,5
S_6	4,6	1,2,3,4,5,6,7,8	4,6
S_7	2,4,5,6,7,8	1,3,7	7
S_8	2,4,5,6,8	1,3,5,7,8	8,5

通过满足条件 $R(S_i)\cap T(S_i)=R(S_i)$ 来分解可达矩阵，得到第 1
层（顶层）元素集合 L1 包含 $\{S_4, S_6\}$。删去可达矩阵中顶层元素对应的
行与列，运用此方法再次得到第二层元素集合 L2 包含 $\{S_2\}$、第三层元素
集合 L3 包含 $\{S_5, S_8\}$、第四层元素集合 L4 包含 $\{S_7\}$、第五层（底层）
元素集合 L5 包含 $\{S_1, S_3\}$。

表5　层次分解

层级	要素
第1层（顶层）	经济支持、社区福利
第2层	环境保护
第3层	教育宣传、文化保护
第4层	管理规范
第5层（底层）	游客数量、政策支持

（四）构建层次递阶结构图

通过表 4、表 5 可以构建珠峰生态旅游可持续发展影响因素的解释结构
模型，如图 2 所示。

四　ISM 模型分析

珠峰生态旅游可持续发展的影响因素体系可划分为 5 个层次。这 5 个层

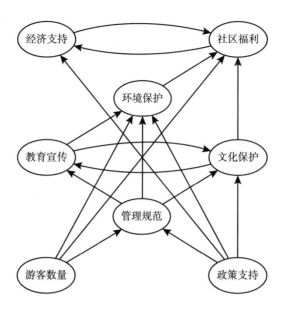

图 2　珠峰生态旅游可持续发展影响因素间的解释结构模型

次反映了珠峰生态旅游可持续发展的各个影响因素之间的关系，可将其划分为表层、中间层和深层影响因素，分别对珠峰生态旅游可持续发展产生直接、间接和根源性影响。

（一）表层影响因素

表层影响因素对珠峰生态旅游的可持续发展具有直接性关系，主要包括第一、第二层影响因素。第一层影响因素包括经济支持、社区福利。经济支持对珠峰生态旅游的可持续发展有着重要的作用。经济支持可助力珠峰生态旅游的基础设施建设，从而保护珠峰的生态环境。此外，经济支持还有利于开展环保宣传和培训，改进生态保护措施。本文的社区福利是指当地居民从生态旅游发展中获得可观的社会和经济利益。社区福利可以对珠峰生态旅游可持续发展产生积极的影响。珠峰生态旅游可持续发展需要平衡社区居民、旅游从业者、政府等各方利益。社区福利可以通过改善当地居民的生活条件，鼓励社区居民参与珠峰生态旅游可持续发展，增强其对生态旅游资源的保护意识。社区福利还可以降低当地居民对珠峰生态旅游的负面影响，当他们可以得到实际利益时，就不再需要通过破坏或滥用旅游资源来获取经济利益，而是更加注重生态环境的保护和旅游资源的合理利用。这有助于减轻生态环境和资源压力，促进珠峰生态旅游可持续发展。第二层影响因素包括环境保护。环境保护对珠峰生态旅游可持续发展起到至关重要的作用。环境保护可以保障珠峰的生态环境免遭破坏，维持珠峰旅游的自然、原始状态，为游客提供更好的旅游体验。同时，环境保护可以促进当地经济发展，吸引更多的资金和游客。

（二）中间层影响因素

中间层影响因素对珠峰生态旅游可持续发展具有间接性影响，主要包括第三、第四层影响因素。第三层影响因素包括教育宣传、文化保护。教育宣传可以对珠峰生态旅游可持续发展产生积极影响。通过教育宣传，使游客了解珠峰生态的重要性，提高游客对环保的重视程度，引导游客在旅行中采取环保措施，保护珠峰生态环境。教育宣传可以推动低碳环保旅游的理念普及，让游客明白自身行为对环境的影响，增强游客的低碳环保意识。环境保护和文化传承必须一起考虑。如果能够在保护珠峰生态环境的同时尊重、保护并传承当地传统文化，就能使游客充分认识到珠峰之美的多面性，同时也保证了生态和文化的可持续发展。此外，文化保护为当地居民、企业及政府建立了一个让其共同受益的平台，可以促进本地旅游服务业发展，提高当地居民的生活水平，增加当地居民的收入，从而增加社区福利，推动珠峰生态旅游可持续发展。第四层影响因素包括管理规范。管理规范能够规范游客行为，避免游客破坏环境。在管理规范的约束下，游客会更加注重环境保护，更注意文明旅游，避免垃圾乱扔、破坏植被等，这样就能保障珠峰生态环境的可持续发展。管理规范能够规范旅游企业的经营行为，加强对旅游业的管理和监督，提高旅游服务的质量和信誉，为珠峰生态旅游提供更为优质的旅游服务。

（三）深层影响因素

深层影响因素对于珠峰生态旅游可持续发展具有决定性影响，主要包括第五层影响因素。第五层影响因素包括游客数量、政策支持。大量游客的涌入可能会导致过度开发和人为破坏珠峰生态环境，如垃圾、排泄物、土地踩踏等，会对珠峰生态环境造成不可逆转的损害。大量游客的到来，还会影响珠峰的生态平衡，人类活动可能会破坏当地物种的生存地和栖息环境，进而影响珠峰的生物多样性。政府应制定更加严格的珠峰保护和管理政策，如禁止野外露营、禁止随意燃放烟花爆竹等，提高游客的环保意识，保护珠峰生态环境。此外，政策制定者可以通过向生态旅游业提供政策支持和发展基金等方式，推动珠峰生态旅游可持续发展。

五　结论与政策建议

珠峰作为地球上最高峰之一，具有独特的生态环境和旅游价值，但过度的旅游开发和不合理的旅游方式会对珠峰的生态环境造成破坏，同时也会加剧碳排放和碳吸收的不平衡。因此，探讨珠峰生态旅游可持续发展的影响因素，对于珠峰生态旅游的可持续发展、保护珠峰生态环境、实现低碳旅游具有重要意义。本文以珠峰生态旅游可持续发展为研究对象，构建珠峰生态旅游可持续发展的影响因素指标体系，选取 8 个相关因素，利用 ISM 模型分析这 8 个相关因素的相互关系、影响路径，并绘制多层递阶结构图，探究各因素的影响关系。结果表明，经济支持、社区福利、环境保护是影响珠峰生态旅游可持续发展的表层影响因素，教育宣传、文化保护、管理规范是中间层影响因素，游客数量、政策支持是深层影响因素，由此可以得到如下政策建议。

（一）提供经济支持，增进社区福利

政府应提供资金支持，引导和鼓励投资者在珠峰生态旅游领域进行长期投资。同时，建立珠峰生态旅游专项基金，用于支持生态保护、社区发展和旅游产业升级等相关项目。此外，政府和企业应共同发展珠峰生态旅游，以此改善当地居民的生活条件，提供就业机会、改善基础设施和公共服务，共享珠峰生态旅游发展的红利。

（二）开展教育宣传，树立环保意识

通过定期开展教育宣传活动，增进游客对珠峰生态旅游的认知，增强环境保护意识，遵守珠峰生态旅游区的旅游规范。制定和执行严格的保护措施，包括垃圾分类和处理、水资源管理、生态修复等，减少对珠峰生态环境的负面影响，确保珠峰的自然生态环境得到有效保护。相关部门应严格控制珠峰生态旅游区的游客数量，根据珠峰生态旅游区的承载力，限制游客数量，并实行许可制度，确保将游客数量控制在合理范围内，避免过度开发。

（三）制定相关政策，建立科学管理规范，加强文化保护

政府应制定相关政策，包括税收优惠、减免环保费用、简化审批手续等支持政策，鼓励和引导企业在珠峰生态旅游领域的发展。政府应加强与相关部门的协调和合作，形成统一的规划体系，打造稳定的政策环境。同时，珠峰生态旅游地区需建立完善的管理体系和监督机制，加强对旅游经营者的监管，确保其按照规范开展经营活动，维护珠峰生态旅游市场的良好秩序。另外，相关部门应加强珠峰地区的文化保护和传承工作，鼓励文化交流与合作，为游客提供更多的文化体验活动。

（四）加强科研和创新，培养专业人才

加大科研投入，推动珠峰生态旅游发展与科技创新的结合。开展相关领域的研究，探索运用科技手段，提高珠峰生态旅游的智能化发展水平。加强人才培养和引进工作，培养一支高素质的珠峰生态旅游人才队伍。组织开展相关培训，提高从业人员的专业技能和服务意识，为珠峰生态旅游可持续发展提供人力支持。

（五）加强社会参与，建立监测评估机制

鼓励社会各界共促珠峰生态旅游可持续发展。组织志愿者活动，引导公众参与环保、文化保护和社区建设等工作，增强公众的责任感。另外，建立完善的监测和评估机制，定期对珠峰生态旅游可持续发展情况进行评估。根据评估结果及时调整和优化相关措施，确保珠峰生态旅游的可持续发展。

（六）加强宣传和市场推广，促进国际合作

通过多渠道，积极宣传珠峰生态旅游可持续发展的重要性。推出特色产品，实施优惠措施，吸引更多游客，提升珠峰生态旅游区的知名度和影响力。与其他国家和国际组织加强合作，共同推动珠峰生态旅游可持续发展。分享经验、技术和最佳实践。

图书在版编目（CIP）数据

珠峰生态文旅融合发展研究报告.2023／陈明祥，
扎西顿珠主编.--北京：社会科学文献出版社，2023.9
ISBN 978-7-5228-2276-1

Ⅰ.①珠… Ⅱ.①陈… ②扎… Ⅲ.①生态旅游-旅
游业发展-研究报告-西藏-2023 Ⅳ.①F592.775

中国国家版本馆 CIP 数据核字（2023）第 144665 号

珠峰生态文旅融合发展研究报告（2023）

主　　编／陈明祥　扎西顿珠
执行主编／袁德刚　朱冬锋

出 版 人／冀祥德
责任编辑／吴　敏
责任印制／王京美

出　　版／社会科学文献出版社·皮书出版分社（010）59367127
　　　　　地址：北京市北三环中路甲 29 号院华龙大厦　邮编：100029
　　　　　网址：www.ssap.com.cn
发　　行／社会科学文献出版社（010）59367028
印　　装／三河市龙林印务有限公司

规　　格／开本：787mm×1092mm　1/16
　　　　　印张：18.25　字数：278 千字
版　　次／2023 年 9 月第 1 版　2023 年 9 月第 1 次印刷
书　　号／ISBN 978-7-5228-2276-1
定　　价／128.00 元

读者服务电话：4008918866